国际经济与贸易本科系列教材

国际投资学学习指导

Guoji Touzixue Xuexi Zhidao

吴晓东　编著

西南财经大学出版社

中国·成都

图书在版编目(CIP)数据

国际投资学学习指导/吴晓东编著. —成都:西南财经大学出版社,
2015.8
ISBN 978 - 7 - 5504 - 2089 - 2

I.①国… Ⅱ.①吴… Ⅲ.①国际投资—高等学校—教学参考资料
Ⅳ.①F831.6

中国版本图书馆 CIP 数据核字(2015)第 177166 号

国际投资学学习指导

吴晓东　编著

责任编辑	王　利
封面设计	张姗姗
责任印制	封俊川
出版发行	西南财经大学出版社(四川省成都市光华村街 55 号)
网　　址	http://www.bookcj.com
电子邮件	bookcj@foxmail.com
邮政编码	610074
电　　话	028 - 87353785　87352368
照　　排	四川胜翔数码印务设计有限公司
印　　刷	四川五洲彩印有限责任公司
成品尺寸	185mm×260mm
印　　张	14.25
字　　数	315 千字
版　　次	2015 年 8 月第 1 版
印　　次	2015 年 8 月第 1 次印刷
印　　数	1— 1000 册
书　　号	ISBN 978 - 7 - 5504 - 2089 - 2
定　　价	28.00 元

前　言

　　国际投资是国际资本流动的主要形式之一，正在推动着经济全球化的深入发展，当今中国的国际投资也日益活跃，因此学好国际投资学具有十分重要的意义。国际投资学是研究跨国投资运行及其规律和其对世界经济、各国经济影响的经济学科。其具体内容主要包括：①国际投资概述，包括国际投资的基本概念和国际投资的产生与发展以及国际投资与经济增长；②国际投资的理论，包括国际直接投资理论与国际间接投资理论；③国际投资的风险管理，包括对国际投资环境的分析，国际投资政治风险、汇率风险与经营风险的管理；④国际投资决策，包括国际直接投资决策和国际间接投资决策；⑤跨国公司的国际投资；⑥跨国金融机构和其他投资主体的国际投资；⑦国际证券投资，包括国际证券投资的发展与方式；⑧国际投资的法律法规；⑨中国的国际投资，等等。为了帮助广大读者学习《国际投资学》，笔者有针对性地编写了这本与《国际投资学》配套的复习资料作为教材的配套辅导书，主要包括复习思考题及其答案，希望对大家有所帮助。恳请批评指正，谢谢！

吴晓东

2015 年 6 月于光华园

目　录

第一章　国际投资概述

复习思考题

一、理解投资的含义应把握哪几点？

理解投资的含义应把握以下几点：

（1）投资的本质在于这一经济行为或过程的获利性。也就是说，投资者的目的是能以一定量的资产获得更大量的经济回报，即"资本增值"或"经济效益"。

（2）投资的主体可以是自然人，也可以是法人，即人格化的经济组织，如各级政府、企业、事业单位等。

（3）投资的过程存在着风险。未来收益的不确定性是投资的特征之一。因此，有人说"风险孕育着收益"，也有人说"投资的风险与利润成正比"。

（4）投资的资产形式是多样化的。投资投入物的最一般形式是货币，但是随着商品经济的高度发展，可以用来投资的资产已不局限于货币形式，而呈现出多样性。一般来说可以划分为三种形式：①货币性资产，包括现金和银行存款、应收账款、有价证券等其他货币形式。其中如股票、企业债券和政府债券等有价证券本身具有资本属性，它们自身没有任何价值，只是代表取得收益的权利，故称为虚拟资本。这些虚拟资本，也可以用来进行再投资，如将债券转移为股票、以一个公司的股票换取另一个公司的股票等。②实物资产，包括土地、建筑物、机器设备、零部件和原材料等。其中建筑物和机器设备等用于投资的较多，被称为资本货物。货币性资产和实物资产都称为有形资产。③无形资产，包括所谓的经营资源，即经营管理方面的无形资产和知识经验，包括专利、生产技术、销售方法和渠道、原材料购入及资金筹措的方法和渠道、商标、商誉和信用、情报收集和研究开发的组织，等等。以上几类资产和劳动一起，构成了生产要素。

二、国际投资的特点是什么？

从国际投资的定义来看，国际投资与前述一般意义上的投资具有共同性，即国际投资的基本性质是其趋利性。但是，国际投资在实际运作中比一般意义上的投资或者说国内投资更复杂。与国内投资相比，"跨国性"是国际投资的最显著的特征，由此而产生了如下特点：

（1）国际投资目的的多元化。与国内投资一样，国际投资的最基本的目的是获

1

利。但相比较而言，国际投资的目的更复杂，有些国际投资项目本身并不盈利，但投资者出于其他考虑（如改善投资国与东道国的双边经济关系或政治关系，为投资者得到其他有利可图的投资机会做铺垫等），国际投资仍然得以进行。

（2）国际投资所使用的货币的多元化。国际投资中可以往往也必须使用所谓"硬通货"或在国际货币市场上可自由兑换的那些国家的货币，如美元、欧元、日元等。即使是发行硬通货的国家（如美国）的投资者进行国际投资（在中国设立合资企业），也必然会发生投资者所在国的货币与投资对象国的货币的相互兑换（在这里假设的就是美元和人民币的兑换），这是因为在投资对象国只流通本国货币。所使用货币的多元化，是国际投资与国内投资的明显区别。

（3）国际投资体现着一定的民族、国家的利益。虽然进行国际投资的主体往往是个人或单个的企业，但对投资对象国而言，却是来自"异己"的民族或国家的。不论这具体的国际投资项目本身的动机是否单纯的商业性获利，对于投资者和投资对象来说，都或多或少地代表了各自民族或国家的利益。国际投资是涉及双方的利益一致性而发生的，也必然包含了双方利益的矛盾性或冲突性。

（4）国际投资环境的差异性。在国际投资过程中，投资者面临的投资环境与一般国内投资者的投资环境迥然不同。除自然环境外，投资环境的其他因素，如政治、经济、法律、文化以及社会习俗等，都与投资者所在国有很大差异，因而构成了国际投资的复杂性。

（5）国际投资所包含的风险更大。由于前述国际投资的各种特性，与国内投资相比较，国际投资在获利更大的同时，也面临着各种各样的不确定性，具有更大的风险。比如：外汇风险，由投资对象国的国际收支恶化而引起的进出口限制或资金汇出入限制以及汇率变化而招致的损失等；政治风险，由于投资对象国的民族主义倾向加强或政局变动、党派之争而带来的政府首脑的更迭或政策的剧变，都可能造成对外资实行国有化或强行征收。因此，国际投资强调双边国家的批准和法律保护，也强调遵守国际惯例和有关国际条约（如双边互相保护投资协定）的规定。如果在国际投资决策中考虑不全面，很可能使投资遭到严重损失。

三、国际投资的分类有哪些?

国际投资是投资主体、资本的特性、投资目标、投资要素、投资国别、投资流向、投资方式、投资领域、投资行为、投入与产出之间关系等诸多因素的内在的高度统一。从不同的目的，按照不同的标准，国际投资可以有不同的分类。

（一）以资本来源及用途为区分标准

国际投资可分为公共投资（Public Investment）和私人投资（Private Investment）。公共投资，是指某国政府向另一国的投资，或者政府间国际金融机构（如世界银行、国际货币基金组织、国际金融公司等）向某一国的投资。公共投资一般用于社会公共利益，如某国政府投资为另一国兴建机场、铁路、体育场所等，又如世界银行或国际货币基金组织给某国贷款开发农业、牧业等。这类投资的目的除了为本身取得直接经济效益外，有的带有一定国际经济援助的性质，有的则是为了配合或支持本国的私人投资，具有明显的政治目的。私人投资，一般是指一国的个人或经济单位以营利为目的而对他国的经济活动进行的投资。需要指出的是，在国际直接投资的统计中，一国政府或国际组织进行的投资（即前述一般意义上的公共投资）也归入私人直接投资的范围。

（二）以投资期限为区分界限

国际投资可以分为长期投资（Long Term Investment）和短期投资（Short Term Investment）。前者是指一年以上的投资，后者则是一年及以下的投资。

（三）以资本的特性为区分界限

国际投资可分为国际直接投资（International Direct Investment）和国际间接投资（International Indirect Investment）。国际直接投资又称对外直接投资（Foreign Direct Investment），即指以取得国外企业的经营、管理权为特征的投资。也就是说，国际直接投资的投资者直接参与所投资的国外企业的经营和管理活动，拥有实际的管理、控制权。国际间接投资又称对外间接投资（Foreign Indirect Investment），即指以取得利息或股息等形式的资本增值为目的、以被投资国的证券为对象的投资。国际间接投资的投资对象具体包括公司股票、公司债券、政府债券、衍生证券等金融资产。国际间接投资者并不参与国外企业的经营、管理活动，其投资是通过国际资本市场（或称国际金融证券市场）进行的。国际直接投资和国际间接投资具有明显的区别，具体如下：

（1）国际直接投资和国际间接投资的基本区分标志是投资者能否有效地控制作为投资对象的外国企业。这里的问题是，国外企业的股票也是国际金融证券市场上的投资对象，投资者购买国外企业的股票，从理论上说也就拥有了国外企业的部分财产所有权以及相应的经营管理权。那么，在这种情况下，如何区分是属于国际直接投资还是国际间接投资呢？如前所述，区分的标志是对国外企业的有效控制权。根据国际货币基金组织的解释，这种有效控制权是指投资者拥有企业一定数量的股份，因而能行使表决权并在企业的经营决策和管理中享有发言权。这种股权参与下取得的对企业的控制权有别于非股权参与的情况。如果没有这种股权参与，即使能通过其他途径或方法而对企业产生影响，也不构成直接投资。而国际间接投资即使是在取得股权证券进行投资的情况下，也不构成对企业经营管理的有效控制。

值得一提的是，依据上述"有效控制"的原则，还有两类经济行为亦可归入国际直接投资范畴：

第一，非股权安排。非股权安排指投资者不参与外国企业的股权，而是通过其技术、专利、设备、商标、版权、营销渠道等向外国企业提供合作或服务，并按相应形式分享产品或收益的投资形式。这类方式通过对各种生产要素的直接运用从而对企业的生产经营活动造成影响或控制。对于这类投资方式，有人称之为"灵活方式投资"，并将其视为国际直接投资。

第二，限制性中长期国际贷款。这类国际贷款往往规定了款项的用途，甚至还有其他限制性条款，因而实际上对借款企业产生了一定程度的影响和控制。对该种方式，也有人将其视为国际直接投资。

在实际经济生活中，由于不同企业的组织形式和股权结构的不同，取得有效控制权所需的股权比例也是不相同的。从当今世界大趋势来看，各国都日益重视对外投资和利用外资，对国际投资范畴的有效控制权规定的股权比例也相应趋小，一般按国际惯例，认为超过企业 10% 股权的外国投资即为国际直接投资。

（2）国际直接投资的性质和投资过程比国际间接投资来得复杂。国际间接投资的性质比较简单（或者说单纯），它一般是体现为国际货币资本的流动或转移，其过程也比较简单。而国际直接投资从本质上讲是生产资本在国际间的流动或转移，不仅有货币形式的资本转移，还有生产资本的物质有形形态的转移（如机器、设备、原材料及劳动力的投入），更往往是无形资产的输出（如商标、专利、专有技术和管理经验等），而且，国际直接投资涉及对国外企业的有效控制问题，有效控制的手段往往是无形资产。因此，从国际直接投资的股权确认、谈判过程以及实际操作过程等各方面看，都比国际间接投资要复杂。

（3）一般来说，间接投资的收益相对固定（购买少量普通股者除外），而大部分直接投资的收益是浮动的，随投资企业的经营状况的变化而变化。

（4）由上述情况决定，国际直接投资的风险要大于国际间接投资。

在国际投资的方式中，除了上面所讲的国际直接投资与国际间接投资两种主要投资方式以外，还有一些新型的，比较灵活的投资方式，主要有国际租赁、国际补偿贸易、国际加工装配贸易等。

四、国际直接投资和国际间接投资有哪些明显的区别？

国际投资可分为国际直接投资（International Direct Investment）和国际间接投资（International Indirect Investment）。国际直接投资又称对外直接投资（Foreign Direct Investment），即指以取得国外企业的经营权、管理权为特征的投资。也就是说，国际直接投资的投资者直接参与所投资的国外企业的经营和管理活动，拥有实际的管理权、控制权。国际间接投资又称对外间接投资（Foreign Indirect Investment），即指以取得利息或股息等形式的资本增值为目的、以被投资国的证券为对象的投资。国际间接投资的投资对象具体包括公司股票、公司债券、政府债券、衍生证券等金融资产。国际间接投资者并不参与国外企业的经营、管理活动，其投资是通过国际资本市场（或称国际金融证券市场）进行的。国际直接投资和国际间接投资具有明显的区别，具体如下：

（1）国际直接投资和国际间接投资的基本区分标志是投资者能否有效地控制作为投资对象的外国企业。这里的问题是，国外企业的股票也是国际金融证券市场上的投资对象，投资者购买国外企业的股票，从理论上说也就拥有了国外企业的部分财产所有权以及相应的经营管理权。那么，在这种情况下，如何区分是属于国际直接投资还是国际间接投资呢？如前所述，区分的标志是对国外企业的有效控制权。根据国际货币基金组织的解释，这种有效控制权是指投资者拥有企业一定数量的股份，因而能行使表决权并在企业的经营决策和管理中享有发言权。这种股权参与下取得的对企业的控制权有别于非股权参与的情况。如果没有这种股权参与，即使能通过其他途径或方法而对企业产生影响，也不构成直接投资。而国际间接投资即使是在取得股权证券进行投资的情况下，也不构成对企业经营管理的有效控制。

（2）国际直接投资的性质和投资过程比国际间接投资来得复杂。国际间接投资的性质比较简单（或者说单纯），它一般体现为国际货币资本的流动或转移，其过程也比较简单。而国际直接投资从本质上讲是生产资本在国际流动或转移，不仅有货币形式的资本转移，还有生产资本的物质有形形态的转移（如机器、设备、原材料及劳动力的投入），更往往是无形资产的输出（如商标、专利、专有技术和管理经验等），而且，国际直接投资涉及对国外企业的有效控制问题，有效控制的手段往往是无形资产。因此，从国际直接投资的股权确认、谈判过程以及实际操作过程等各方面看，都比国际间接投资要复杂。

（3）一般来说，间接投资的收益相对固定（购买少量普通股者除外），而大部分直接投资的收益是浮动的，随投资企业的经营状况的变化而变化。

（4）由上述情况决定，国际直接投资的风险要大于国际间接投资。

五、补偿贸易的特点和形式各有哪些？

补偿贸易是进口方在外汇资金短缺的情况下，原则上以不支付现汇为条件，而是在信贷的基础上从国外卖方引进机器、设备、技术资料或其他物资，待工程建成投产后，以其生产的产品或者商定的其他商品或劳务分期偿还价款的一种投资和贸易相结合的、灵活的国际投资方式。它是 20 世纪 60 年代末 70 年代初在传统的易货贸易的基础上发展起来的。由于这种方式可以解决国际投资和贸易中的外汇短缺问题，因此在发达国家与发展中国家、发达国家之间广泛流行。补偿贸易的特点是：①它具有赊销易货贸易的性质。由于发达国家的技术、设备过剩，他们力图通过这种特定的贸易方式输出以谋取较多的利润；进口方则不需动用现汇，而待投产后以产品偿付其价款，因此具有明显的易货贸易性质。②它是特殊的信贷手段。由于补偿贸易所需要时间较长，短则 2~3 年，长则几十年，这就不可避免地要涉及信贷。因进口国通过这种信贷获得技术、设备和专利等，出口国通过提供信贷推动其商品出口，同时进口国对利用补偿贸易的外资建立起来的企业拥有完全的自主权，所以它是特殊的信贷，是国际上利用外资引进技术、设备的一种颇受欢迎的方式。③它是一种特殊的国际直接投资方式。由于补偿贸易的进口方以产品作为偿还贷款的手段，所以有利于调动国外投资者的积极性，使他们关心企业的兴衰；有利于提高产品的质量，使产品在国际市场上有竞争力；有利于利用外国投资者在国外现有的销售渠道，便于开拓国际市场。④它具有对等性。补偿贸易中用产品偿付的对象是引进的技术、设备、专利等，而用于偿付的产品一般都是引进技术、设备的直接产品，且以直接产品的出口来补偿进口设备等的价款。

补偿贸易的主要形式有：①直接补偿，亦称产品返销或回购，即进口方用引进设备或技术所生产的全部或部分产品分期偿还进口技术设备价款。这是当前补偿贸易的基本形式。②间接补偿，也称互购，即用进出口贸易双方商定的其他产品或劳务分期偿付进口技术、设备价款。③综合补偿，即补偿贸易中进口设备和技术等的价款，以一部分直接产品和一部分间接产品进行偿付。

六、国际加工装配贸易的形式和特点主要有哪些？

国际加工装配贸易是集国际贸易与国际投资于一体的比较灵活的新型的国际直接投资形式，是利用外资和本国（本地区）的劳务相结合的一种方式。它不需要东道国的投资，并可利用现有的厂房、土地、劳动力等，达到引进先进技术和利用外国投资的目的，因此它特别适合于缺少外汇、技术相对落后的发展中国家和地区。国际加工装配贸易的形式主要有四种：①进料加工：一国厂商从国外进口原料进行加工后，再把成品销往国外。其特点是自进原料、自行安排加工、组织出口、自负盈亏。原料进口与成品出口没有必然联系。②来料加工：甲方国家按照乙方国家的要求，把乙方国家商人提供的原料、辅料加工为成品，然后按规定时间交给乙方厂商，甲方收取一定加工费用，不负责销售的盈亏。来料加工是一种委托加工关系，这是与进料加工的主要区别。③来件装配：甲国商人向乙国商人提供零件和原件、技术，由乙国厂商按设计、工艺要求进行装配后交成品给甲国商人，乙国收取装配费。④来样加工：甲国商人提供样品或图样，乙国厂商提供所有原材料和辅料按样加工后交成品给甲国商人，乙国收取成品出口的全部货款。这种加工业务简单易行，创汇水平高，适合于自然资源丰富、劳动力价格低廉、拥有特殊加工技艺的中小型企业和乡镇企业。

国际加工装配贸易的特点：①加工装配贸易虽有进口和出口（指原料与成品），但因对方是同一个客户（限于来料加工和来件装配），其进出口实质上是一笔业务，故必须同时达成协议。②承接方一般不需要自备货源。因系代客加工，故一般不需具备原材料或元件、辅料等。③承接方对委托方提供的原材料、元部件只有使用权，不具有所有权。④对制成品的质量、款式、技术性能指标等，承接方只能按照委托方的设计和工艺要求，不能擅自做主，随意修改。⑤承接方不需要负责销售业务，它只收取事先约定的工缴费，与委托方的经营盈亏无关。对东道国来说，利用外资加工装配生产，可以发挥本国的劳动力资源优势，增加外汇收入，及时了解出口商品在国际市场上的信息。

七、国际资本流动和国际投资的关系是什么？

现代经济理论一般认为，生产要素可分为资本、土地、劳动力、技术等。传统的国际贸易理论是建立在生产要素在国内可以自由流动而在国际完全不流动的前提下的。日本著名经济学家小岛清指出："国际分工和贸易是在生产要素不发生国际流动（即不完全竞争）的条件下，通过商品的国际自由流动来合理利用世界资源的最好方法；而劳动和资本在国际的自由流动是更直接地、完全竞争地合理利用世界资源的最好方法。"① 资本要素在国际的流动就构成了国际投资的基础。因此，探讨国际投资理论和实务的各类著作都十分注重二者的联系。而且，不少著作往往把二者直接等同起来，认为国际资本流动就是国际投资。实际上，二者是既有联系又有区别的两个不同的概念。

（一）资本要素国际流动的基本含义

（1）资本要素是当代社会生产要素之一。在讨论国际资本流动（或移动）时，首先应该明确这是生产要素的国际流动中的资本要素的国际流动。如前所述，资本是指处于劳动、土地与最终消费资料之间的生产手段，这是狭义的资本概念；而从广义来理解资本，可以把人类社会生产除人以外的一切条件称为资本。也就是说，资本既有其实物形态的实物资本，也有其非实物形态的无形资本（或称无形资产）。

资本要素的国际移动是从生产力的国际化发展的角度提出来的，这个概念强调的是其作为生产条件的生产力属性。

从生产力与生产关系的对立统一关系来看，资本要素是资本主义生产关系的物质载体，但也可以是其他社会化大生产条件下非资本主义生产关系的物质载体。在阐述国际投资理论与实务的场合，我们着重从生产力角度分析作为生产要素的资本在生产中的特定地位和作用。

（2）资本要素国际流动是生产力发展、生产社会化的必然要求。以平等、互利为基本原则的国际投资取代以剥削和控制关系为特征的资本输出并成为当代国际经济生活中最为活跃的因素。

（二）资本要素国际流动的内容

资本要素在当今国际经济交往中的频繁、大量的运动，具体体现在各国的国际收支平衡表的资本项目统计中。资本项目以货币表示国际债权债务的变动，包括一国所有对外资产与对外负债增减的交易。当两个国家之间发生资本借贷行为时，贷款国（投资方）为其对外投资或资本输出，在其国际收支平衡表上记入借方；借款国（借入方）则为外资引进或资本输入，在其国际收支平衡表上记入贷方。

经济学家们在国际收支平衡表的资本项目中，把资本要素的国际流动区分为短期资本和长期资本。

（1）短期资本（Short Term Capital）。短期资本和长期资本的区分标准以一年期为限。借出与收入的回流期限在一年以内的资本流动为短期资本流动。短期资本流动包括以下具体内容：暂时周转用的相互借贷、国际存款、购买一年内到期的汇票及证券等。短期资本的国际流动的直接动机是多样性的，有的是为了商品贸易的顺利进行而发生的资金周转，有的是为了进行外汇投机或利率投机，有的则是为逃避货币贬值和外汇管制，等等。

实际上，用时间长短做分类只是为了统计的方便，并没能反映资本流动的本质特征。从根本用途来看，短期的资本国际流动可以理解为对国际收支起缓冲作用的国际

---

① 小岛清. 对外贸易论［M］. 周宝廉，译. 天津：南开大学出版社，1987：414.

资金融通问题。从一定意义上看，短期资本的国际流动与黄金的国际流动起着同样的作用，即起着刺激各国货币量变动的客观作用。

（2）长期资本（Long Term Capital）。从国际收支平衡表上反映出来的长期资本项目，是指借贷期为一年以上的资本流动。严格地说，长期资本就是指回收期在一年以上的资本。一般认为，长期资本的国际流动采取国际直接投资和国际间接投资这两种形态。

（三）国际投资和国际资本流动的联系与区别

如上所述，国际资本流动所包含的内容是比较广泛的，构成了国际投资的基础，也就是说，国际投资必然包含在国际资本流动的范畴之中。

但是，从两者概念的定义上看，它们是严格区分的。国际投资的本质特征在于它的营利目的；而国际资本流动则只是从一国与他国的资金往来角度划分的，它的具体内容中既包括了以营利为目的的国际投资，也包括带有资金融通性质的其他非投资内容。比如，一国从另一国得到长期贷款，但并不一定从贷款国或其他国家进口生产资料，也可以用借来的资金进口消费品，即并没有成为真正意义上的国际投资。类似的情况在国际援助（国际收支平衡表上往往以官方的资本流动来表现）的场合也可能发生。

八、国际投资的性质有哪些?

（一）国际投资是生产领域社会分工国际化的表现形式

随着人类社会生产力的不断提高，世界各国间的经济联系日益密切，这些都同时伴随着社会分工领域的逐步深入。第一次工业革命使得机器大工业得以建立，新兴资产阶级极力推动商品资本在世界范围的运动，形成了流通领域内以国际贸易为主的国际经济联系。第一次科技革命后，新的工业部门不断涌现，人类生产活动的规模、广度及深度都达到了新的水平，这时生产领域内的生产要素供求乃至直接生产过程都开始突破国家的界限，走向国际化。首先是以国际间接投资形式（股票、债券投资）为主提供了货币资本要素，而后是以国际直接投资形式为主实现了产业资本运营国际化；20 世纪 80 年代以来，则是两种形式相互作用、竞相发展，共同促进着全球生产的一体化。

（二）国际投资是国际关系国际运动的客观载体

首先，伴随着国际投资，母国的生产关系开始实现跨国界的地理上的扩张。历史上，西方国家的对外投资，是受它们在世界范围内追求剩余价值的欲望驱动的，往往存在着对受资国的剥削、掠夺与控制；当代许多国家相互之间的对外投资，大都建立在平等互利的基础上，有时还带有援助的性质。其次，不同意识形态国家间的国际投资，还会带来新型生产方式的发展。在投资过程中，不同的产权制度、分配方式的相互融合，都可能创造出新的经济成分。

（三）国际投资具有更为深刻的政治、经济内涵

首先，在宏观层面上，国际投资虽然是以全球范围内资源的合理组合与利用为核

心的，但也不可避免地要受到国家、民族自身利益因素的制约。一方面，即使某项跨国投资有利于世界总体经济福利的增长，但也可能造成东道国或母国在国际收支、技术优势等方面的利益损失，因而国际投资更多地受到各国政策法规的约束；另一方面，这也使得国际投资的目的有时会超越个别经济利益的追求，而带有建构政治关系的色彩，从而为国家更为长远的根本利益奠定基础。其次，在微观层面上，国际投资的运营面临着更为复杂多变的影响因素，包括货币单位、货币制度的差异，政治、经济、法律、社会文化等多方面投资环境的差异等。这些要求跨国投资者在经营战略、组织结构方面采取新的举措。

九、国际投资与经济增长的关系是什么？

国际投资的产生和发展，与经济的增长和发展是紧密相关的，二者呈同步推进的趋势。国际投资是生产国际化的产物。19世纪上半叶，工业革命引起了国际资本流动；第二次世界大战结束以后，由于生产力的发展和科技的进步，国际分工日益扩大和深化，经济迅速发展，各国间的经济关系越来越密切，相互依赖性日益加强，国际经济趋向一体化，同时又表现出很强的区域化。特别是由计算机技术和电子技术引发的信息革命正日益使人们在地域、时间上的差距缩小，全球经济已成为一个结合紧密的共同体。与此同时，随着经济的发展，国际投资也从最初的对外借贷发展成为包括采取证券形式、通过国际资本市场进行的间接投资以及采取创办公司企业形式、通过生产要素国际转移进行的直接投资。它是一项形式多样、结构复杂、主体多元的复杂的经济活动，已逐渐超过以往最有影响的商品贸易，而成为当今世界经济发展中最活跃、最引人注目的因素。国际投资已渗入到世界各国政治、经济、社会生活的各个领域，成为影响一国国际贸易、国际收支、产业更新、科技发展等诸多方面的重要因素。

（一）国际投资对经济增长的促进作用

在众多的现代经济增长理论中，无不将资本要素即投资作为经济增长的重要因素来分析。例如，著名的哈罗德—多马模型中，假设资本—产出比率不变的前提下，如果忽略非技术因素系数后的影响，则经济增长率主要取决于投资率。在新古典经济增长模型中，认为经济增长由资本增长率和劳动增长率决定。在新剑桥经济增长模型中，认为利润在国民收入中所占的份额取决于利润收入者的储蓄率和投资率。也有的经济学家综合了各种因素，提出经济增长是一个复杂的多元函数：经济增长 = f（资本、劳动力、自然资源、技术等）。但无论何种论述，无不认为投资是经济增长的一个非常重要的影响因素。

对国际投资来说，它对经济增长的贡献如何体现呢？一个国家经济增长所需的资本有国内和国外两个来源。许多发展中国家的经济发展实践证明，在国内资本不足以支持较高的经济增长率时，引进外来资本提高投资率是实现经济目标的重要途径。早在1948年，哈罗德在阐述"起飞"理论时，就指出用引进外资来增加发展中国家的投资，使净投资率达到10%以上，并认为这是"经济起飞"的必要条件之一。1966

年，钱纳里和斯特劳特提出了"两缺口"模型，认为影响经济发展的主要因素有储蓄、投资、进口和出口。根据凯恩斯宏观经济理论，要使国民收入达到均衡，总需求必须等于总供给，亦即 C+I+X＝C+S+M，其中消费（C）、投资（I）、出口（X）构成总需求消费，储蓄（S）、进口（M）构成总供给。整理后可得如下表达式：I-S＝M-X。左端 I-S 为投资与储蓄之差，称为储蓄缺口；右端 M-X 为进口与出口之差，称为外汇缺口。当国内出现储蓄缺口即投资大于储蓄时，根据两缺口应该平衡的原则，必须用外汇缺口即进口大于出口（表示从国外获得储蓄）来平衡。

利用外资来平衡两缺口具有双重效应：若一笔外资以直接投资（机器设备）的形式流入，从供给方面分析，相当于从国外进口，而且这笔进口不需要用增加出口来弥补，这样就缓解了外汇压力；另一方面，从需求方面分析，这笔投资不需用国内储蓄来提供，这样就减轻了对国内储蓄需求的压力。因此，利用引进外资来平衡两个缺口，既能缓解国内储蓄不足的问题并促进经济迅速增长，又能减轻超额使用国内资源来满足投资需求及抵消外贸逆差所造成的压力，增强经济发展的后劲。

以上论述都是建立在理论分析的基础上的。结合具体实践来看，国际投资对经济增长的促进作用可以从以下四个方面来分析：

1. 国际直接投资对东道国经济增长的促进作用

（1）增加东道国的资金供给。

（2）推动东道国技术进步和科学管理水平的提高。

（3）促进东道国产业结构的调整和升级。

（4）推动东道国的出口贸易。

（5）为东道国创造就业机会。

2. 国际直接投资对投资国经济增长的促进作用

（1）对发达投资国来说，可通过对外直接投资获得丰厚利润，增强本国经济实力。

（2）对发展中投资国来说，有利于获得国外先进技术和管理经验。

（3）有利于占领和开拓国际市场。

3. 对外直接投资对全球经济增长的促进作用

（1）促进了生产国际化和资本国际化。

（2）促进了科学技术的开发利用和产业结构的演进。

4. 国际间接投资对经济增长的促进作用

国际间接投资主要是指国际证券投资及国际中长期信贷、经济开发援助等形式的对外投资。国际间接投资的发展所带来的是高度发达的国际资本市场，它包括辛迪加贷款（银团贷款）、欧洲中长期票据市场、债券市场和国际股票市场。国际间接投资对经济增长的促进作用主要表现在以下两个方面：

（1）通过国际资本市场筹资可使企业及投资项目获得所需的资金。

（2）通过国际资本市场可进行资产经营。

（二）国际投资对经济增长作用的正确评价

虽然国际投资对经济增长具有强大的推动和促进作用，但并不是说国际投资是经济增长的决定性因素。

1. 资本并不是决定经济增长的唯一因素

经济增长是一个复杂的函数，是若干因素综合作用的结果，其中包括人力资源（数量、素质、积极性、参与程度等）、资本（数量、结构、技术密集程度等）、科学技术（设备存量、水准、工艺、专利等）、自然资源（土地、矿藏等）以及制度和组织上的因素，等等。许多经济学家的研究成果表明：教育和科学技术进步等因素在经济增长中的贡献要大于资本的贡献。而实际上，经济制度等关系到生产关系变革的因素更能促进经济增长。既然资本并不是决定经济增长的唯一因素，那么一国经济的增长也就不能完全归结为国际投资的贡献。

2. 利用外资及对外投资不当也会妨碍经济增长

众所周知，利用外资和对外投资都具有双重影响，既有积极的一面，也有消极的一面。若东道国利用外资的政策失当，造成规模过度或结构不合理，会带来以下负面效应：一是外债负担过重，容易形成债务危机。20 世纪 80 年代发展中国家的债务危机就是一个很好的例证。二是冲击国内产业，造成对外资的过分依赖，甚至国民经济主要部门为外资所控制。三是引进外资结构不合理，造成国内产业结构畸形。四是对利润汇出控制不当，会造成外汇流失。五是项目审批不严，引进高能耗高污染产业。同样，如投资国在投资时对自身实力和风险认识不足，也会造成以下不利后果：一是挤占国内正常发展所需的资金，恶化国际收支状况。这常见于一些发展中国家。二是受东道国政治和经济波动影响，导致收益减少甚至损失。

由此可见，国际投资对经济增长的促进作用是有条件、有限度的，它是经济增长的重要因素或约束条件之一，但并不是唯一的或决定性的因素。

3. 经济增长决定国际投资

按照马克思的再生产理论，生产、分配、交换、消费诸环节存在相互作用，但总的来看，生产在其中起决定性作用。经济增长是生产的发展，而国际投资则是一部分社会产品在国际范围内的分配和运用。因此，经济增长是矛盾的主要方面，决定着国际投资的增长。

（1）经济增长决定了国际投资的产生和规模。

（2）经济增长决定了国际投资的结构和质量。

（3）经济增长决定了国际投资利用者的引资意愿和国际投资者的投资意愿。

（4）经济增长决定了国际投资环境的改善。

综上所述，我们可以对国际投资与经济增长的关系做出如下结论：经济增长决定国际投资；同时，国际投资对经济增长有很强的促进和推动作用。二者相互联系，相互制约，存在着辩证统一的关系。

十、国际直接投资对东道国经济增长有哪些促进作用？

（1）增加东道国的资金供给。

（2）推动东道国技术进步和科学管理水平的提高。

（3）促进东道国产业结构的调整和升级。

（4）推动东道国的出口贸易。

（5）为东道国创造就业机会。

十一、国际直接投资对投资国经济增长有哪些促进作用？

（1）对发达投资国来说，可通过对外直接投资获得丰厚利润，增强本国经济实力。由于发达国家跨国公司按其全球发展战略进行对外投资，可以利用廉价的自然资源和劳动力，有效地组织生产、科研和销售，实现全球资源最佳配置。同时也由于东道国特别是一些发展中东道国对外资所给予的优惠政策以及投资国所给予的补贴，发达国家跨国公司对外直接投资的利润率一般要比国内投资的利润率高。如 20 世纪 70 年代后期，美国国内制造业平均利润率为 13%，而同期对外投资的利润率皆高于此，个别年份对发展中国家的投资利润率更高达 32%。发达国家对外投资所获得的巨额利润扩大了其资本规模，加强了其在国际竞争中的垄断地位。对发达投资国来说，对外投资也有利于改善其国际收支状况。有些发达国家国内存在着资本过剩情况，对外投资为这些资本提供了出路。有些发达投资国虽然存在国际收支逆差，但通过对外投资，使国外企业的利润汇回大于资本汇出，也可以平衡国际收支。因为，虽然对外投资初期可能会发生资本的净流出，但从长期来看，一方面当跨国公司国外子公司正常运作后，可向母国汇回利息、红利、专利使用费、管理费用等，改善投资国的国际收支状况；另一方面，通过对外投资可带动投资国的设备、原材料、零部件等的出口，从而对投资国的国际收支产生有利影响。

（2）对发展中投资国来说，有利于获得国外先进技术和管理经验。发展中国家对外投资于发达国家，直接介入国际市场的科研开发和企业管理，较吸引发达国家投资不仅可获得更为先进、尖端的技术和管理经验，而且更具有主动性和选择性，这对于打破发达国家的技术垄断和控制，提高技术水平，带动国内工业发展具有战略意义。韩国、中国台湾等一些国家和地区几年来一直在海外投巨资于高科技产业，就是很好的例证。

（3）有利于占领和开拓国际市场。在国际经济联系日益密切的今天，国际贸易已同国际投资和跨国公司的行为紧密地联系在一起。据统计，当今全球跨国公司分支机构已有约 25 万家，控制着国际贸易的 50%~60% 和国际投资的 90%。通过对外直接投资开拓国际市场，已成为一国介入国际经济活动的重要手段，尤其是在贸易保护主义盛行、关税壁垒重重的今天，利用对外直接投资打开国际市场已成为必不可少的方式。对发展中国家来说，随着大规模地引入外资，也出现了一些诸如国内市场丧失、民族品牌沦陷等负面效应，不利于民族经济的发展。因此，发展中国家对外投资以建立自己的生产、销售网络，攻占国际市场，创立世界品牌，增强自身的竞争力，更具有战略意义。

十二、对外直接投资对全球经济增长有哪些促进作用？

（1）促进了生产的国际化和资本的国际化。

（2）促进了科学技术的开发利用和产业结构的演进。

十三、国际间接投资对经济增长有哪些促进作用？

国际间接投资主要是指国际证券投资及国际中长期信贷、经济开发援助等形式的对外投资。国际间接投资的发展所带来的是高度发达的国际资本市场，它包括辛迪加贷款（银团贷款）、欧洲中长期票据市场、债券市场和国际股票市场等。国际间接投资对经济增长的促进作用主要表现在以下两个方面：

（1）通过国际资本市场筹资可使企业及投资项目获得所需的资金。

（2）通过国际资本市场可进行资产经营。

第二章　国际投资理论

复习思考题

一、马克思关于资本输出的论述有哪些？

马克思认为，资本过剩是导致资本输出的直接原因。资本过剩，是指由于一般利润率趋于下降，一部分资本相对于使资本价值增殖这个生产目的而言成了多余的资本这样一种经济现象。马克思认为，由于资本积累规律的存在及其作用，不可避免地引起利润率趋于下降，导致一些资本或者接受较低的盈利率继续运营而这是资本家所不能容忍的，或者丧失独立的行动能力而以信用的形式交由别人支配从而形成借贷资本，这必然发生生产过剩和资本过剩。

马克思认为，在资本主义社会，过剩资本的存在是必然的。因为在这种制度下，资本存在着两大特性，一是增殖，一是剥削，这就会形成生产和资本积累的不断扩大与人民群众有支付能力的需求相对缩小的矛盾。资本要增殖，要追逐更多的剩余价值，为此，资本家必然要扩大生产规模，加快资本积累，提高资本有机构成；资本要剥削，要榨取更多的剩余价值，为此，资本家必然会加紧剥削雇佣工人，使他们的支付能力相对下降。因此，资本的这种过剩并非真的多余没用了，而是相对于国内狭小的市场而言的过剩，是相对于利润率而言的过剩。如果资本家用这种过剩的资本去提高劳动人民的生活水平，那就不会有什么资本的过剩了。马克思指出："资本的这种过剩是由引起相对过剩人口的同一情况产生的，因而是相对过剩人口的补充现象。"① 马克思揭示了资本主义社会的生产过剩、资本过剩和人口过剩的同时并存现象：这一现象是由资本主义生产资料私人占有和生产社会化的基本矛盾决定的。

资本主义社会，资本所有者的过剩资本要寻找出路，其出路之一就是向国外进行资本输出。由于国内利润率的下降，过剩的资本不可能在国内找到出路，只能输出到国外，而且是将过剩资本输出到能够获得更高利润率的国外。马克思指出："如果资本输出国外，那么这种情况之所以发生，并不是因为它在国内已经绝对不能使用。这种情况之所以发生，是因为它在国外能够按更高的利润率来使用。"② 这说明，在资本主义社会，资本输出是解决资本过剩的一种手段，其目的是追逐高额利润。资本输出

---

① 马克思. 资本论：第 3 卷［M］. 北京：人民出版社，1995：280.
② 马克思，恩格斯. 马克思恩格斯全集：第 25 卷［M］. 北京：人民出版社，1974：285.

又是国际投资的一种方式。

马克思、恩格斯认为，随着资本主义的发展，特别是大工业的兴起和发展，国际关系也会扩大。马克思和恩格斯在《共产党宣言》中指出：出于"产品销路的需要，驱使资产阶级奔走于全球各地。它必须到处落户，到处创业，到处建立关系。"① 马克思、恩格斯在《共产党宣言》中又指出："资产阶级，由于开拓了世界市场，使一切国家的生产和消费都成为世界性的了……过去那种地方的和民族的自给自足的闭关自守状态，被各民族的各方面的互相往来和各方面的互相依赖所代替了。"② 马克思在论述世界货币时还指出："……把财富从一个国家转移到另一个国家。"③ 马克思、恩格斯的这些论述，足以说明随着国际关系的发展，每个国家的政治经济生活必然互相依存、互相制约、彼此联系起来，而国际投资的发展又是国际经济关系发展的重要表现。

二、列宁关于资本输出的论述有哪些?

到了 19 世纪末 20 世纪初，西方主要国家发展到了一个新的阶段——帝国主义阶段。列宁概括了这一阶段经济的五个基本特征，指出："从经济上说，帝国主义就是垄断资本主义。"④ 列宁的这一论述，从经济上分析了西方主要国家的这一新阶段，为认识国际投资提供了理论基础。

列宁根据西方主要国家的经济情况，发展了马克思关于过剩资本的理论。列宁指出："帝国主义的特点，恰好不是工业资本而是金融资本。"⑤ 金融资本作为帝国主义的特征，一方面加剧了西方主要国家的固有矛盾，另一方面使西方主要国家和资本所有者使用过剩资本能够在更大规模上形成，并在更大范围内开展资本输出，也就是说，金融资本越出国界在国际范围内形成垄断。

在这一阶段，资本输出之所以具有必然性，也是因为这时形成了大量的过剩资本。过剩资本的形成主要原因在于，垄断资本的形成更进一步加剧了资本主义制度所固有的矛盾：一是国内垄断统治的确立，使能够获得高额利润的经济部门已被垄断资本分割和控制，从而新投资无法进入这些部门；二是垄断提高了资本有机构成，使利润率呈现迅速下降的趋势。这样，垄断资本家手中积累起来的大量货币资本，由于找不到足够的有利可图的投资场所而成为过剩资本。资本的本性是要增殖，要榨取更多的剩余价值，因此，为追逐高额利润，这些过剩资本必然会涌向国外，特别是输出到经济落后的国家去。因为那里资本少、工资低、地价贱、原料便宜、利润率和利息率一般很高。在帝国主义阶段，资本输出不仅有其必然性，还有其可能性。列宁指出："其所以有输出资本的可能，是因为许多落后国家已经卷入世界资本主义的流通范围，

① 马克思，恩格斯. 马克思恩格斯选集：第 1 卷 [M]. 北京：人民出版社，1965：254.
② 马克思，恩格斯. 马克思恩格斯选集：第 1 卷 [M]. 北京：人民出版社，1965：254-255.
③ 马克思. 资本论：第 1 卷 [M]. 北京：人民出版社，1975：164-165.
④ 列宁. 列宁全集：第 23 卷 [M]. 北京：人民出版社，1958：35.
⑤ 列宁. 列宁选集：第 2 卷 [M]. 北京：人民出版社，1963：810.

主要的铁路已经建成或已经开始兴建，发展工业的起码条件已有保证等等。"① 显然，19世纪末20世纪初这一新阶段的国际投资不仅具有掠夺和剥削性质，而且具有垄断性质。

资本输出对当时的西方主要国家来说，既是垄断资本压迫和剥削世界上大多数国家和民族的坚实基础，也是垄断资本维护其国内经济和政治统治的重要支柱。对于输入资本的落后国家来说，资本输入使这些国家的社会经济发展停滞不前，长期处于落后贫困状态，即使某些方面得到了一些发展，那也是适应这些西方国家需要的畸形的发展。

列宁不仅继承了马克思、恩格斯的国际投资理论，同时还发展了马克思、恩格斯关于国际关系的理论。列宁指出："人类的整个经济、政治和精神生活，在资本主义制度下已经越来越国际化了。社会主义把它完全国际化。"② 列宁还指出："社会主义实现得如何，取决于我们苏维埃政权和苏维埃管理机构同资本主义最新的进步的东西结合，只能充分利用资本主义的成果，而绝对不能排斥它，否则就难以设想建设和巩固社会主义制度。"③ 列宁不仅发展了马克思、恩格斯的国际投资理论，而且把其理论与实践结合起来。例如苏联在十月革命胜利后的"新经济政策"时期，列宁主张并实践了利用资本主义东西的理论，与资本主义国家进行了合作。

值得注意的是：资本输出与现代国际资本流动是有区别的。马克思、恩格斯和列宁的上述资本输出理论，有许多方面至今仍然是正确的。例如，关于垄断是形成过剩资本的根本原因，过剩资本是资本输出的基础等观点至今仍然是有效的。但是，随着世界经济的发展、政治格局的变动，列宁当初的资本输出与现代国际资本流动间出现了明显的区别。第一，现代国际资本流动顺应世界各国经济发展的要求，已经成为国际生产要素流动的一种形式。不论是发达国家还是发展中国家，不论是资本主义国家还是社会主义国家，都同时进行资本的输出和输入，因此，用国内"有利的投资场所已经不多"这种观点是无法解释这种现象的，也与列宁当初所说的少数国家向殖民地国家单向输出不同。第二，现代国际资本输出的主要形式是对外直接投资，而列宁当初所说的资本输出的主要形式则是证券投资。第三，现代国际资本流动是在殖民体系瓦解、各国主权平等条件下进行的，而列宁当初所说的资本输出则是和西方主要国家对殖民地的掠夺和扩张相联系的。第四，现代国际资本流动的结果，总的来看对资本流出国和流入国都产生了很好的促进经济发展的作用，而并不像列宁当初所说的那样，资本输出只有利于输出国而不利于输入国。

三、传统的国际资本流动理论有哪些内容?

资本的国际流动，即资本在国际转移。传统的国际资本流动理论是一种传统的国

---

① 列宁. 列宁选集：第2卷［M］. 北京：人民出版社，1963：783.

② 列宁. 列宁全集：第19卷［M］. 北京：人民出版社，1990：239.

③ 列宁. 列宁全集：第27卷［M］. 北京：人民出版社，1963：237.

际投资理论，产生于第二次世界大战结束后国际直接投资大规模发展之前，以证券投资为主要研究对象。该理论的前提是，世界各国的商品和生产要素市场是完全竞争市场，资本能够在各国之间自由流动，没有任何障碍。资本之所以在国际流动，是因为各国利率之间存在差异。国际资本流动的方向是从利率较低的资本充裕国流向利率较高的资本稀缺国，直到利率差异消失为止。因此，资本的国际流动，会引起资本收益率的均等化。这个均等化过程是资本资源在世界范围内重新配置的过程，重新配置的结果是使世界总产量增加，对资本充裕国和资本稀缺国都带来好处。

四、马柯维茨将证券投资的决策过程分为哪三个相互分离的阶段？

马柯维茨将证券投资的决策过程分为三个相互分离的阶段，即证券分析、证券组合分析和证券组合选择。

（1）证券分析。证券分析主要是对单一证券的风险、收益及证券与证券之间的相关性进行分析。

一般而言，证券投资者最关心的问题就是证券预期收益与预期风险的关系。证券收益包括两部分：一是证券买卖的差价，二是债息或股利。如果投资者要预测某种证券的未来收益，只需将该种证券的收益估值乘以不同状态下的发生概率，加总后得出的结果便是预期收益。因此，预期收益实际上表示投资者持有某种证券在一段时间所获得的平均收益，即收益的期望值，用公式可表示为：

$$EX = \sum_{i=1}^{n} X_i \times P_i$$

上式中，EX 是预期收益，X_i 是第 i 种状态下的会计收益值，P_i 是第 i 种状态出现的概率。

对预期收益加以解释和定量化较为容易，而要精确衡量持有证券的风险即证券收益的不确定性则甚为困难。马柯维茨运用统计学的方法，将不确定的收益率看成随机变量，用它们的集中趋势即期望值来表示证券预期收益（如上所述），而用它们的离散趋势即标准差来度量证券风险的大小，用公式可表示为：

$$\sigma = \sqrt{\sum_{i=1}^{n} (X_i - EX)^2 \times P_i}$$

上式中，σ 为标准差。

单个证券的投资预期收益和投资风险可直接从概率分布中得出，而证券投资组合的预期收益和风险则必须把各种证券之间的相关关系考虑在内。证券预期收益之间的相关程度是用相关系数来表示的：

$$P_{ij} = \frac{COV_{ij}}{\sigma_i \times \sigma_j}$$

上式中，P_{ij} 是 i 证券与 j 证券的相关系数，COV_{ij} 是 i 证券与 j 证券预期收益的协方差，σ_i、σ_j 是 i 证券与 j 证券各自的标准差。

相关系数取值总在-1 和+1 之间，即$-1 \leq P_{ij} \leq 1$。若 $P_{ij} = 1$，则称这两种证券完全

正相关；若 $P_{ij} = -1$，则称这两种证券完全负相关；若 $P_{ij} = 0$，则称这两种证券之间毫不相关。

（2）证券组合分析。投资者一旦确定了各种证券的预期收益和标准差以及各种证券收益之间的相关性，就可以进一步计算出每一个证券组合的预期收益和标准差。每一个证券组合的预期收益可以通过对其包含的每一种证券的预期收益的加权平均求得，其计算公式如下：

$$r_{pe} = \sum_{i=1}^{n} x_i \cdot r_{ie} = x_1 r_{1e} + x_2 r_{2e} + \cdots + x_n r_{ne}$$

上式中，r_{pe} 是证券组合的预期收益；x_i 是证券 i 在该证券组合总值中所占的比重，$\sum_{i=1}^{n} x_i = 1$；r_{ie} 是证券 i 的预期收益；n 是证券组合中的证券种类数。

一个证券组合的标准差的计算相对要复杂得多，它不是个别证券标准差的简单加权平均，必须通过下面的公式求得：

$$\sigma_p^2 = \sum_{i=1}^{n} \sum_{j=1}^{n} COV_{ij} X_i \times X_j$$

上式中，σ_p^2 是证券组合的方差[①]（平方根即为标准差）；COV_{ij} 是证券 i 和证券 j 收益之间的协方差；X_i、X_j 是证券 i 和证券 j 的权数。

由此可以看出，证券组合的预期收益和风险主要取决于各种证券的相对比例、每种证券收益的方差以及证券与证券之间的相关程度。在各种证券的相关程度、收益及方差确定的条件下，投资者可以通过调整各种证券的购买比例来降低风险。

（3）证券组合选择。通过证券组合分析，人们可以在一个可能的收益和风险范围内，对若干已确认可以投资的证券通过调整各种证券的购买比例来建立不同的证券组合。马柯维茨指出，对应于每一个特定的预期收益率，市场上都存在着许多不同的证券组合，但这些组合的风险水平各不相同。其中：在该预期收益率下风险最小的组合称为"最小方差组合"；而对应于各个预期收益率的所有的最小方差组合便构成了"最小方差集合"（Minimum Variance Set），如下图 2-1 中的 FEAG 曲线。这些组合就构成了一个可行集，可行集的形状如下图 2-1 所示，一般呈伞形，其边界上 F、E、A、G 等点以及边界内 B、C 等各点代表了所有可行的证券组合点。

马柯维茨认为在可行集提供的证券组合的所有可能方案中，投资者通过有效集定理可以找到有效集（Efficient Set）。有效集定理认为一个理性的投资者所挑选的证券投资组合一定是以下两类组合之一：①在各种风险水平条件下，提供最大预期收益率的组合；②在各种预期收益水平下，承担最小风险的组合。这两类组合称为有效集或有效证券组合。在上面的图 2-1 中，阴影区域左上方的曲线 FEAG 就代表着有效组合，这条曲线即为有效边界。我们用有效边界 FEAG 上的点与其他证券组合点相比，可以发现此边界上的点比其他所有点在同样风险水平下收益都高。如 A、B 两点相比，

国际投资学学习指导

① 方差表示变量的每一个真实值与预期值偏差的平方和的平均值。

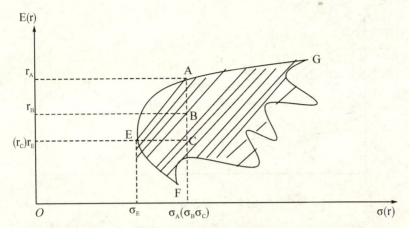

图注：纵轴表示证券组合预期收益；横轴表示证券组合标准差；阴
影部分表示可行集；FEAG 表示有效边界。

图 2-1　可行集与有效边界

二者有同样的风险，但 A 点收益明显高于 B 点收益；如 E 与 C 两点相比，二者有相同的收益，但 E 点风险要小于 C 点。曲线 FEAG 的左侧代表无法达到的证券组合，右侧代表虽能达到但对应每一预期收益率要承担更大风险的证券组合。总之，除有效边界 FEAG 上的点以外，可行集中的其他组合点，相比之下不是收益太低就是风险太高，所以都不足取。投资者在选择证券组合时，都会选择有效边界上的点。有效边界以外的点称为"无效证券组合"。

对于具体投资者而言，并不是有效集中的任何一个证券组合都是他认为的最优组合，这里还存在着一个投资者偏好的问题。对投资者偏好的分析需要引入经济学上的一个概念即无差异曲线来进行比较研究。投资者对同一无差异曲线上的不同证券组合具有相同的偏好，但不同的无差异曲线代表了不同的偏好水平，而且相互平行，永不相交。由于在风险增加的情况下，投资者为保持相同的偏好水平必然要求更高的收益，因此无差异曲线具有正的斜率；又由于投资者大多是风险厌恶者，投资者总是希望以最小的风险获取最大的收益，因此偏好增加的方向是由右下指向左上。如图 2-2 所示。

图 2-2 中曲线 I_1、I_2、I_3 代表了三条不同的无差异曲线。它们所代表的投资者偏好是不同的，从图 2-2 中我们可明显看出在相同收益情况下，风险状况依次是 $I_1 > I_2 > I_3$；而在相同风险状况下，收益情况依次是 $I_1 < I_2 < I_3$。因此，投资者偏好依次是 $I_1 < I_2 < I_3$，即投资者更偏好于 I_3 这条无差异曲线，这与上面的结论是一致的。

引入无差异曲线来衡量投资者偏好后，我们就很容易通过求出无差异曲线与有效边界的切点来取得适合投资者偏好的最优证券组合（见图 2-3）。

上面图中 I_1、I_2、I_3 是某投资者的无差异曲线，阴影代表可行集，边界 E_1EE_2 是有效集，图中 I_2 与 E_1EE_2 切于 E 点。我们知道投资者偏好 I_3 甚于 I_2，但 I_3 与有效边界没

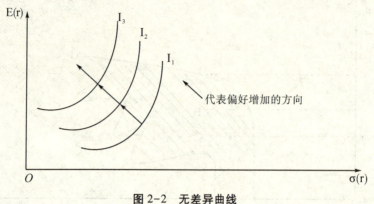

图 2-2　无差异曲线

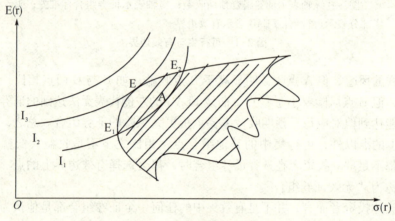

图 2-3　最优证券组合

有交点，即在 I_3 上无法找到有效的证券组合来满足投资者偏好。投资者转而求其次，找到了 I_2 与有效边界的切点 E，在这一点上可得到有效可行的最优证券组合。投资者不会选择 E_1、E_2 两点的证券组合。这两点虽然都是有效可行的证券组合点，但满足的偏好水平是相当于 I_1 的水平，投资者不会满意。由此可见，可行集大部分是不重要的，重要的是有效边界，每一个理性投资者都是在有效边界上而非内部选择最优组合，因为投资者在此可以确保每一单位风险下获得最大的预期收益。

五、如何评价马柯维茨的证券组合理论？

马柯维茨以前的传统投资理论把投资决策的重点放在分析和预防风险方面。而分析和预防风险的基本原则主要是利用分散投资的原理，其代表性口号是"不要把所有鸡蛋放在一个篮子里"。这种观点的确有很大的合理成分。但是，总的说来，它仍是基于一种主观判断和以定性分析为主（尽管也用了一些简单的数学工具）。这就不可避免地会遇到下列难以解决的问题：一笔投资分散到什么程度最好；怎样确定投资证券的种类；每种证券占投资份额多大；等等。从而使传统投资理论遇到了这样的矛盾：分散投资是必要的，却不知道怎样分散。在这种状况下，投资者只好根据各自的知识、信息、判断能力和经验单独进行决策。至于决策是否合理，事先也无判断依据。

马柯维茨运用复杂的数学方法，测算各种证券的方差、协方差和收益率，通过比较找出投资组合：在收益率一定时，用方差（或标准差）表示的风险最小，或在风险一定时，收益率最大，即找出了证券组合的有效集。只要是有效集上的证券组合就是合理的、有效的，否则就是不合理的、无效的。这样就从理论上为判断证券组合的合理性提出了明确的标准，从而也为实际投资提供了参考依据。

自马柯维茨的证券组合理论问世以来，受到了越来越多的关注，同时也引起了越来越多的异议，这与马氏理论的缺陷是分不开的。首先是证券组合的现实合理性问题。从理论上讲，该理论是合理的（尽管有许多不足之处），但在具体进行证券组合时，却是依据过去的数据和未来的预期值计算的。这就暗含两个条件：过去的数据在未来将会重复出现；预期值也将是准确的。显然，这两个条件是非常苛刻的，或者说在事实上它们是难以成立的。这样，在不够准确的信息基础上，即使使用了科学的理论，也难以得出可靠的结果。换言之，马氏理论是合理的，但很难说有相应的现实性。其次是马氏理论适用于强效市场，即适用于所有投资者能迅速对各种市场信息做出反应的市场。而从现实情况看，目前世界各国还不存在强效市场，这就使得马氏理论在使用效果上不够理想。比如，在强效市场上，投资者获得市场平均利润率即可，马氏理论也是依此设计的。但是懂得并能够使用先进的手段、科学的理论、丰富的经验和灵敏的信息的投资者却不能满足于市场平均利润率。因为，现实的市场不是强效的，而且还存在大量非理智的投资者。最后是马氏理论在运用时，工作量太大，即使利用电脑，其计算和调整过程也不胜其烦。这对于一般投资者来说，只能是望洋兴叹。

六、请简述威廉·夏普的资本资产定价理论。

资本资产定价理论模型（Capital Asset Pricing Model，简称 CAPM）是由斯坦福大学教授威廉·夏普建立的。这一模型是在马柯维茨理论[①]的基础上，着重描述了证券组合的预期收益和预期风险之间的关系，对证券均衡价格的确定进行了系统性的解释。这一理论模型不仅适用于金融投资，也可指导实业资本投资，因此成为现代金融投资理论的核心。

七、如何评价资本资产定价模型？

从前面的论述中我们不难看出，资本资产定价模型是基于马柯维茨理论体系建立

---

① 马柯维茨模型的投资组合中的证券都是有风险的。实际上，市场交易的证券中有些是无风险的，如美国的联邦政府短期国库券就被视为无风险证券。人们建立证券组合，并不一定只限于有风险证券，也可以包含一些无风险证券。马柯维茨的理论也没有考虑另一种情况，即在证券市场上进行交易时可以借钱投资。在这些方面，CAPM 模型较马氏理论进了一步。

起来的。但是，在投资理论和实务界，资本资产定价模型已经得到普遍的认可。投资专家用它来进行资本预算或其他决策；立法机构用它来规范基金界人士的费用率；评级机构用它来测定投资管理者的业绩。这不仅是因为该模型在理论上对风险和收益的关系进行了开拓性的研究和论述，而更重要的是它大大简化了马氏理论，把一套复杂的理论变成了较为简便的操作模型。比如把风险与收益的关系用 β 值来刻画，使 β 值成为收益对风险的灵敏度，或者使 β 值直接表示证券的风险程度。

在资本资产定价模型被广泛使用的同时，对其可信程度的实证研究也日益增多，而且，许多实证研究并没能使该模型得到确证。因此，资本资产定价模型的地位也逐渐动摇。大量的实证研究证明，除了 β 值外，还有其他因素能较好地解释证券收益率。比如，有的学者发现低的市盈率、较小的公司规模等都对证券收益率有显著的影响。

资本资产定价模型的这些缺陷，或许是因为一个 β 值并不能较好地解释风险与收益的关系，但更多的可能是该模型的假定条件过于严格。如果仅仅是在理论阶段，过于严格的假定尚可接受。但对于一个运用于实际投资决策的模型，如果现实的市场并不具备其所要求的条件，则运用模型的结果，要么出现较大偏差，要么使投资行为彻底失败。另外，CAPM 模型主要对证券收益与市场组合收益变动的敏感性进行分析，而没有考虑其他更多的因素对证券收益的影响，因而也有一定的局限性。

八、国际直接投资理论的研究状况如何？

相对于世界范围内直接投资发展的现实，应该说，国际直接投资理论与其是极不相称的。一方面，国际直接投资缺乏经典性的理论解释；另一方面，虽未形成系统、全面和权威的理论体系，但各种解释既自成一派，又相互借鉴与交融。在此主要分析理论研究与现实需要的差距，择要阐述当代美国、欧盟和日本的一些学者对国际直接投资研究的有代表性的理论主张，并进行一定的评价。

国际直接投资作为国际上的一个经济、金融现象，从其出现至今，对各国经济的发展、对世界经济的全球化和一体化已经和正在产生着重要的影响。20 世纪初期，列宁发表的《帝国主义是资本主义的最高阶段》，对帝国主义的资本输出进行了经典性的描述，从而揭示了垄断资本的本质，至今仍具有现实意义。从 20 世纪 50 年代起，很多西方学者对国际直接投资现象进行过大量的分析与研究，形成了不同的学术流派，但没有形成一种论证严密、颇具说服力的理论框架。有关国际直接投资的理论至今处于一种"模糊不清的状态"，"远远适应不了迅速发展的国际投资的现实需要"[1]。在传统的国际经济学的理论大厦中，也很难找到一个满意的解释。传统的经济学理论，如厂商理论、要素禀赋论和资本理论等，可以解释国际直接投资的一些方面，但仍然有其局限，难以解释其本质问题，特别是涉及外国投资者对一国企业进行所有权

① THOMAS ANDERSON. Multinational Investment In Developing Countries ［M］. First published 1991 by Routledge 11 New Fetter Lane, London EC4P 4EE 1991：24.

"控制"的问题时。

例如，根据要素禀赋理论，由于各国资本的供求状况不同，资金较多的国家的利率总是低于资金短缺的国家；或者，从另一个意义上说，资本穷国的边际效益要高于资本富国。所以，为谋求利率和边际效益的差额收益，资本总是从富有的国家流向短缺的国家。各国资本收益率的差距可解释证券投资流动，虽然一部分证券投资可以计入直接投资，但企业为什么不通过输出资本赚取利息而要采取对外直接投资的形式呢？况且，对外直接投资流动的基本格局表明，虽然到1975年底大部分直接投资流入发展中国家，但此后，在发展中国家的资本短缺状况并未缓解的情况下，发达国家间的相互投资越来越多，特别是进入20世纪80年代后，发达国家已成为事实上的国际直接投资的主体。到20世纪80年代中期，发达国家吸引的直接投资为76%，到1992—1994年仍保持在60%左右，直接投资主要在发达国家间进行。显而易见，"要素禀赋论"不能说明对投资方式的改变和直接投资发展的历史与现实的情况。

20世纪50年代末，美国经济学家马柯维茨（Markowitz）和托宾（Tobin）认识到了这一局限，认为"要素禀赋论"与现实有矛盾的原因在于"忽视了风险的存在"。考虑到资本所有者对风险的厌恶，他们提供了"证券选择理论"，认为投资者可以发展一种避免风险的、"有效的"证券投资，并使预期的收益与风险均衡化。证券持有者的风险可以通过收益率的差异来计算。这里虽说是证券投资，但如果投资者从事的是一种"有控制权"的投资，仍可在某种程度上解释直接投资。只是，这种分析仍未完全解释"要素禀赋论"在说明国际直接投资方面的不足。传统的"厂商理论"同样也解释不了国际直接投资为何不在本国而会在极端不完善的市场发生。

20世纪60年代后期起，国际直接投资迅速发展。一些西方理论家在分析这一现象时注意到传统理论不足以说明实际情况，于是，在已有基础上做了进一步的探索，使关于直接投资的研究进入了一个繁荣时期，各种理论主张纷纷出笼。如果按类别来划分，主要是基于产业组织分析基础上的"微观导向理论"和基于国际贸易分析基础上的"宏观导向理论"。

（1）基于产业组织分析的"微观导向理论"。代表人物及其理论主要有：1966年弗农提出的"产品生命周期理论"（Product Cycle Theory），1968年格鲁贝尔（Grubel）提出的"风险分散理论"（Risk-diversification Theory），1969年金德尔伯格（Kindelberger）等人提出的"国际化理论和交易理论"（International Theory or the Transactional Approach）以及1977年邓宁提出的"折中理论"（Eclectic Approach）等。

（2）基于国际贸易分析基础上的"宏观导向理论"。代表人物及其理论主要是：1970年美国经济学家阿利伯（Aliber）提出的"货币诱惑论"（Currency Premium Theory），1973年日本经济学家小岛清（Kojima）提出的"动态比较优势论"（Dynamic Comparative Advantage），1981年邓宁（Dunning）提出的"发展水平论"（Level of Development Theory）。

在试图说明国际直接投资现象的浩繁理论流派当中，微观和宏观导向理论的区别仍然是模糊不清的。不过，这种划分有益于寻找一种大致的共同点，因而是值得注意的。

九、请简述早期的国际资本流动理论。

国际直接投资最早的理论研究，是纳克斯发表于 1933 年的题为《资本流动的原因和效应》的论文[①]。纳克斯把国际直接投资作为国际资本流动来研究，使用的完全是国际资本流动的分析范畴，而他所分析的产业资本跨国移动，实际上就是以后所称的国际直接投资。

纳克斯认为，资本的国际流动主要是由国家之间利息率（或利润率）的差别引起的，而资本利息率的差别又主要是由各国资本的不同供求关系决定的。资本总是由利息率低的国家流向利息率高的国家，从而打破各国原有的资本供求关系，导致利息率的逆向变动，引起资本的往复运动，最终达到资本供求的国际平衡（当然这是一种动态平衡）。

纳克斯虽然没有明确提出国际直接投资的概念，但是他分析的实际对象是国际直接投资。第一，他强调资本流动的直接动因是追求利润，这是产业资本流动的动因特征。第二，他注意到引起国际资本供求关系变动的产业变动因素。第三，他虽然对国际直接投资与国际间接投资未予区别，对直接投资的分析也很不清晰，但他关于直接投资的动因观察，却比以后很长时期以国际资本流动为依据的理论更接近地触及直接投资的本质特征，如产业活动、利润机会、技术创新、市场需求等。这些特征成为 20 世纪 60 年代后可称之为独立的国际直接投资理论的各派学说各自侧重的分析基点。

在纳克斯之后，麦克道格尔和肯普采用几何图，根据资本收益率差别引起资本流动的一般理论，来解释国际直接投资的发生及其福利效果，是资本流动理论中最有影响的理论。麦—肯图式致力于将国际直接投资按国际资本流动理论框架一般化。它没有明确区分是间接投资还是直接投资，没有明确指出资本流动是通过信贷方式还是通过生产转移方式进行的，没有专门注意投资者是否控制投资经营活动，没有提及引起直接投资的产业、技术、市场等重要因素。因此，它只能分析直接投资和间接投资的一些共同性问题，以至于与纳克斯相比，他们提出的理论离直接投资的特殊性质更远。

20 世纪 60 年代以后，从不同角度、依据不同因素说明国际直接投资的理论各执一说，学派纷起。国际直接投资的发生，不仅与国家之间资本收益率的差别有关，它更强调产业活动、技术创新、市场动态、产品差异等方面的因素。现实中直接投资的形式多种多样，各种直接投资的发生可能决定于不同的因素，这样，国际直接投资的产生机理很难在国际资本流动的一般均衡理论框架内找到令人满意的答案。

十、国际直接投资的微观理论有哪些？

国际直接投资的微观理论有：

---

① R. 纳克斯. 资本流动的原因和效应（1933）［M］. //邓宁. 国际投资. 伦敦：企鹅出版公司，1972.

（1）垄断优势论。所谓垄断优势是指大企业特有的优势，例如专有技术、管理经验、融资渠道和销售能力等。美国学者、麻省理工学院教授海默（S. H. Hymer）是通过对跨国企业的行为进行分析研究，对国际直接投资进行理论探索的先行者。1960年，海默在他的博士论文《国内企业的国际经营：对外直接投资的研究》中指出，跨国企业"在进行产品生产和销售时，存在着很多种优势"，这就是"垄断优势论"的最初含义。

（2）内部化理论。内部化（Internalization）理论是解释对外直接投资的一种目前仍然较为流行、较有影响的理论。其代表人物是英国里丁大学的学者巴克利（Peter J. Buckley）、卡森（M. Cason）和加拿大学者鲁格曼（Alan M. Rugman）。

（3）产品周期理论（Product-Cycle Hypothesis）。产品周期理论由美国经济学家、哈佛大学跨国公司研究中心教授弗农（Raymond Vernon）首先提出。1966年他在美国《经济学家》季刊上发表了一篇名为《产品周期中的国际投资与国际贸易》的学术论文，认为外国直接投资是打入外国市场的一个跳板，技术创新是世界贸易结构和各国产品分配变化的决定因素。第二年，英国牛津大学出版了 S. 赫尔施（S. Hirsch）的名为《工业区域与国际竞争》的学术专著，对国际经营中产品周期模型做了全面的描述。因此，他们两人也成为产品周期理论的主要代表人物。该理论对企业在不同的时期如何利用不同的垄断优势对生产过程起作用提供了一种特殊的分析与综合，归纳了技术、生产成本和营销因素的不同作用。

（4）厂商增长理论。前面所述的垄断优势论、内部化理论、产品周期理论都是在垄断竞争理论的前提下发展起来的，而厂商增长理论则是以一般化厂商理论为依据，是最早从厂商行为角度解释对外直接投资的理论。

（5）防御性对外直接投资理论（Defensive FDI）。

十一、直接投资相对于出口的利益是什么？

企业具备垄断优势，可以生产价格较低、品质优良的产品，而且市场需求较大。企业本来可以通过出口利用这些优势，而不一定要在海外组织生产经营。确实，很多大企业，即使没有在国外生产经营，也是本国的主要出口者。那么是什么影响企业做出这种选择的呢？"垄断优势论"的继承者们提供了以下几个因素：

（1）生产成本。到国外建立新工厂，只要在汇率、生产技巧、运输和技术转移的成本上拥有优势，企业就会做出进行直接投资而非出口的选择。如果跨国公司真正具有全球眼光，就会在合理计算成本后，开展对外投资，在不同的国家以不同的方式有效地进行资源配置。如 IBM 公司在欧洲、中国香港、中国台湾和墨西哥等地设立分厂，合理配置各地的要素优势，最大限度地减少整个生产过程的成本。生产成本因素也可以说明一些出口导向型的企业将生产线移至劳动力工资较低的发展中国家的原因。

（2）政府政策。采取直接投资而非出口的一个最重要的原因在于，世界远未形成统一的市场，政府政策造成的不完全性是采取直接投资的重要原因。这表现在：①关税、进口限额和其他非关税贸易限制，如对进口商品的管制等。各国都设有进口关税壁垒，对进口实施直接与间接的限制。这种情况随着战后广大发展中国家实行进口替代战略而更加强化。事实上，发达国家也广泛存在着关税与非关税的种种限制，直接影响跨国企业的对外出口。为避开关税和非关税壁垒的限制，对当地竞争者拥有一定优势的企业就会直接在国外进行生产，以扩大市场份额。在其他条件相同的情况下，这些贸易限制因素对企业在被保护国从事对外直接投资（而不是出口）起着重要的促进作用。②税收。对外直接投资可产生于两国税法的不同。如果母国税法允许国外投资利润递延缴纳，将有利于企业在国外的对外直接投资。③政府其他管制，如价格管制、利润管制和反托拉斯法。这些管制促使国内企业纷纷到世界各地开办企业。

显然，政策限制导致选择直接投资。现实情况更多地表明，政策优惠更大程度上吸引着投资者进行直接投资，这从另一方面也说明了政策优惠对促进直接投资的作用。

（3）营销的重要性。采取直接投资既可更好地利用成本优势，还能更好地满足当地市场的需要。各国对产品的偏好不同，导致市场需求的不同。根据国外对同一产品的规格、式样、价格的不同偏好，迅速调整当地的生产经营，在国外进行生产，较之于直接出口的优势就会更为突出。

（4）垄断优势反应（Oligopolistic Reaction）。在国外生产可能造成当地或其他竞争对手跟进，垄断竞争的结构和平衡正是任何跨国公司不能忽视的因素。在国外投资可促使企业在利用市场的同时，注意竞争对手的情况，及时做出生产经营战略上的调整。

十二、直接投资相对于许可证销售的利益是什么？

许可证即东道国企业在得到跨国公司的批准后可以使用其企业优势要素。当然，对这种优势要素的使用是有条件的。作为一种知识产权，它广泛包括专利技术，如销售技术、商品品牌、管理服务和其他企业资产。

由于国际上存在着活跃的技术贸易，一般来说，企业拥有这些方面的优势可以利用出售或许可证转让方式来取得这些优势的收益。影响企业在对外直接投资和出售许可证之间做出选择的因素主要有：市场规模、投资风险、新的技术和专利、许可证使用过程中可能带来取代自己的竞争威胁、东道国的政策、企业的管理战略、产品市场的结构因素等。

通常，如果市场稳定，企业对有关的技术控制就会越紧。投资者会要求更多地和在更大程度上介入生产过程，即在国外直接进行生产经营，从而取得持久的经营利益。一些经济学家认为，在一个充满希望的市场，通过直接投资而非出售技术专利方式，可以使企业优势获得更大的效益。有的甚至认为，很多发展中国家缺乏把先进技术运用到生产上的能力，即使能这样做，跨国公司也不太情愿为取得一些转让费而出售新的和具有市场潜力的技术。因为它可能威胁企业未来的盈利前景，使跨国企业拥有的其他优势不能充分发挥应有的效益。

跨国公司垄断优势的效益来源于多种盈利因素，即一种优势要素综合体。出售一种或两种要素虽可取得一些收益，但会影响优势要素综合体的盈利能力。不愿转让技术还被归因于跨国公司的特性。再者，企业的管理和组织能力、经营经验和企业精神、在金融市场上的地位与作用、与其他企业的合约等也是很难出售给其他企业的，即使愿意合作生产也是如此。从另外一个意义上看，随着规模经济和国际经营的扩大，这些优势在日积月累，成功的企业需要的是国际利润，而不是通过出售许可证来"变卖家产"。只有在出售一些特殊的许可证（如过时的和外围的技术）而不会影响企业总体盈利等情况时，跨国企业才愿意出售一些企业的资产（包括技术专利和企业优势要素）。尽管如此，发放许可证仍被认为是一种"次优"（Second-Best）选择。美国经济学家威廉逊认为："只有当企业希望扩张而受到管理或财务上的限制时，才会求助于发放许可证。"①

十三、科斯将市场成本分为哪四类？

内部化理论的思想渊源可追溯到"科斯定理"，这一定理旨在解释企业组织的形成原因和规模扩张的界限。其中心思想为：市场上的生产者们既可以通过契约的途径，以完全非中央化的方式从事生产活动，也可以以企业的方式组织原先通过市场交易方式所进行的生产活动，其抉择标准在于组织企业性生产的内部管理成本与通过市场达成契约的交易成本的比较。企业规模的限度在于利用企业方式组织管理的成本等于通过市场交易的成本。早在 1937 年，科斯（R. H. Coase）就在一篇题为《企业的性质》② 的论文中提出了内部化理论的雏形。科斯认识到了在市场中进行交易时所发生的市场交易成本问题，他将市场成本分为四类：①寻找和确定合适的贸易价格的活动成本；②确定合同签约人责任的成本；③接受与这种合同有关的风险的成本；④从事市场贸易所支付的交易成本。他认为任何企业在市场机制下活动都会发生交易成本、合同成本和合作成本，而企业的内部组织则是一种低成本的有效的生产联系方式。

十四、巴克利和卡森认为内部化意愿取决于哪些因素？

巴克利和卡森认为，内部化意愿取决于四大类因素：①行业特定因素，它与产品特性、外部市场结构、厂商生产和规模经济有关；②地区特定因素，即地理上的距离、文化、差异、社会特点等；③国家特定因素，即国家的政治、金融、财政制度等；④企业特定因素，即组织结构、管理知识和能力等。在这四大类因素中，行业特定因素最为关键，其中知识因素又最为重要。首先，如前所述，中间产品市场是不完全的，其供求在外部市场上很难协调一致而往往产生剧烈波动，因而要克服这种不完全性就必须内部化；其次，知识提供垄断优势，企业利用自己的差别性定价要比通过

---

① 约翰·威廉姆逊. 开放经济与世界经济 [M]. 厉伟，等，译. 北京：北京大学出版社，1991：128.
② 科斯. 论生产的制度结构 [G]. 盛洪，陈郁，译. 上海：上海三联书店，1994.

发放许可证更好地利用这些优势；最后，知识产品的形成需要长期的研究与开发努力，在知识化为实际生产力以前，如果企业打算出售这种知识，则很难估计和确定其价值，而这个问题却可以通过公司内部的转移定价得到有效解决。

十五、内部化产生的利益和成本各有哪些？

内部化产生的利益主要包括：①在产品期货市场不起作用的场合，建立内部市场可以协调企业的业务活动，如克服市场反应的时滞性，在内部市场中协调组织不同阶段部门的供需关系和持续生产获得的收益；②内部市场比外部市场能更准确地对知识产品等中间产品进行定价，从而制定有效的差别性价格，如利用差别价格维持其在中间产品市场上的市场势力获得的收益；③通过内部化使中间产品的买卖在所有权上合二为一，消除了买方不确定性，在其他产品买卖上，也可部分或全部消除外部市场上的"独卖"和"独买"交易形成的不稳定的讨价还价态势，即消除买方或卖方垄断的不确定性带来的收益，另外，通过对前后关联产业的内部化，保证原材料的供应以及产品的销售；④建立内部技术市场可以减轻国际市场不完全性，缓和外贸的不稳定性；⑤知识技术在公司内部转移，可避免外国竞争者的仿制，从而确保公司在世界范围内的特定技术优势，在各子公司充分利用开发而来的知识成果，取得效用最大化。实行知识资产等中间产品的内部划拨价格，可以逃避税负、转移资金（利润）、回避干预，等等。市场内部化的目的是为了取得内部化本身的收益。但内部化过程也会使企业的成本增加，因此，只有在内部化的边际收益大于边际成本时，内部化才会变为现实，跨国公司才会产生。

十六、弗农根据不同时期的技术特征把产品周期分为哪四个阶段？试描述新产品随其产品生命周期在发达国家、较发达国家和发展中国家间进行转移的过程。

弗农根据不同时期的技术特征把产品周期分为四个阶段：即"崭新产品"阶段、"成熟产品"阶段、"标准化"产品阶段和"产品老化、转移"阶段。根据产品所处的不同阶段说明企业生产的区位选择，并同企业在国外的生产经营联系起来，以此为线索，分析对外直接投资的发生和发展。

第一阶段：崭新产品阶段。当企业的开发创新取得成功后，新产品就会被制造出来。这种新产品首先在收入和技术水平较高的国家进行生产和销售。弗农指出，美国是一个拥有世界最大市场和人均收入最高的国家，是新产品首先出现、试用的地方。原因在于，这种新产品的生产过程属于人力资本密集型的生产，需要大量的技术投入，其研究与开发需要资金、组织和技能方面的优势。由于投入成本较高，加之技术的暂时性垄断，新产品在价格上没有弹性。因此，产品的销售只能在人均收入较高的国家，因为那里有"大量的具有购买力"的消费者，他们有较强的试用新产品的兴趣。再者，技术和收入较高的国家，市场竞争较为激烈，竞争压力、高工资成本或资源短缺会自然而然地刺激企业不断进行开发与创新。

第二阶段：新产品成熟阶段。在富裕国家的市场上，如果这种新产品取得成功，生产会进一步扩大，新的市场被逐步开发出来，出口不断扩大。这时就进入了产品周期的第二阶段。在此阶段，创新企业仍有着技术上可靠的优势。由于产品的生产基本定型，长期生产成为可能。但是，由于成功，自然会引起其他竞争者模仿并开发出类似的产品，竞争压力迫使企业努力降低生产成本，但这种形势也是暂时的。当美国出口这种产品的价格高于进口市场（如西欧）的预期成本时，出口形势就变得不利起来。这时，考虑在西欧直接投资生产已成为必要的了。于是新产品的生产开始走向与美国具有类似需要的海外市场。在那里，对这种新产品的需要就像刚开始在美国出现的需求一样迅速增长，在当地的生产使企业优势的效益得以进一步持续并更加充分地发挥出来。

第三阶段：产品标准化阶段。当新产品的竞争充分表现出来，生产技术变得足够标准化时，由于美国国内生产成本相对高昂，对当地市场的考虑进而更加重要。创新企业便会加强营销努力（改善产品形象和促销）、在劳动力更廉价和更接近外国市场的地区进行投资来保持新产品的利润，并促使产品渐次转移，如从美国转向欧洲，再从欧洲转向发展中国家，直到产品完全成熟。

第四或最后阶段：产品老化、转移阶段。在这个阶段，产品逐渐老化，在发达市场不再具有扩大生产的市场魄力，发展中国家便成为这种产品的主要生产基地。由于发展中国家生产成本相对低廉，产品价格进一步下降，其产品还会返销到发达市场。这种产品可能在除跨国公司总部以外的几家子公司间进行，或者通过不同的生产分工、组装进行。这个过程中，营销手段变得相当突出，"市场的优势地位可能从创新领先者手中转向营销技术领先者手中"。

产品周期理论把外国投资与特定国家的特殊技术优势结合起来进行研究。弗农认为，美国特殊的条件——国内市场较大、人均收入较高、缺乏劳动力和技术工人成本较高等，注定了美国创新的动力，这种创新也正是以后其他国家所需要的。20世纪60年代美国跨国公司在全球的迅速扩张，也加强了弗农对美国的偏爱。他认为，美国市场的特点决定了美国作为跨国公司的"中心作用"。他当时甚至预计，美国"作为外国直接投资者的支配地位会继续得以保持"[①]。

根据产品生命周期理论，企业从事对外直接投资是遵循产品生命周期的一个必然步骤。假定世界上存在着三类国家：一是新产品的发明国，通常称为发达国家；二是发达程度略低一点的国家，通常称为较发达国家；三是落后国家，通常称为发展中国家。根据这一理论，新产品随其产品生命周期将在这三类国家间进行转移，其转移过程如下：

（1）产品在发达国家发明或革新，并开始在发达国家销售。在一个阶段内，产品的国内生产和销售持续增长，直至生产能力接近饱和。

（2）发达国家的产品生产和销售继续增长，但是以递减的速度增长。至此，产品的生产均在发达国家进行，但产品开始向较发达国家出口，小部分向发展中国家出

---

① R VERNON. Soveregnty At Bay［M］. Newyork，1970：109.

口。其原因有：①较发达国家的市场与发达国家的市场相似，这些国家存在着对发达国家产品的需求；②由于销售迅速增长，产品价格因大批量生产而下降；③较发达国家的收入水平较高，购买力水平也较高。

（3）产品在较发达国家的销售开始下降。由于较发达国家对产品进一步熟悉，它们在本国生产该种产品的可能性增大。这一阶段，较发达国家内其他公司已发明类似的产品或替代品，与发达国家的产品展开价格战。其结果是，较发达国家政府提高关税或规定进口限额，鼓励发达国家的企业在其国内投资。基于这些原因，发达国家的企业在这一阶段做出在较发达国家直接投资的决策。于是产品开始在较发达国家生产，发达国家对外出口的速度开始减慢，有时甚至下降。在这一阶段，发达国家继续向没有该产品生产基地的国家特别是发展中国家出口。

（4）产品在发达国家的销售继续下降，直至停止出口。较发达国家和发展中国家的市场由较发达国家的生产基地（发达国家的子公司）提供，这是因为在同等运输费用和关税条件下，较发达国家的工资费用较低，其产品更有竞争力。

（5）发达国家的国内市场开始面临来自较发达国家进口商品的竞争。这是因为较发达国家的生产也达到了足够的规模，成本下降，并开始向发达国家出口。与此同时，较发达国家向发展中国家的出口也开始由发展中国家的生产基地（可以是发达国家的子公司）所代替。

（6）发展中国家的生产代替较发达国家和发达国家的生产，发展中国家的产品开始向较发达国家和发达国家出口。

总之，发达国家的跨国公司将遵循以上产品生命周期的步骤，逐步向较发达国家和发展中国家扩张，发展对外直接投资。

十七、弗农在研究中对自己最初的观点做了哪些修正？

产品周期理论主要提供的是一种说明 20 世纪特定年代美国向欧洲扩展的投资理论框架，最适合于（也只能）说明一个制造商最初作为一个投资者进入国外市场时的情况。随着国际经济的发展，国际资本流动较多的是工业发达国家相互之间的产业内双向投资，而非弗农当时所说的发达国家对发展中国家的投资。特别是随着第二次世界大战结束后日本和德国（当时的西德）经济的恢复和发展，对外投资能力逐步表现出来。世界直接投资的发展出现了与弗农的预测不完全一致的情况。1967—1976 年，日本的外国子公司的账面价值增加了 12 倍，德国也增加了 6 倍，美国仅增加 242%。同样，外国对美国的直接投资也在迅速增加。1973—1979 年，外国在美国的直接投资增加了 254%，而美国在外国的直接投资增加了 190%。美国作为外国直接投资者的支配地位开始受到较大的削弱。而且，如果跨国公司利用其国外子公司开发新产品尔后出口到母国，这等于把产品周期理论颠倒过来了。最后，对于那些已经建立起全球子公司体系的跨国企业来说，它更会从全球性战略角度考虑而不会按产品周期模型来进行国际生产和直接投资。

为了考虑这些新情况，弗农在研究中对自己最初的观点做了一些修正。在《经济活动的区位》一文中，弗农更强调跨国企业的寡占行为，他把其产品周期相应分为发明创造寡占阶段、成熟寡占阶段和老化寡占阶段。相应地，他开始把所有跨国企业定义为寡占者，并把它们分为三类（或三个发展阶段）：技术创新期寡占者、成熟期寡占者、开始衰退的寡占者。其含义分别是：①技术创新期寡占者，在生产新产品上拥有技术垄断优势并由此获得垄断利润。②成熟期寡占者，在出现技术扩散从而其技术优势有可能减弱，并且由于贸易壁垒等因素引起出口成本增加的情况下，进行对外投资。这种对外投资同时又是一种技术转移，技术优势企业通过自己控制的技术扩散获得寡占利润。③开始衰退的寡占者，技术创新优势和技术传播优势相继丧失，从而寡占利润逐渐消失。

这里，弗农不再像在其最初理论中那样强调美国是新产品的来源，而认为美国、欧洲、日本等都可以是新产品的来源。他认为寡占厂商根据寡占产品的竞争情况利用对外投资使其寡占利润最大化，因此，产品生命周期论实际上也是从寡占竞争的角度来分析对外投资问题的，分析重点是跨国企业在决定进行对外投资时所面临的问题，是关于厂商垄断寡占行为分析及其所引起的商品生产配置理论。即：在发明创造寡占阶段，应把生产地点放在发明创造国，以便把生产过程同研究与开发、市场购销活动协调起来；在成熟寡占阶段，他认为产品和地区的战略将取决于其他跨国企业的行动与反应；在老化衰退寡占阶段，由于新产品或新市场进入障碍减弱，竞争异常激烈，这时生产地点的选择更多地取决于成本的不同，而非寡占反应。

1977年，弗农又在《跨国企业的风暴》一书中认为，在节省劳动力的创新方面，美国有相对的优势，而在节省土地、原材料方面，欧洲和日本的创新可能会占支配地位。

总体上，产品周期理论尚未过时。近年来的《美国经济评论》仍载文认为：当新兴工业化国家"最终接受发达国家的生产时，发达国家仍处于发展新产品生产的最前线"。南方"通过模仿"已有的质量水平可以进入北方市场；但通过发明更高质量的产品，北方企业仍可"抵制南方企业向本国的渗透"[①]。要说明的是，现今对产品周期理论的研究，不完全集中在说明外国直接投资问题上，其研究的目的、范围、影响日益具有广泛性、多侧面性，这也正是产品周期理论自提出起能长久引起人们重视的缘由所在。

十八、邓宁把市场的不完全分为哪几类？

邓宁把市场的不完全分为三类：①结构性市场不完全，指竞争壁垒、交易成本过高等。②知识性市场不完全，指无形产品转让中信息成本太高等。③政策性市场不完全，指有时存在政府干预措施而导致市场机制非完全竞争性。邓宁指出，克服市场失效的内部化能力对于跨国企业的国际能力强弱具有至关重要的作用。

---

① AMY JOCELYN GLASS. Product Cycles and Market Penetration ［J］. American Economic Review，Vol38，1997：885-886.

十九、区位因素主要包括哪些因素？

区位因素主要包括：①劳动力成本。劳动力成本在各国间差异很大，对外投资应选择在同等技术水平下劳动力成本最低的区位，特别是当产品周期已到达标准化阶段时。②市场需求。如果东道国市场容量大并且发展较快，那么对直接投资的吸引力也大。③关税与非关税壁垒。关税与非关税壁垒的高低会影响跨国公司在直接投资和出口之间的选择。④政府政策。很显然，如果东道国故意运用关税与配额的方法，或对外资征收较低的税、允许红利汇回等政策，将鼓励和吸引外国直接投资。

对于跨国公司来说，区位优势被认为具有特殊的重要性。如资源优势可诱发垂直性的外国直接投资；廉价的劳动力优势吸引跨国公司转移生产线；东道国对市场的保护导致外国投资者到当地生产以绕过关税壁垒。国家之间关税的降低甚至取消可能改变跨国企业的市场营销决策，调整跨国公司经营活动的区位安排。对投资者来说，地理位置的远近导致运输成本的不同，在东道国或离东道国较近的地方生产可以节省运输费用，降低产品成本价格，从而相对地提高了产品的竞争力。

第三章　国际投资风险及其管理

复习思考题

一、国际投资环境的分类有哪些？

国际投资环境的分类有：

（1）从国际投资环境包含因素的多寡方面分，国际投资环境可以分为狭义的投资环境和广义的投资环境。狭义的投资环境是指投资的经济环境，即一国经济发展水平、经济发展速度、经济发展战略、经济体制、金融市场的完善程度、产业结构、外汇管制和货币稳定状况等。广义的投资环境除经济环境外，还包括自然、政治、法律和社会、文化等对投资可能发生影响的所有外部因素，即前面所定义的国际投资概念。

（2）从影响国际投资行为的外部条件形成和波及范围的角度分，国际投资环境可以划分为国际环境和国内环境。前者指与投资目标国所处的国际大环境状况相联系的超国别因素总和，包括投资目标国与其他国家相互关系的各种国际性因素，如所处经济区域、国际政治地位、与其他国家关系等；后者则指投资目标国本身的国别因素总和，如经济发展状况、政治稳定性、人口素质、市场完备性等。

（3）从影响投资的外部条件本身的性质角度分，国际投资环境有投资硬环境和投资软环境之分。所谓硬环境是指能够影响投资的有关物质条件，如自然资源、能源供应、交通和通信、气候条件以及生活服务设施等。所谓软环境是指能够影响国际投资的各种非物质形态因素，如投资目标国的经济政策（包括外资政策等）、法律规章体系、办事效率、人员素质（包括职业经理市场健全与否、职工技术熟练程度）以及社会文化传统等。

（4）从各种影响国际投资环境因素本身的稳定性来区分，国际投资环境可归为三类，即自然因素、人为自然因素和人为因素，如下表 3-1 所示：

表 3-1　　　　　　　　　　　国际投资环境因素稳定性分类

A. 自然因素	B. 人为自然因素	C. 人为因素
a_1 自然资源 a_2 人力资源 a_3 地理条件 ……	b_1 实际增长率 b_2 经济结构 b_3 劳动生产率 ……	c_1 开放进程 c_2 投资刺激 c_3 政策连续性 ……
相对稳定	中期可变	短期可变

其中，人们通常认为 B 类因素对国际投资较为关键。如果投资目标国的 B 类因素缺乏优势，就只能以牺牲 A 类、C 类因素为代价来弥补。

二、国际投资环境概念的特点有哪些？

国际投资环境概念的特点有：

（1）国际投资环境是一个系统性的概念。国际投资环境是一个由各种因素共同作用形成的有机整体①，各个因素相互作用、相互联系、互为条件，构成一个完整的投资环境系统。其中任何一种因素的变化，都可使涉及投资活动的其他因素发生连锁反应，进而导致整个投资环境的变化，影响到投资者对投资环境的评价。在这些因素中，有的对投资的流量、流向或效益起决定或主导作用，有的起次要或补充作用，但它们都或多或少地对投资的结果起着作用。因此，对国际投资环境进行分析时应该尽量做到全面、综合，应该尽量对与投资目标国有关的因素进行综合分析，统筹考虑。

（2）国际投资环境是一个相对性的概念。同样的国际投资环境要素，对于不同的行业部门或项目的影响具有差异性。如自然资源丰富、劳动力成本低对于某些加工行业来说是有利条件，而对于某些服务性行业来说则并无多少吸引力可言。

（3）国际投资环境是一个动态性的概念。首先，影响国际投资的各种因素都处在不断变化之中，因此国际投资环境也在不断地变化。由于影响国际投资的各种因素的变化，如经济的发展、政局的变更、政策的变化、自然界本身的变化以及技术的更新等，都会使国际投资环境改善或恶化。其次，投资者对投资环境的评价标准也在发展变化。如以往的国际投资者大多着重于追求廉价的自然资源和劳动力资源，而现在已开始向要求良好的市场环境、人员素质和管理等方面转变。因此，只有认识到这一点，投资者在进行国际投资活动时，才会密切关注各种因素的变化，并根据投资环境的动态性特点，合理选择投资的规模和方式，决定投资的流向；政策制定者也才会不断地调整政策和措施，使投资环境持续地保持吸引力。

三、国际投资环境的关键项目有哪些？

国际投资决策者们根据实践经验进行总结，特别强调以下几个对投资有关键影响的项目：

（1）币值稳定程度。如果投资目标国（或称东道国、投资目的国）的币值比较稳定，投资决策者决策失误的可能性会较小，投资贬值的危险也较小；如果币值贬值幅度过大，则会造成货币实际价值与名义价值的差距扩大，使投资者的投资贬值，给投资者带来损失。通常将投资目标国的外汇汇价划分为四个等级，以作为衡量币值稳定性的标准：一是官价与黑市价之差不超过 10%；二是官价与黑市价之差在 10% ~ 40%之间；三是官价与黑市价之差在 40% ~ 100%之间；四是官价与黑市价之差超过

---

① 从系统论的观点看，国际投资环境是一个有机的整体，各种因素相互作用、相互配合、相互制约，其中部分因素的变化会引起整个国际投资环境的改变。

国际投资学学习指导

100%。差距越大，币值越不稳定。

（2）年通货膨胀率。通货膨胀率的高低，从另一角度衡量了币值的稳定程度。投资接受国的通货膨胀率越高，货币贬值的幅度越大。一般将通货膨胀率划分为七个档次：一是通货膨胀率低于1%；二是控制在1%～3%；三是控制在3%～7%；四是控制在7%～10%；五是控制在10%～15%；六是控制在15%～35%；七是超过35%。

（3）资本外调。资本外调是指资本（包括利润和利息收入）能否自由出入国境，是能否灵活调拨资本的重要内容，也是投资者考察资本流动性的一个重要标志。实行外汇管制的国家对外国投资者的资本转移均有不同程度的规定。一般将资本外调的限制程度分为六个等级：一是无限制；二是有时限制；三是对资本外调有限制；四是对资本与利润收入外调有限制；五是严格限制；六是完全不准外调。

（4）允许外国所有权比例。这是指投资目标国允许外国投资者在该国境内设立的股份公司中掌握的股份的比例，它决定了投资者掌握企业所有权和经营权的程度。一般将这个比例划分为七个等级：一是允许所有权占100%，并表示欢迎；二是允许所有权占100%，但不欢迎；三是允许占多数所有权，即可超过50%；四是最多允许占50%；五是只允许占少数；六是只允许占30%以下；七是完全不允许占有。

（5）外国企业与本国企业之间的差别待遇与控制。外国投资者在评价外国企业与本地企业之间的差别待遇时，通常将这种差别程度分为七级：一是外国与本地企业一视同仁；二是对外国企业略有限制但无控制；三是对外国企业不限制，但有若干控制；四是对外国企业有限制并有控制；五是对外国企业有控制，且有严格限制；六是对外国企业严格限制与控制；七是根本不允许外国人投资。

（6）政治稳定程度。外国投资者为了投资的安全性，特别重视投资接受国的政治稳定程度。一般也将政治稳定程度划分为七个等级进行评价：一是长期稳定；二是稳定，不过要依赖某一重要人物；三是稳定，但要依赖邻国的政策；四是内部有纠纷，但政府有控制局势的能力；五是有来自国内外的强大压力从而对政策产生影响；六是有政变或发生根本性变化的可能；七是不稳定，极有可能发生政变。

（7）当地资本的供应能力。资金融通是否方便，直接关系到投资者能否加快资本周转，提高资本使用效率。一般分为六个等级来描述资本的供应能力：一是有发达的资本市场和公开的证券交易；二是有部分本地资本市场和证券投资市场；三是有有限的资本市场；四是缺乏长期资本，有短期资本；五是对资本融通有严格限制；六是资本纷纷外逃。

（8）给予关税保护的态度。关税保护是指一个国家为了保护国内工农业生产，对外国商品进口征收的关税。一般对本国需要保护生产的商品，要规定较高的进口税率。有时为了确保国内生产的需要，对本国工业生产所必需的某些国产原料要征收出口税，以限制出口。给予关税保护的态度，是指投资接受国是否给予外国投资者享受该国关税保护的态度。一般分四个等级来描述保护态度的强硬程度：一是全力保护；二是有相当保护；三是有些保护；四是非常少或无保护。

四、国际投资环境的评价方法有哪些？

国际投资环境的评价方法主要有：

（1）投资环境等级评分法。对国际直接投资的具体项目进行分析，就是对项目投资环境的评价。评价投资环境的方法很多，大都是将影响国际投资的环境因素分解为若干具体指标，然后综合评价。

投资环境等级评分法（又称为等级尺度法或多因素分析法）是美国经济学家罗伯特·斯托伯提出的。等级评分法的基本做法是，根据国际投资环境的 8 项关键项目所起的作用和影响程度的不同而确定其不同的等级分数，再按每一个因素中的有利或不利的程度给予不同的评分，最后把各因素的等级得分进行加总作为对其投资环境的总体评价。总分越高表示其投资环境越好，越低则其投资环境越差。见表 3-2。

表 3-2　　　　　　　　　　投资环境等级评分法计分表

投资环境因素	等级评分	投资环境因素	等级评分
一、抽回资本	0~12	五、政治稳定性	0~12
无限制	12	长期稳定	12
只有时间上的限制	8	稳定但因人而治	10
对资本有限制	6	内部分裂但政府掌权	8
对资本和红利都有限制	4	国内外有强大的反对力量	4
限制多多	2	有政变和动荡的可能	2
禁止资本抽回	0	不稳定，政变、动荡极有可能	0
二、外商股权	0~12	六、给予关税保护的意愿	2~8
准许并欢迎全部外资股权	12	给予充分保护	8
准许全部外资股权但不欢迎	10	给予相当保护但以新工业为主	6
准许外资占大部分股权	8	给予少数保护但以新工业为主很少	4
外资最多不得超过股权半数	6	或不予保护	2
只准外资占小部分股权	4		
外资不得超过股权 3 成	2		
不准外资控制任何股权	0		
三、对外商的管制程度	0~12	七、当地资金的可供程度	0~10
外商与本国企业一视同仁	12	完善的资本市场，有公开的	10
对外商略有限制但无管制	10	证券交易所	
对外商有少许管制	8	有少量当地资本，有投机性	8
对外商有限制并有管制	6	证券交易所	
对外商有限制并严加管制	4	当地资本少，外来资本不多	6
对外商严格限制并严加管制	2	短期资本极其有限	4
禁止外商投资	0	资本融通管制很严	2
		大量资本外流	0

表3-2(续)

投资环境因素	等级评分	投资环境因素	等级评分
四、货币稳定性 完全自由兑换 黑市与官价差距小于1成 黑市与官价差距在1~4成之间 黑市与官价差距在4成~1倍 黑市与官价差距在1倍以上	4~20 20 18 14 8 4	八、近五年的通货膨胀率 小于1% 1%~3% 3%~7% 7%~10% 10%~15% 15%~30% 30%以上	2~14 14 12 10 8 6 4 2
		总计	8~100

从上面的表3-2可以看出,斯托伯提出的这种投资环境等级评分法所选取的因素都是对投资环境有直接影响的、投资决策者所最关切的因素,同时又都具有较为具体的内容,评价时所需的资料容易取得和比较。在对具体环境的评价上,采用了简单累加计分的方法,使定性分析具有了一定的数量化内容,同时又不需要高深的数理知识,简便易行,一般的投资者都可以采用。在各项因素的分值确定方面,采取了区别对待的原则,在一定程度上体现出了不同因素对投资环境作用的差异,反映了投资者对投资环境的一般看法。

在其分析的八项内容中,首先是币值稳定程度和每年通货膨胀率,占全部等级尺度法评分总数的34%,说明投资者十分重视投资目标国的币值稳定程度。严重通货膨胀指两位数值以上的通货膨胀,严重的通货膨胀会使投资者冒通货膨胀的风险,出现投资贬值,恶性通货膨胀会使投资者望而却步。其次是资本外调、政治稳定、允许外国投资者拥有的所有权比例和外国企业与本地企业之间的差别待遇,这四项各占等级尺度评定总分的12%。这四项关系到资本能否自由出境、跨国公司和投资目标国企业之间的竞争条件以及对企业所有权与经营权能否控制,对投资者来说,实际上是投资的安全程度和对企业所有权与经营权的控制程度,因此这四项共占等级尺度评定总分数的48%。最后是给予关税保护的态度和当地资本市场的完善程度,这两项分别占等级尺度评定总分数的8%和10%,所占比重较轻。

等级评分法由于具有定量分析和对作用程度不同的因素的逐项分析等优点,深受投资决策者和学术研究界欢迎,是运用较普遍的一种投资环境评价方法。但也有些专家认为,投资环境等级评分法所考虑的因素不够全面,特别是忽视了某些投资硬环境的因素,如投资目标国基础设施的完善程度、基础行业的发展状况等,因而也是不够完美的。

(2)投资环境冷热比较分析法。这种方法是由美国学者伊西阿·利特法克和彼得·拜廷在1968年提出的。伊西阿·利特法克和彼得·拜廷在对20世纪60年代后半期美国、加拿大等国工商界人士进行调查的基础上,提出通过七种因素对各国投资环境进行综合、统一尺度的比较分析,从而产生了投资环境冷热比较分析法(也称为冷热国对比分析或冷热法)。

投资环境冷热比较分析法是以"冷"、"热"因素来表述环境优劣的一种评价方法，即把各个因素和资料加以分析，得出"冷"、"热"差别的评价。投资环境冷热比较法把一国投资环境的好坏归结为七大因素：

①政治稳定性。有一个由全民各阶层代表所组成的，为广大人民群众所拥护的政府。该政府能够鼓励和促进企业发展，创造出良好的适宜企业长期经营的环境。一国的政治稳定性高时，这一因素为"热"因素。否则为"冷"因素。

②市场机会。有广大的顾客，对外国投资生产的产品或提供的劳务尚未满足的需求，并且具有切实的购买力。当市场机会大时，为"热"因素。否则为"冷"因素。

③经济发展和成就。一国经济发展程度、效率和稳定性是企业投资环境的另一因素。经济发展快和成就大，为"热"因素。否则为"冷"因素。

④文化一元化。一国国内各阶层的人民，他们之间的相互关系、处世哲学、人生的观念和目标等，都要受到其传统文化的影响。文化一元化程度高，为"热"因素。否则为"冷"因素。

⑤法令障碍。一国的法令繁复，并有意或无意地限制和束缚现有企业的经营，影响今后企业的投资环境。若法令障碍大，为"冷"因素。否则为"热"因素。

⑥实质障碍。一国的自然条件，如地形、地理位置、气候、降雨量、风力等，往往会对企业的有效经营产生阻碍。如实质障碍高，则为"冷"因素。否则为"热"因素。

⑦地理及文化差距。两国距离遥远，文化迥异，社会观念、风俗习惯和语言上的差别妨碍思想交流。如文化及地理的差距大，就是一个"冷"因素。否则为"热"因素。

在上述多种因素的制约下，一国投资环境越好，即"热国"越热，外国投资者在该国的投资参与成分就越大；相反，若一国投资环境越差（"冷国"），则该国的外国投资成分就越小。

伊西阿·利特法克和彼得·拜廷从美国投资者的立场出发，用美国投资者的观点对加拿大、英国等十个国家的投资环境进行了冷热比较分析并建立直观形式的冷热比较表如下表3-3。

表3-3　　　　　　　　　十国投资环境冷热比较表

国别		政治稳定性	市场机会	经济发展与成就	文化一元化	法令障碍	实质障碍	地理及文化差距
加拿大	热	大	大	大		小		小
	中				中		中	
	冷							

表3-3（续）

国别		政治稳定性	市场机会	经济发展与成就	文化一元化	法令障碍	实质障碍	地理及文化差距
英国	热	大			大	小	小	小
	中		中	中				
	冷							
德国	热	大	大	大	大		小	
	中					中		中
	冷							
日本	热	大	大	大	大			
	中						中	
	冷					大		大
希腊	热					小		
	中		中	中	中			
	冷	小					大	大
西班牙	热							
	中		中	中	中	中		
	冷	小					大	大
巴西	热							
	中		中		中			
	冷	小		小		大	大	大
南非	热							
	中		中	中		中		
	冷	小			小		大	大
印度	热							
	中	中	中		中			
	冷			小		大	大	大
埃及	热							
	中				中			
	冷	小	小	小		大	大	大

在上表 3-3 所列的七大因素中，前四种的程度大就称为"热"环境，而后三种因素则相反，其程度大称为"冷"环境，当然，不大也不小就称为"中"环境。这样

看来，一国投资环境七因素中，前四种越大，而后三种越小，其投资环境就越好，也就是"越热"的投资目标国；而一国投资环境七因素中，前四种越小，后三种越大，其投资环境就越差，即"越冷"的投资对象国。上表3-3所列的加拿大、英国……埃及的顺序就反映了这十个国家的投资环境在美国投资者心目中由"热"至"冷"的顺序。

（3）投资环境动态分析法。对国际直接投资的决策者来说，投资环境不仅因国别而异，即使在同一个国家也会因不同时期而发生变化。所以在评价投资环境时，对这个综合体不仅要看过去和现在，而且还要估价今后可能产生的变化。这对于跨国公司的对外直接投资来说也是十分重要的，因为这种投资至少5年、10年或15年，甚至有的无期限。这就需要从动态的、发展变化的角度去考察、分析和评价投资目标国的投资环境。美国道氏公司从这一角度出发制定了一套投资环境动态分析方法，其基本内容如下表3-4所示。

表3-4　　　　　　　　　　　美国道氏公司投资环境评估分析法

1. 企业业务条件	2. 引起变化的主要压力	3.	4.
估价以下因素： (1) 实际经济增长率 (2) 能否获得当地资产 (3) 价格控制 (4) 基础设施 (5) 利润汇出规定 (6) 再投资自由 (7) 劳动力技术水平 (8) 劳动力稳定性 (9) 投资刺激 (10) 对外国人的态度 ……	估价以下因素： (1) 国际收支结构及趋势 (2) 被外界冲击时易受损害的程度 (3) 经济增长相对于干预 (4) 舆论界领袖观点的变化趋势 (5) 领导层的稳定性 (6) 与邻国的关系 (7) 恐怖主义骚乱 (8) 经济和社会进步的平衡 (9) 人口构成和人口趋势 (10) 对外国人和外资的态度 ……	对前两项进行评价后，从中挑出8~10个在某个国家的某个项目能获得成功的关键因素（这些关键因素成为不断查核的指数或继续进行国家评价的基础）	提出4套国家/项目预测方案： (1) 未来7年中关键因素造成的"最可能"方案 (2) 如果情况比预期的好，会好多少 (3) 如果情况比预期的糟，会如何糟？ (4) 会使公司"遭难"的方案

道氏公司认为它在国外投资所面临的风险为两类：一是"正常企业风险"，或称"竞争风险"。例如，自己的竞争对手也许会生产出一种性能更好或价格更低的产品。这类风险存在于任何基本稳定的企业环境中，它们是商品经济运行的必然结果。二是"环境风险"，即某些可以使得企业环境本身发生变化的政治、经济及社会因素。这类因素往往会改变企业经营所必须遵循的规则和采取的方式。对投资者来说，这些变化的影响往往是不确定的，它可能是有利的，也可能是不利的。

据此，道氏公司把影响投资环境的诸因素按其形成的原因及作用范围的不同分为两部分：①企业从事生产经营的业务条件；②有可能引起这些条件变化的主要压力。这两部分又分别包括40项因素。在对这两部分因素做出评价后，再提出投资项目的预测方案的比较，可以选择出具有良好投资环境的投资场所，在此投资经营将会获得较高的投资利润。

表 3-4 中第 1 栏是现有情况，第 2 栏是估价社会、政治、经济事件对今后投资环境可能产生的变化（有利、不利或中性）。该公司分析以 7 年为期，因为该公司预期项目决策后的第 7 年是盈利高峰年。这种动态分析最终要评估出未来 7 年中的环境变化，并由此制订出 4 套预测方案（第 4 栏），供决策参考。

（4）加权等级评分法。这种方法是美国一家商业服务公司编制经营风险指数时采用的。它依据 15 项经营环境因素及其重要程度各自赋予一定的权数（从 1.0～3.0 不等），每项因素根据状况好坏评分为 0～4 分，满分为 100 分（如下表 3-5 所示）。其风险划分标准为：①70～100 分，为稳定的环境；②55～69 分，为有少量风险的国家；③40～54 分，为存在较高风险的国家；④0～39 分，为不可接受的经营环境。

表 3-5　　　　　　　　　　　　　加权等级评分权数

评分项目	得分	评分项目	得分
（1）政治的连续性	3.0	（9）合同的履行	1.5
（2）对外国投资者及其盈利的态度	1.5	（10）劳动力成本/生产率	2.0
（3）国有化	1.5	（11）专门服务和承包商	0.5
（4）通货膨胀	1.5	（12）通信和交通	1.0
（5）国际收支	1.5	（13）当地的管理与合伙人	1.0
（6）官僚拖延	1.0	（14）短期信贷	2.0
（7）经济增长	2.5	（15）长期信贷和风险资本	2.0
（8）货币的兑换性	2.5		

可以看出，这种方法较为侧重于投资环境中的风险测算，而且具有较为明确的定量指标。

（5）投资障碍分析法。投资障碍分析是依据潜在的阻碍国际投资运行因素的多寡与程度来评价投资环境优劣的一种方法。投资者依据投资环境的内容结构，分别列出阻碍投资的主要因素，并在潜在的目标投资国之间进行比较，障碍较少的国家被认为拥有较好的投资环境。投资障碍分析包含了以下十个方面的障碍因素：

①政治障碍：政治制度与投资国不同；政局动荡不稳。

②经济障碍：经济停滞或增长缓慢；外汇短缺；劳动力成本高；通货膨胀和货币贬值；基础设施差；原材料等基础行业薄弱。

③资金融通障碍：资本数量有限；没有完善的资本市场；对资金融通的限制较多。

④技术人员和熟练工人短缺。

⑤国有化政策和没收政策。

⑥对外国投资者实行歧视性政策：禁止外资进入某些行业；对当地持有股权比例要求过高；要求有当地人参与企业管理；要求雇用当地人员，限制外籍人员的数量。

⑦政府对企业过多地干预：国有企业参与竞争；实行物价管制；要求使用本地原材料。

⑧普遍实行进口限制：限制工业制成品进口；限制生产资料进口。

⑨实行外汇管理和限制汇回：一般外汇管制；限制资本和利润汇回；限制提成费汇回。

⑩法律及行政体制不健全：外国投资法规不健全；国内法律、法规不健全；没有行之有效的仲裁制度；行政管理效率低；贪污受贿现象严重。

（6）要素评分分类法。这种方法将投资环境因素归纳为 8 大因子，用以计算投资环境准数 I。I 值越高，投资环境越好。其计算公式如下：

$$I = AE/CF (B+D+G+H) +X$$

上式中 A～H 表示各项因子，X 表示其他机会性因子。如表 3-6 所示。

表 3-6　　　　　　　　　　　　　　投资环境要素评分分类表

项目因子	内涵	评分	因子
1. 投资环境激励系数	（8）政治、经济稳定度 （9）资本汇出自由度 （10）投资外交完善度 （11）立法完备性 （12）政策优惠性 （13）对外资兴趣度 （14）币值稳定性	0～10	A
2. 城市规划完善度因子	（1）整体经济发展战略 （2）利用外资中长期规划 （3）总体布局配套性	0～1	B
3. 利税因子	（1）税收标准 （2）合理收费 （3）金融市场	2～0.5	C
4. 劳动生产率因子	（1）工人劳动素质 （2）文化素养（社会平均文化素质） （3）熟练技术人员 （4）技术工人数量	2～0.5	D
5. 地区基础因子	（1）基础设施 （2）工业用地 （3）制造业基础 （4）科技水平 （5）外汇资金充裕度 （6）自然条件 （7）第三产业水平	1～10	E
6. 效率因子	（1）政府管理科学化程度 （2）有无完善的涉外服务体系、咨询体系、管理体系 （3）信息资料提供系统 （4）配套服务系统	2～0.5	F
7. 市场因子	（1）市场规模 （2）产品对市场占有率 （3）进出口限制 （4）人、财、物供需市场开发度	0～2	G

表3-6(续)

项目因子	内涵	评分	因子
8. 管理权因子	（1）开放城市自主范围 （2）"三资"企业外资股权限额 （3）"三资"企业经营自主权程度	0~2	H

（7）"闵氏多因素评估法"和"关键因素评估法"。香港中文大学教授闵建蜀在斯托伯"等级评分法"的基础上提出了这两种有密切联系而又有一定区别的投资环境考察方法。

"闵氏多因素评估法"将影响投资环境的因素分为11类，每一类因素又由一组子因素组成。如下表3-7所示：

表 3-7　　　　　　　　　闵氏多因素评估法因素与子因素组成

影响因素	子因素
十二、政治环境	政治稳定性；国有化可能性；当地政府的外资政策。
十三、经济环境	经济增长；物价水平。
十四、财务环境	资本与利润外调；对外汇价；集资与借款的可能性。
十五、市场环境	市场规模；分销网点；营销的辅助机构；地理位置。
十六、基础设施	国际通信设备；交通与运输；外部经济。
十七、技术条件	科技水平；适合工资的劳动生产力；专业人才的供应。
十八、辅助工业	辅助工业的发展水平；辅助工业的配套情况等。
十九、法律制度	商法、劳动法、专利法等各项法律是否健全；法律是否得到很好的执行。
二十、行政机构效率	机构的设置；办事程序；工作人员的素质等。
二十一、文化环境	当地社会是否接纳外资公司及对其信任与合作程度；外资公司是否适应当地社会风俗等。
二十二、竞争环境	当地的竞争对手的强弱；同类产品进口额在当地市场所占份额。

根据闵氏多因素评估法，先对各类因素的子因素做出综合评价，再对各因素做出优、良、中、可、差的判断，然后按下列公式计算投资环境总分：

$$投资环境总分 = \sum_{i=1}^{n} w_i(5a_i + 4b_i + 3c_i + 2d_i + e_i)$$

上式中：w_i 表示第 i 类因素的权重，a_i、b_i、c_i、d_i、e_i 是第 i 类因素被评为优、良、中、可、差的百分比。投资环境总分的取值范围在 11~55 分之间，愈接近 55 分，说明投资环境愈佳；反之，愈接近 11 分，则说明投资环境愈劣。

"闵氏多因素评分法"是对某国投资环境做一般性的评估所采用的方法，它较少从具体投资项目的投资动机出发来考察投资环境。"关键因素评估法"与此不同。它从具体投资动机出发，从影响投资环境的一般因素中，找出影响具体项目投资动机实现的关键因素，并依据这些因素，对某国投资环境做出评价，仍采用上述计算总分的公式来比较投资环境优劣。

（8）抽样评估法。抽样评估法是指对投资目标国的外商投资企业进行抽样调查，了解它们对投资目标国投资环境的一般看法。其方法是：首先选定或随机抽取不同类型的外企，列出投资环境评估要素，然后由外企高级管理人员进行口头或笔头评估。评估通常采取回答调查表的形式。

投资目标国的政府常采取这种方法来了解本国投资环境对外国投资者的吸引力如何，以便调整吸收外资的政策、法律和法规，改善本国的投资环境。同时，国际投资者也常把抽样评估结果作为了解一国投资环境的背景资料参考。组织抽样评估的单位通常是投资目标国的政府或国际咨询公司。有些发达国家的大学、研究机构专门建立了世界主要投资地区的案例资料库，例如美国哈佛商学院的跨国公司案例中心，为潜在的投资者提供咨询服务。

抽样评估法的最大优点是能使调查人得到第一手信息资料，它的结论对潜在的投资者的投资来说具有直接的参考价值。但是，其缺点是评估项目的因素往往不可能列举得很多，因而可能不够全面。此外，评估结果常常带有评估人的主观色彩。

五、政治风险的种类有哪些？

根据不同的目的和不同的划分标准，政治风险可以有不同的分类。这里列举几个：

（1）国有化风险。国有化风险是指投资目标国可能对外国资本实行国有化、征用或没收政策而给外国投资者的投资带来损失的不确定性。国有化（Nationalization）是投资目标国政府接管某个行业中的所有私有企业，如伊朗政府在 1974 年国有化了大部分企业和行业，1981 年法国政府国有化了一些行业和私人银行，委内瑞拉政府于1974 年国有化了铁矿和石油行业，沙特政府国有化了 Aramco 公司。征用（Expropriation）是投资目标国政府对某个行业中的个别外国企业实行接管。没收（Confiscation）是在没有任何补偿的条件下，投资目标国政府占有外国企业的全部资产。这种风险主要发生在政治不稳定和政策易变的国家和地区。

（2）战争风险。战争风险是指投资目标国国内由于政府领导层变动、社会各阶层利益冲突、民族纠纷、宗教矛盾等情况，使投资目标国境内发生战争而给外国投资者的投资带来的不确定性。在一些发展中国家，政府领导层的变动、国内各派的尖锐争斗、各阶层集团不同的利益要求、不同民族间的矛盾纠纷、复杂的宗教派别冲突等都有可能引起局势动荡，甚而造成动乱和内战，从而严重影响国际投资者的经济利益，也会给外国投资者的投资带来不确定性。

（3）政策变动风险。政策变动风险是指由于投资目标国有意或无意地变更政策而给外国投资者的投资带来的不确定性。投资者进行对外投资活动必须遵循投资目标国的各项经济政策。投资目标国的土地、税收、市场、产业规划等方面具体政策的变化将影响投资者的决策。如土地政策涉及土地的购买、拥有使用权时间的长短、土地税的内容，均会影响投资者的利益。税收政策中计税基数、税率和征税方法关系到投资者的收益。投资目标国市场的开放程度以及在投资区域和行业等方面实行的限制或鼓励政策也是投资者所关注的问题。

（4）转移风险。转移风险是指在跨国经济往来中所获得的经济收益，由于可能受到投资目标国政府的外汇管制政策或歧视性行为因而无法汇回投资国而给外国投资者的投资带来的不确定性。如外国投资者在进行投资活动中所得的经营收入，包括正常营业收入、出售专利和商标收入、股权转让收入等，一般应转移回投资国，但这与投资目标国引进外资的目的有一定的矛盾。这时有的投资目标国就对跨国企业的收入在政策上规定一个在本国再投资的比例。这个比例的变化则被看成是对外投资的一种风险。

六、如何防范政治风险？

既然国际投资活动面临着政治风险，那么在对政治风险进行评估之后，如何有效地采取措施防范和规避政治风险，最大限度地降低损失，对国际投资者来说更为重要。政治风险的防范可以分为投资前期的政治风险防范和投资中的政治风险防范。

（1）投资前期的政治风险防范：

①办理海外投资保险。

②与投资目标国政府进行谈判。

（2）投资中的政治风险防范：

①生产和经营战略。这种战略是投资者通过生产和经营方面的安排，使得投资目标国政府实施征用、国有化或没收政策后，无法维持原公司的正常运转，从而避免被征用的政治风险。第一，在生产战略上，要控制住两点：一是控制原材料及零配件的供应。二是控制专利及技术诀窍。第二，在营销战略上，通过控制产品的出口市场以及产品出口运输及分销机构，使得投资目标国政府接管该企业后，失去产品进入国际市场的渠道，生产的产品无法出口，这样做可以有效地减少被征用的风险。如秘鲁在征用马可纳公司后，发现自己反而失去了进入国际铁矿市场的渠道，结果不得不与马可纳公司重新谈判。

②融资战略。这种战略是投资者通过对公司融资渠道的有效管理，达到降低政治风险的目的。其中一种方式是积极争取在投资目标国金融市场上融资。尽管在投资目标国金融市场上融资成本较高，并有可能受到投资目标国政府紧缩银根从而使筹资成本提高的影响，但这样做可有效地防范政治风险。因为投资目标国政府对该公司实行歧视性政策或经营上的限制，会影响其金融机构的利益，因而在采取征用措施时，投资目标国不得不慎之又慎。

七、汇率预测的必要性是什么？

汇率风险产生于汇率的波动，通过对汇率的预测可知汇率变动的趋势及其风险的大小、范围等，以便有的放矢地采取防范风险的措施。因此，尽可能准确地进行汇率预测对防范汇率风险是十分重要的。汇率预测对汇率风险管理有如下几方面的作用：

（1）汇率预测是决定是否采取避险措施的需要。通过汇率预测，可以从汇率变动的概率预先估计出各种可能的汇率变动将产生的外汇损失和收益。若预测的汇率变动对企业的资产与负债、跨国经营业务等将带来较大的损失或产生消极影响时，企业应该即时、果断地采取避险措施，以防患于未然。相反，如果预测的汇率变动趋于稳定或对企业将产生明显的有利影响时，企业就可适当地采取防范措施甚至不采取任何措施。这样，通过汇率预测，可避免汇率风险管理决策的盲目性。

（2）汇率预测是选择最优避险措施的需要。避免汇率风险的措施很多，有的只需花费很少的费用，有的则需付出较大的代价。企业应力求选择成本最低而能同时兼顾较大收益的避险方法。要做出这样的选择当然离不开对汇率的预测。例如，外汇期权交易避免汇率风险很灵活，但它的费用也较高。如果预测的汇率变动将造成的风险损失大于利用外汇期权交易、避免风险成本的一两倍以上，而且由于种种条件的限制，又无其他成本更低的方法可供选择，就要利用外汇期权交易保值。相反，如果预测汇率风险的损失将小于外汇期权方法所需的费用，就无需采用外汇期权，而可以采用其他成本相对较低的措施防范风险。

（3）汇率预测是采用灵活经营策略的需要。对于从事国际投资的企业来说，其财务、销售、价格等方面策略的制定和调整有赖于对汇率的预测。当预测汇率变动对企业将产生不利影响时，企业可及早变通或调整其经营策略，为汇率变动做好准备。例如，预测某种外币汇率趋升，可能使企业以该外币计价结算的原材料、半成品价格上涨而增大产品成本。这时，可改变企业的原材料、半成品的供应渠道，使之由成本较高的国家转到成本较低的国家。又如，预测某种货币汇率变动，会使企业产品的价格在某些国家或地区市场更具竞争力，那么就可加强在这些市场的销售工作等。显然企业上述经营策略的调整都离不开对汇率的预测，因为不对汇率进行预测，就无法确定货币汇率的走势而有针对性地采取灵活的经营方式，避免汇率风险。

八、汇率预测的内容和分类各是什么？

对于汇率的变动，主要从三个方面来进行预测：①汇率变动的方向。货币内在价值的提高或降低，引起汇率的变动，这将决定跨国公司是得到收益还是遭受损失。②汇率变动的幅度。这决定着跨国公司得到收益或是遭受损失的程度的大小。③汇率变动的时间。这决定着跨国公司得到收益或是遭受损失的时间。

对汇率的预测是根据投资者的经济活动的不同需求进行的。一般可分为长期预测、中期预测和短期预测三种。

长期预测是指对 1 年以上汇率变动趋势的预测，它常运用于长期投资和借贷等方面。准确的汇率长期预测有利于提高投资收益，降低筹资成本。例如，20 世纪 70 年代以 4%的低利率借入瑞士法郎，如果未将借款后汇率变动的影响考虑进去，到了 20 世纪 80 年代，该笔借款的实际支付利率则高达 15%以上。若事先能对瑞士法郎汇率的变化趋势做出长期预测，就能尽量避免借用这样的高成本资金。汇率长期变动趋势一般与货币发行国的经济金融实力、经济发展趋势、通货膨胀率高低、投资收益率、财政收支以及国际资本的流向等密切相关。在进行汇率的长期预测时，必须全面考虑这些因素的影响。

中期预测是指对期限在 1 个季度以上、1 年以内汇率变动的预测。中期预测主要服务于短期投资和借贷、商品和劳务的进出口等经济交易。例如，进行为期 6 个月的短期投资，为了避免投资期间汇率变动可能导致的损失，就必须对投资货币汇率进行半年以上的中期预测。又如，以远期付款为条件的商品进口，在选用计价结算货币时，也必须对汇率做出 3 个月以上的中期预测，从而做出正确的货币选择，以确保安全。汇率的中期预测主要是根据货币发行国中期内的经济状况、宏观经济政策取向、政局、政府对外汇市场的干预程度、偶然突发事件以及周期的市场行情和动向进行的。

短期预测是指对汇率进行 3 个月以内的预测。短期预测的目的主要是为货币保值或从事外汇投机，以获取预期的投机收益。一般而言，凡引起人们合理心理预期的因素都会对短期内的汇率产生较大影响，因此，在进行短期汇率预测时，必须结合有关因素考虑，以做出正确的判断。

九、简述不同货币制度下汇率的决定基础是什么。

不同货币制度下汇率的决定基础是不同的。

（1）金本位制度①下的汇率决定。其汇率决定的基础是铸币平价，是外汇市场上由于外汇供求变化而引起的实际汇率波动的中心，其上下波动的幅度要受制于黄金输送点（Gold Points）。

这是因为金本位条件下黄金可以自由跨国输出或输入，当市场汇率与法定铸币平价之间的偏差达到一定程度时就会导致有关国家不用外汇而改用输出黄金的办法来办理国际结算。决定黄金输送点的量的界限，是用于替代外汇直接用于国际支付的黄金的铸币平价加上（或减去）该笔黄金的运送费用如包装费、运费、保险费和运送期的利息等。假定英、美之间运送 1 英镑黄金的费用为 0.02 美元，那么当 1 英镑兑美元的汇价高于 4.886 5 美元的黄金输入点时，美国的进口商或债权人就愿以黄金来支付；反之，当 1 英镑兑美元汇价低于 4.846 5 时，美国的出口商或债权人则愿从英方输入黄金。黄金输送点的存在使得金本位制条件下的国际收支有了重要的自动调节机制，它起到了保持汇率波动稳定的作用。

（2）纸币信用本位条件下的汇率决定②。在实行纸币流通制度的初期阶段，各个国家一般都规定过纸币的金平价，即纸币名义上或法律上所代表的含金量。在纸币实际代表的金量与国家规定的含金量一致的情况下，金平价无疑是决定不同货币汇率的价值基础。然而随着纸币流通制度的演进，纸币的发行开始与黄金的准备及兑换分

---

① 金本位制是以黄金为本位货币的货币制度，该制度下各国都规定金币的法定含金量，不同货币之间的比价是由它们各自含金量的对比来决定的。例如在 1925—1931 年期间，1 英镑所含纯金量为 7.322 4 克，1 美元则为 1.504 656 克，两者之比为 4.866 5，即 1 英镑等于 4.866 5 美元。这种以两种金属铸币含金量之比得到的汇率又称为铸币平价（Mint Parity），它是金本价（Gold Parity）的一种表现形式。

② 纸币信用本位条件下的汇率决定与调整，受制于众多的因素。究其性质和特点，可以从长期和短期角度考察。不同国家货币实际代表的价值量对比，是决定汇率的一个基本的长期因素。

离，黄金非货币化的纸币信用本位制条件下，货币作为价值的符号，它们实际代表的价值量对比，成为其汇率决定的基础。当然，不同国家货币的价值量对比，主要是由其购买力相对地表现出来的。通过比较不同国家纸币的购买力或物价水平，可以较为合理地决定两国货币的汇率。

十、影响汇率变动的因素有哪些?

汇率变动受到许多因素的影响，既有经济因素，又有政治因素，还有心理因素等，而各个因素之间又是相互联系和相互制约的。随着世界政治经济形势的发展，各个因素在不同的国家、不同的历史时期所起的作用是不一样的。

（一）实际经济因素（Real Economic Factors）

影响汇率的实际经济因素主要有经济增长（Economic Growth）、国际收支（BOP）、资本流动（Capital Mobility）和外汇储备（Foreign Exchange Reserve）。

（1）经济增长。实际经济增长率对一国汇率的影响是复杂的，一方面，实际经济的增长反映了一国经济实力的增强，于是该国货币在外汇市场上的信心大增，货币汇率有可能下降（直接标价法），即该国货币币值有可能上升；另一方面，经济增长加速，国内需求水平提高，将增加一国的进口。如果出口保持不变，则该国贸易收支项目的盈余减少甚至出现逆差。这样，该国货币币值有下降的压力。经济增长对一国汇率影响的净结果取决于上述两方面影响的大小之差。

（2）国际收支。国际收支（Balance of Payments）是指一定时期内一国居民与外国居民之间的全部经济交易（Economic Transaction）的收入和支出。国际收支状况对一国汇率有长期的影响，尤其是经常收支项目。一国国际收支发生顺差，则外国对该国货币的需求以及外国本身的货币供应量会相对增加，于是该国货币汇率会下降即其币值会上升；反之，该国货币汇率就会上升即其币值会下降。在固定汇率时期，国际收支是决定汇率的特别重要的因素。在当时条件下，国际收支逆差往往是货币贬值的先导。20世纪70年代后，随着浮动汇率制取代固定汇率制，一些名义经济因素如利率和通货膨胀率的影响变得更加重要了。

（3）资本流动。资本流动对汇率的影响通过两个渠道：一是改变外汇的相对供求状况，二是改变人们对汇率的预期。就前者来看，如果一国有大量资本外流，意味着在本国外汇市场上外币的供应量相对减少，外币币值相对于本币而言会上升，即本币汇率上浮；反之，则本币汇率下降。就后者来看，当一国出现资本外流时，市场就预期该国货币会贬值，于是就抛售该国货币购入外币，结果汇率上浮，开始时的预期变为现实。这种预期就是"自我实现"的预期（Selfrealized Expection）。无疑，预期会加强一种汇率变动的趋势。

（4）外汇储备。较多的国际储备表明政府干预外汇市场、稳定货币汇率的能力较强。因此，储备增加能加强外汇市场投资者对本国货币的信心，因而有助于本国货币汇率上扬；反之，储备减少则会诱导本国货币汇率下调。外汇储备可对稳定汇率有一定的作用。当然，外汇干预只能在短期内对汇率产生有限的影响，它无法从根本上改变决定汇率的基本因素。

（二）名义经济因素（Nominal Economic Factors）

名义经济因素主要有通货膨胀率、利率和货币供应量。

①通货膨胀率。通货膨胀率之所以能影响汇率的变动，是因为购买力平价的存在。当今，汇率的基础是各国纸币以购买力形式出现的价值，一国货币的实际购买力，是影响汇率变动的一个重要因素，它也影响一国商品、劳务在世界市场上的竞争力。由于存在通货膨胀，出口商品以外币表示的价格必然上涨，该商品在国际市场上的竞争能力就会削弱。与其他国家相比，如果其物价上涨率超过其他国家，这时该国政府不调整汇率就难以维持正常的出口，因而通货膨胀最终必然导致货币对外贬值，引起汇率波动。

值得注意的是，通货膨胀影响汇率往往不是直接表现出来的，除影响出口和进口外，还会造成国内外实际利率（Real Interest Rate）的差异，进而影响国际收支的资本项目。通货膨胀率过高，必然引起资本外流，还会影响到今后对物价和汇率的预期，这些表现又都会对汇率变动产生影响。自20世纪70年代初期开始，由于各国财政与货币政策的不同，通货膨胀率有很大差异，因而汇率波动剧烈。但一国货币内部贬值（通货膨胀）转移到货币外部贬值有一个过程，这种转移过程有时需要半年，也可能需要几年。从长期看，汇率终将根据货币实际购买力而自行调整到合理的水平。

②利率。利率作为使用资金的代价或放弃使用资金的收益，也会影响汇率水平。当利率相对较高时，使用本国货币的资金成本上升，外汇市场对本国货币的供应相对减少；同时，相对较高的利率吸引外资流入，使外汇市场上外国货币的供应相对增加，对本国货币的需求上升。这样，相对较高的利率推动着本国货币汇率的上扬。同时，利率的高低也直接影响到各种金融资产的价格、成本和利润的高低。一国利率相对于另一国为高，或上升的幅度大，就会使该国的金融资产增值，从而阻止本国资本外流，刺激国外资本购买该国的金融资产，进而引起对本币需求量的增加，促使本币汇率上升；反之则反是。当然，引起资本内流外流的利率是指实质利率而不是名义利率（Nominal Interest Rate），西方国家计算实质利率通常是以长期政府债券利率减去通货膨胀率。从短期看，利率在汇率变动中的作用是明显的。例如，1981年初，美国联邦储备银行将贴现率提高到13%，商业银行的优惠利率从1981年4月份起逐渐上升，7月8日达到了20.5%的最高点。由于美元利率高，西欧大量游资流入美国，促使美元汇率上涨。所以，1981年美元汇率特别坚挺。

③货币供应量。货币供应量对汇率的影响主要是通过利率、通货膨胀率和实际经济的增长而进行的。货币供应量的增加意味着银根放松，利率下降，物价可能上升，经济会扩张。利率下降和物价上升会促使一国货币币值下降，汇率上升。但经济的扩张又会促使一国经济实力增强，从而有助于该国货币升值。货币供应量对一国货币汇率的影响取决于该国的经济结构、商品市场和外汇市场的调整速度等。然而，根据许多经济学家的实证研究，在短期内，货币供应量的突然增加会使一国货币币值迅速下降，在长期内，汇率会回复到均衡水平。

在谈到货币供应量对汇率的影响时，有两点需要说明：一是对世界上一些可自由兑换的货币而言，影响它们的汇率的货币供应量不仅仅是指各货币发行国国内居民持有的货币数量，而且也包括其他国家居民持有该种货币的数量。例如，影响美元的货币供应量就不只是美国居民持有的美元数量，还包括其他国家居民持有的美元数额，因此，对美元汇率的影响因素就不仅是美国居民的美元供求数量的变化，而且，更重要的是世界主要外汇市场上美元供求数量的变化。二是一国国内的货币供给量不仅指本国发行的货币数量，而且也包括本国居民持有的外汇数量，因为本国收入的外汇总是要转化为本币在国内流通，从而持有的外汇数量的增减也会影响国内货币供应量的增减。

（三）心理因素（Psychological Factors）

心理因素主要是指心理预期。预期被引入汇率的研究领域是在 20 世纪 70 年代初期。预期对汇率的影响很大，其程度有时远远超过其他经济因素对汇率的影响。

为了尽可能地减少或避免汇率波动带来的损失，或为了从汇率波动中得到好处，人们都在根据各种经济的和非经济的因素或信息对汇率的波动方向、趋势与幅度进行预测，从而做出外汇汇率将要上升或下跌的判断，进而根据这种预期做出抛出或者购进外汇和以外币表示的金融资产的决策。比如当人们预期英国的通货膨胀将比别的国家高，实际利率将比别国低，对外收支的经常项目将有逆差，以及其他因素对该国经济将发生不利的影响时，那么英国的货币就会在市场上被抛售，它的汇率就会下跌；反之，汇率就会上升。

① 预期有稳定（Stabilizing）和非稳定（Distabilizing）之分。稳定型的预期是指人们预期一种货币币值会下降，就购进这种货币，从而缓和货币币值下降的程度；反之则抛出货币，从而降低该货币的升值幅度。显然，按这种心理预期进行的外汇买卖行为有助于汇率的稳定。非稳定型的预期行为同稳定型预期行为正好相反。按这种预期心理行事的交易会在币值低时进一步抛出，在币值高时进一步购进，从而加剧了汇率的不稳定。

②影响人们心理预期的主要因素有信息（Information）、新闻（News）、和传闻（Tumours）。信息是指同外汇买卖和汇率变动有关的资料、数据和消息。新闻既有经济新闻也有政治新闻。传闻是未经证实的消息。有时，信息、新闻和传闻难以区分。特别是后两者之间更难以分清孰是孰非。在外汇市场上，交易员在对待传闻时有一句行话，就是"于传闻时买进，于证实时卖出"（Buy on Rumours，Sell on Fact），或者"于传闻时卖出，于证实时买进"（Sell on Rumours，Buy on Fact）。

（四）其他因素

其他因素主要是指中央银行的干预，其他金融工具如股票、债券、外汇期权等的价格变动，石油价格的变动、黄金价格的变动和政治因素等。

（1）中央银行影响和干预外汇市场的手段主要有：①调整本国的货币政策，以期通过利率变动来影响汇率，如实行扩张性货币政策，导致货币供应量增加，利率下调，大量资本外流，外汇市场对本国货币的需求下降，导致本国货币汇率上升。②直接干预外汇市场，即直接在外汇市场上买进或卖出外汇。③对资本流动实行外汇管制。中央银行对外汇市场的干预早已有之。过去，欧洲货币体系就规定汇率波动的上下限，各国中央银行有责任干预外汇市场，维持成员国之间货币汇率的稳定。自实行浮动汇率制以来，各国中央银行曾多次单独或联合干预外汇市场。1985年9月22日，西方五国财长和中央银行行长曾达成联合干预的协定。会后，中央银行一起向外汇市场抛售美元，致使美元汇率狂泄。这是最典型的中央银行干预行动。

（2）实行扩张性财政政策将直接导致需求膨胀，进口增加，外汇市场对外国货币的需求增加，导致本国货币汇率上升；反之，则相反。

（3）一国股票价格的上升通常会带动该国货币币值上升，因为股价上涨表示该国经济前景看好，值得投资；反之，货币币值会下降。

（4）债券价格的上升通常发生在利率看跌的情况下。就短期看，利率下跌会使一国货币币值下降，但从长期来看低利率和价格高的债券会刺激经济的发展，在某种程度上，货币币值又会有所回升。

（5）外币期货价格的变化也是影响汇率的要素之一。当期货价格下跌时，现汇价格也会下跌；反之，现汇价格上升。

（6）石油价格的变化对产油国和对依赖石油进口的国家的影响是不一样的，油价上升使产油国货币坚挺，石油进口国货币疲软；反之，则相反。

（7）黄金价格对美元汇率影响很大。通常，金价上升美元下跌，美元上升金价下跌。两者大致呈相反方向变化，但变化并不一定同步。

（8）此外，政治因素（政局的变化、战争等突发的重大事件）也会突然地、短时间地作用于汇率，使其发生变化。

十一、如何防范汇率风险？

防范汇率风险的目的是为了减少由于汇率变动而给跨国企业国际经营带来的不确定影响。汇率风险的防范可以通过一定的方法来实现。

（一）交易风险和折算风险的防范

交易风险和折算风险的防范对策和规避技术主要有：

1. 采用货币保值措施

由于汇率风险产生于货币价值的变动，因此可主动采取各种货币保值措施来避免汇率风险，以达到防范汇率风险的目的。最常用的货币保值措施有五类，即选择计价货币、利用外汇交易抵补保值、其他货币保值措施、利用互换交易避免风险、其他避免交易风险的措施。

（1）选择计价货币。在对汇率进行预测的基础上，合理选择计价货币即合理选择软、硬币，这是一个根本性的措施。所谓硬币（Hard Currency）是指汇率坚挺且有升值趋势的货币，所谓软币（Soft Currency）是指汇率疲软且有贬值趋势的货币。选择计价货币的基本原则是"收硬付软"，即争取出口合同以硬货币计值，进口合同以软货币计值；向外借款选择将来还本付息时趋软的货币，向外投资时选择将来收取本息时趋硬的货币。当然，货币的选择不是一厢情愿的事情，必须结合贸易条件、商品价格、市场行情或结合对外筹资的不同方式，借、用、还各环节综合考虑、统筹决策。此外，货币软硬的区分也只是在一定时期内相对而言的，因此，还涉及对汇率趋势的正确判断，同时也要考虑利率的趋势，把两者结合起来。对于固定利率和浮动利率的选择，主要是看利率的水平与趋势。就借入方而言，在借入货币利率趋升时，以借入固定利率为宜；若借入货币利率趋降，则以选择浮动利率为好。

（2）利用外汇交易抵补保值。抵补保值（Hedging）是指在外汇市场买卖与外汇受险头寸方向相反的外汇，即在拥有一定时期后应收或应付的一定数额的外汇即外汇受险头寸（Exchange Exposure）时，立刻在外汇市场签订外汇交易合同，卖出或买进该外汇以冲抵汇率风险。企业既可通过传统的外汇交易如即期外汇交易和远期外汇交易进行抵补保值，又可通过新兴的外汇交易如外汇期货交易和外汇期权交易进行抵补保值。

①利用即期外汇交易（Spot Transaction）保值。即期外汇交易是指成交后必须在两个营业日①内交割的外汇交易。交割是指购买外汇者支付现金，出售外汇者交付外汇的行为。在跨国经营业务中，国际投资者如果两天内有外汇应收款项或应付款项，就可与银行签订即期买卖外汇的合同，实现外汇资金的反向流动，即如果两天内将收进一笔外汇，并预期该外汇汇率下跌时，卖出与应收款项同等数额的即期外汇；相反，如果两天内将支付一笔外汇，并预期该外汇汇率上升时，则买进与应付款项同等数额的即期外汇，从而消除汇率风险。或者，为投资者持有的外汇头寸（Exchange Position）不平衡时（即这种外币表示的债权或资产与债务或负债不相等），也可与银行签订即期合同，买卖外汇，轧平头寸，消除汇率风险。当投资者买入外汇额大于卖出额时称为多头（Long Position），可卖出同等数额的即期外汇；相反，当投资者卖出外汇额大于买入额时称为空头（Short Position），可买入同等数额的即期外汇，从而平衡头寸，避免汇率风险。例如，中国的一个投资者某日共购入外汇美元20万，卖出美元19万，两者的差额为1万美元，为多头头寸，也即受险头寸。为了避免汇率风险，可卖出1万美元即期外汇，使持有的美元头寸平衡，从而使汇率风险得到转移。

②利用远期外汇交易（Forward Transaction）保值。远期外汇交易就是指根据协议，交易双方按约定的汇率币别、汇价、外汇数量，在未来某个特定日期进行交割的外汇交易形式。远期外汇交易广泛用于国际投资、国际信贷、进出口贸易中计价结算货币的保值。比如跨国企业在国际购销业务活动中，从签约到清算债权债务，通常要间隔30~90天，大型设备的支付期将会更长。企业可以利用远期外汇市场套期保值，针对每一笔以外币计价的应收和应付账款，根据收（付）的时间和金额，卖出（买入）相同币种、相同交割期、相同金额的一笔远期外汇，从而将汇率变动造成的损失

---

① 即期外汇交易在一般情况下是买卖双方约定于交易后的第二个营业日，相互交付对方所购买的货币。交割日定于第二个营业日的主要目的是因为全球外汇市场的24小时运作与时差问题。加拿大的即期交易日为交易后的次一营业日。

以套期交易成本的方式固定下来。

例如，日本某进口商向法国某制造商购买一批价值为 10 000 欧元的设备，合同约定货款在 30 天后支付，交易发生日时的汇率为 1 欧元＝130.04 日元。日本进口商预计 30 天后欧元升值、日元贬值，为避免增加货款的付出，日本进口商签订了一份 30 天期、按既定远期汇率购买欧元的远期合同。若远期汇率 1 欧元＝130.98 日元，则日本进口商将在 30 天后向期货商支付 1 309 800 日元以购买 10 000 欧元支付给法国制造商。日本进口商利用远期市场的直接成本为 9 400 日元（即 1 309 800−1 300 400）。

若日本进口商对汇率变动预期正确，30 天后欧元升值、日元贬值，即期汇率变为 1 欧元＝145.23 日元。如果日本进口商不进行外汇远期期货套期保值，将不得不在 30 天后支付 1 452 300 元购买 10 000 欧元，增加的支出为 151 900 日元（即 1 452 300−1 300 400），而利用远期市场则节约了 142 500 日元（即 151 900−9 400）。可见，在汇率发生不利变动的情况下，利用外汇远期市场，虽然增加了操作成本，但它使承担的成本固定下来，消除了承担更高成本的风险。

③利用调期交易（Swap Transaction）保值。调期（也称掉期）交易是指在即期（远期）市场上买进或卖出一种货币的同时，在远期（不同远期）市场上卖出或买进同一数量的相同货币。调期交易的特点是：买卖同时进行；买卖某种货币的数额相同；交易的时间不同。凡是满足以上条件的，都是调期交易。在实际经济生活中，调期交易分为两种——即期对远期的调期和远期对远期的调期。a. 即期对远期的调期是指投资者在买进或卖出即期外汇的同时，卖出或买进同种货币的远期外汇，以避免外汇风险。比如中国银行持有暂时富裕的美元资金，但未来又有美元支付的需要，就可以用即期的方式把多余的美元卖给其他银行。同时又以远期交易将其买回，这样可以避免美元汇率波动的风险，又不耽误支付的需要。b. 远期对远期的调期是指投资者在买进或卖出远期外汇的同时，卖出或买进另一种期限的远期外汇，以避免外汇风险。比如中国银行在欧洲的分行 3 个月后将有一笔人民币投资于欧盟的法国，投资期限也是 3 个月。为了保值，在买进 3 个月期欧元的同时，卖出 6 个月欧元期汇。由于两个合同中的期汇汇率固定，汇率变动的风险可以消除。

④利用外汇期货交易（Currency Futures Transaction）保值。期货交易是买卖双方在交易所交易统一的标准化合同，合同中有外汇或其他金融资产，买卖双方可以是多头或空头。外汇期货交易是相对于外汇现货交易而言的，是指在交易所内（即期货市场）达成并交易的、标准化的在未来买入或卖出某种货币的法律协议。在外汇期货交易中，买卖双方交易的不是现实的外汇，而只是一纸统一的标准合同，即外汇期货合同。外汇期货合同载明某指定数量的货币必须在规定的未来某月某日交割，实际上外汇期货交易成交后并没有移交外汇的所有权，因此，外汇期货合同还可以转买转卖。外汇期货的原理与商品期货一样，是通过期货的买卖冲抵汇率变动对现货交易可能造成的损失，即在现货市场上买进或卖出一种货币的同时，又在期货市场上卖出或买进同等数额的同一货币的期货。当货币汇率发生变化时，期货和现货汇率一般同方向变动，由于交易的方向相反（卖出现货买进期货或买进现货卖出期货），盈亏相互冲抵，

因而起到规避风险的作用。例如，美国某公司有多余的资金可供短期投资，于是购买了为期半年的加拿大元定期存单。为了避免半年内加拿大元下跌的风险，该公司通过外汇期货保值，即在现汇市场上买进加拿大元投资于加拿大元定期存单的同时，在期货市场上卖出相同数额的加拿大元，即签订合同在半年后按现在商定的汇率提供一笔相同数额的加拿大元。如果到期加拿大元贬值，那么，该公司手中持有的加拿大元会遭受损失，但在交割期货时可以获利，从而抵补这笔损失。如果加拿大元没有贬值反而升值，那么，该公司在交割期货时会亏损，但手中持有的加拿大元却获利从而可抵补之。这样，不论加拿大元汇率怎么变动，该公司都可免遭损失而获得预期的投资收益。

外汇期货交易有卖出外汇期货交易和买入外汇期货交易两种。当预期货币将于未来贬值且在未来有债权（收入）需收入时，为避免因货币贬值而造成未来应收款的价值减少，会卖出外汇期货合约。相反，若预期货币将于未来升值且在未来有债务（款项）需支付时，为避免因预付款升值而使其面临汇兑上的损失，投资者可以先行买入该种货币的期货合约，以规避汇兑风险。

目前，在全球所有的外汇期货市场中，以设在美国芝加哥商品交易所（Chicago Mercantile Exchange）的国际货币市场（International Monetary Market，简称 IMM）的规模为最大。在国际货币市场上交易的货币主要是美元、英镑、欧元、日元、瑞士法郎和加拿大元，以上各种货币的期货价格均以美元报出，交易的最小单位为一份标准合同，大额交易则由多份合同组成，并且在合同金额、合同交割日、每日交易最低波动价和最高限价方面都有统一的规定。每一种货币合同所含数额都不同，比如，每份英镑期货合同为 2.5 万英镑，等等。外汇期货合同每年只有 4 个交割日，即每年 3、6、9、12 月份的第 3 个星期三。不过，在外汇期货交易中，买卖双方既可以在合同到期日履行合同，实际移交外汇；也可以在到期日前买入或卖出一个相反的合同来抵消原合同，而无需对方同意。事实上，98% 的外汇期货合同在到期前被转手冲抵，实际交割的为数极少。此外，外汇期货交易者还必须通过外汇期货交易所会员经纪人向期货交易所的清算机构——清算所缴存固定数额的保证金，以保障交易者的正当权益，在交易另一方由于汇率出现不利波动而不愿或不能履约时用来抵偿汇率变动带来的损失。清算所还可随时根据行市涨落情况要求交易者补充保证金存款，因此，交易双方无需担心对方的资信和履约能力。外汇期货交易有三个基本特征：第一，期货合同只代表双方对有关货币汇价变动方向的一种预测，因此当交易一方买入或卖出一份期货合同时，他无须实际付出或收入合同面值所标明的外汇，而只需支付手续费。因为在合同到期前，绝大部分外汇期货合同是以对冲了结的。第二，一份期货合同实际上是一份每天都需要结算清楚的有约束力的协定，而不是像许多人所理解的那样，只是"未来某个确定日子买入或卖出一项有关资产的有约束力的协定"。因此，期货交易中每天都会发生现金的流动。第三，期货交易的经纪人要求买卖双方都要在缔约时付出一定数量的现金作为保证金（Margins）并存入经纪人在清算事务所的账户上，用以防止期货合同的任何一方违约。

由以上外汇期货交易的特点可看出，尽管它与远期外汇交易都是利用事先约定的汇率买卖未来收付的外汇这种方式抵补保值，但外汇期货交易更具有优势，表现在：其一，外汇期货交易具有较大的灵活性。外汇期货交易中空头或多头的地位调整容易，随时可用一相反合同对冲原合同，这样不仅平衡了头寸，而且还终止了交割义务。然而远期外汇交易不存在二级市场，一般很难找到相反的交易对冲原交易，因此，其实际交割率高达 90%以上。其二，外汇期货交易安全保密系数大。通常利用外汇期货交易抵补保值时，要缴足一定的保证金，委托交易所经纪人进行，信用风险由清算所承担，清算所则成为每一交易方的对手，即对于卖方而言，它是买方；对于买方而言，它是卖方。这样，交易者既不知道交易对方是谁，也不必担心对方信用是否可靠。外汇期货交易在转移汇率风险的同时，也能满足交易者在安全、保密等方面的要求。远期外汇交易最终都得由交易双方直接商议成交。这样，一方面，每一笔交易都知道对方是谁；另一方面，由于没有清算机构，交易者在交易前必须调查对方的资信，在避免汇率风险的同时，不得不承担信用风险。其三，外汇期货交易过程简单紧凑，成交迅速。由于外汇期货合同是标准化的合同，对交易的货币、合同金额和交割日期等都有统一的规定，交易时只需确定买卖合同数量及合同货币的价格，因此，这能大大缩短和简化交易过程。在远期外汇交易中，合同金额、交割日期以及价格等都由交易双方议定，所有交易都通过由电话和电传形成的无形市场进行，其市场结构较松散，从而延长了利用远期外汇交易抵补保值的过程。外汇期货交易在抵补保值方面能更好地满足投资者的需求，所以它自 20 世纪 70 年代中期问世以来发展迅速，目前，已成为人们抵补保值、防范汇率风险的重要手段之一。

⑤利用外汇期权[①]（Foreign Currency Option）交易保值。外汇期权是指期权合同的买方向卖方支付一笔期权费后，即可获得在期权合同的存续期内任一时间（美式期权）或到期日当日（欧式期权）以协议价格（Strike Price）买卖某种货币的权利。外汇期权交易分为期货交易所的外币期货期权交易和现货外汇期权交易。在外汇期权交易中，期权买方或期权合同持有人（Holder）在购买了外汇期权后，就具有了在一定期限内以协定汇率（即期权合同规定的在未来某时间买卖外币的汇率）向期权卖方或期权合同签发人（一般为银行）买进或不买进、卖出或不卖出一定数额外币的选择权利。在期权合同有效期内或到期日，如果市场汇率发生变动，比较而言，协定汇率有利时，期权持有人可执行期权；相反，协定汇率无利时，期权持有人则可放弃执行期权而任其作废，买方损失的只是购买期权的费用或成本，即权利金（一般按买入或卖出货币金额的百分比计算），它是外汇期权卖方向买方收取的交易费用。对于期权卖方来说，索取权利金是为了补偿今后汇率波动所造成的损失；对于期权买方来说，权利金既是期权买方的成本，又代表了买方进入期权交易市场所承受的最大风险。因此，外汇期权的这种只享有权利而不负义务（即不是到期非执行期权不可）的特点决定了其在防范汇率风险方面比其他外汇交易更为灵活，风险更小，当然，其成本也

---

① 费城证券交易所在 1982 年首创了外汇期权市场，是世界上最大的外汇期权市场。

高些。

外汇期权包括的选择权利可分为两类，即买权（Call Option）和卖权（Put Option）。买权是在期权合同有效期内，按照协定汇率购买一定数额的某种外币的选择权，它是期权交易者预期该外币汇率将上涨而购买的期权，所以又称看涨期权；卖权则是在期权合同有效期内，按协定汇率出售一定数额的某种外币的选择权，它是期权交易者预期该外币汇率将下跌而购买的期权，所以又称看跌期权。在国际投资过程中，当从事国际经济交易的企业或公司作为对外投资者或出口商，要在未来某一时间收进外币兑换成本币并预期外汇汇率将下降时，可购买看跌期权；而作为进口商或对外负有债务，要在未来将手中的本币兑换成外币进行支付并预期外汇汇率将上升时，则购买看涨期权，以此来避免汇率变动造成的损失。例如，美国某公司以远期付款为条件，从德国进口机器设备，3个月后需向德国出口商支付25万欧元。为了避免3个月后实际支付时欧元汇率上涨而多付出美元的损失，该公司可购入4份欧元看涨期权（假定每份欧元金额为6.25万欧元，4份合计为25万欧元），期权价格（即权利金）为每欧元0.01美元，4份欧元看涨期权共支付2 500美元，协定汇率为1美元=1.65欧元。3个月到期支付时，如果欧元市场汇率上涨为1美元=1.60欧元，显然，对于该美国公司而言，协定汇率较市场汇率有利，于是执行期权合同，仍以1美元=1.65欧元的协定汇率购买欧元，付出15.151 5万美元，比不购买期权保值而按市场即期汇率购买欧元，要少支付4 735美元［即（25万÷1.6）－（25万÷1.65）］，减去权利金2 500美元，实际盈利2 235美元。如果欧元汇率没有上涨，反而下跌至1美元=1.70欧元，这时市场汇率显然比协定汇率有利，那么，美国公司可放弃执行期权合同，而按市场汇率购入欧元，比执行期权合同少支付4 457美元［即（25万÷1.65）－（25万÷1.7）］，减去权利金2 500美元，仍盈利1 957美元。如果欧元汇率没变，仍维持在1美元=1.65欧元，则该公司既可以执行期权合同，也可以不执行，因为执行与否对公司没有影响，但要损失权利金2 500美元。

由上可见，外汇期权交易在避免汇率风险方面具有独特的灵活性、主动性及风险有限性（即无论汇率如何变化，期权合同持有人的损失即所承担的风险只限于权利金的数额），这样就使得其能在避免汇率风险的同时保留从汇率变动中获利的机会。而其他外汇交易在避免风险的同时往往也消除了从汇率变动中获利的可能，如利用远期外汇交易抵补保值，一旦交易双方签订远期合同，就必须在未来某一日期按预定汇率履行合同交割义务，即使市场汇率发生有利的变化，任何一方也都不得单方面中止执行合同。外汇期货交易抵补保值时，也有类似不足，只是外汇期货到期日前如无反向合同冲销，到期才需实际履行合同交割义务。因此，外汇期权交易弥补了其他外汇交易在抵补保值方面的不足，并且已成为重要的避免汇率风险手段之一而得到广泛的运用。

（3）其他货币保值措施

除了上述外汇交易外，还可通过货币市场借款、订立货币保值条款和为汇率波动购买保险等实现对货币保值，从而达到避免汇率风险的目的。

①利用货币市场保值。包括利用货币市场借款保值、利用货币市场套期保值、利用货币保值条款保值。

a. 利用货币市场借款保值。有远期外汇收入的出口商或投资者可通过货币市场借入一笔与其远期外汇收入相同币种、相同金额和相同期限的款项，按即期汇率将借入的外币兑换成本币，补充流动资金或重新备货，等到期收进外汇后，再偿还外汇借款，以避免外汇汇率下跌风险，其保值成本为净利息支出。例如，日本一商人向美国出口一批商品，价值100万美元，约定3个月后对方以美元付款。该日本出口商为了防止3个月后美元汇率可能下跌而造成的损失，在签订出口合同的同时从货币市场借入100万美元，为期3个月，并立即将这笔美元兑换成日元备用。3个月后该日本出口商收回美元货款时，即使美元汇率下跌，也不会蒙受任何损失，因为此时已无需将收回的美元兑换成日元，直接以美元偿还借款就可。这种借款保值法实质上是将未来的外汇收入转移到现在，避免未来收进外汇时与本币的兑换，从而转移了汇率风险。

b. 利用货币市场套期保值。外国投资者在货币市场上，针对每一笔外币计价的应收和应付账款，根据收（付）的时间和金额，通过借贷款创造出相同币种、相同期限、相同金额的应付和应收账款。

例如，某美国企业从德国进口一批价值为10 000 000欧元的商品，6个月后以欧元付款。已知美元对欧元的即期汇率为1美元＝1.30欧元，若美元的年利率为1.1%，欧元年利率为1.5%。为避免欧元汇率上升给美国企业造成的损失，美国企业为在6个月后得到10 000 000欧元付给德国出口商，需在欧元货币市场上存入9 523 809.52欧元［即10 000 000÷（1+1.5%÷2）］，即需在美国市场上借入7 326 007.32美元（即9 523 809.52÷1.3），才可兑换到9 523 809.52欧元存入欧元货币市场。6个月之后，该企业可从欧元货币市场上取出10 000 000欧元支付给德国出口商，同时在美国货币市场上偿还贷款本息和7 367 032.96美元［即7 326 007.32×（1+1.1%÷2）］。这样，无论6个月后汇率如何变动，美国企业在货币市场采取套期保值措施，都会将支付成本固定下来，从而避免了汇率变动带来的风险。

c. 利用货币保值条款保值。货币保值条款亦称货币指数化，它是指有关双方在签订贸易合同或贷款合同时，规定一种或几种币值比较稳定的货币作为保值货币，并确定计价结算货币与保值货币之间的汇率以及汇率的变动幅度。如果结算时，计价结算货币对保值货币的汇率变动超过规定的幅度，就按照变动的汇率折算合同总值进行结算。否则按原定汇率折算合同总值进行结算。例如，某公司对英国出口部分商品，以英镑计价结算，在合同中订立以美元作为保值货币的保值条款，英镑对美元汇率波动幅度为3%。到结算时，如果英镑对美元汇率上下波动超过3%，就按照其实际变化了的汇率折算合同总值结算。如果英镑对美元汇率上下波动未达3%，则按合同中订立的汇率折算合同总值结算。当然，这种保值方式仍有一定的风险（即汇率波动未达3%），但如果汇率预测准确，还是可以避免较大风险的。

常用的保值条款有以下三种：第一种，黄金保值条款。黄金保值条款是指采用市场黄金价格来保值。具体做法是：在双方签订合同时，按当时的黄金市价将需支付的货币金额折合为若干盎司的黄金。到实际支付日，如果黄金市场的价格上涨，则支付的货币金额要相应增加，反之则减少。第二种，硬货币保值。双方在合同中规定以硬货币计价，用软货币支付，记录两种货币当时的汇率。在执行合同的过程中，如果由于支付货币的汇率下降，则合同中的金额要等比例地进行调整，按照支付日的支付货币的汇率计算。这样，实收的计价货币金额和签订合同时相同，支付货币下浮的损失可以得到补偿。第三种，用一篮子货币保值。在浮动汇率制度下，各种货币的汇率每时每刻都在变化，但是各种货币汇率变化的幅度和方向并不一致，用一篮子货币保值就是在合同中规定用多种货币来保值。具体做法是：在签订合同时，双方协商确定支付货币与一篮子保值货币之间的汇率，并规定各种保值货币与支付货币之间汇率变化的调整幅度。如果到期支付时汇率的变动超过规定的幅度，则要按合同中已经规定的汇率调整，从而达到保值的目的。

（4）为汇率波动投保保值。汇率波动保险是保险机构为防止公司或企业在进出口交易中因汇率波动遭受损失而提供的一个险种。需要避险的投保者，首先要向保险公司出具完整的进出口单据证明，然后与保险公司签订保险合同，并缴纳一定的保险费，保险费率由保险公司根据承保汇率可能波动的幅度制定。投保者投保后因汇率变动而产生的损失，由保险公司赔偿，但保险公司对汇率损失的赔偿是有限的：汇率损失赔偿根据不同货币的风险程度，限于汇率波动幅度的3%~2%，超过规定幅度的损失部分，不予赔偿。例如，法国某公司以远期付款为条件向美国出口一批以美元计价的商品，价值100万美元，90天后付款。法国公司向法国外资保险公司投保，保险公司承保的汇率波动幅度为20%，保险费率为投保金额的3%，按成交时1美元=0.9欧元计算，保险费为2.7万欧元。3个月后美元跌至1美元=0.8欧元，降幅为11%。由于事先向保险公司投了保，法国公司损失的10万欧元［即100万×0.9-（100万×0.8）］得到补偿，该公司付出2.7万欧元的保险费，实际避免损失7.3万欧元。相反，如果3个月后美元对欧元升值11%，那么该公司的实际收益将增加7.3万欧元。

汇率波动保险比其他险种风险大，因此目前提供此项货币保值服务的只有为数不多国家的国营保险公司，如日本、法国等国的国营保险公司。

2. 利用互换避免交易风险

互换（Swap）是指两个企业之间签订协议，规定双方以一定金额的某种货币与对方换取同等金额的另一种货币，经过约定的期限后，双方再换回各自原来的货币。目前常用来避免汇率交易风险的互换形式主要有平行贷款（Parallel Loan）、货币互换（Currency Swap）、信贷互换（Credit Swap）。

（1）平行贷款。平行贷款是指两个不同母国的跨国公司之间，分别向对方的子公司提供当地货币贷款。双方贷款按约定的期限用当地货币偿还，并按预先达成的贷款利率分别向对方支付利息。由于借入和归还的是同一种货币，这种贷款无需通过外汇市场进行货币兑换，因而不存在外汇风险。平行贷款常涉及不同国家的两家跨国公司，同时分别又有子公司设在对方所在国，母公司通过平行贷款的方式向设在对方国的子公司提供资金。例如，一家日本的跨国公司在法国设有子公司，母公司有剩余的日元资金或能方便地筹措到日元资金，但它需要欧元对其在法国的子公司投资；与此同时，一家法国的跨国公司却需要日元对其设在日本的子公司投资，但该公司只有欧元或只能借到欧元。借助于平行贷款，日本跨国公司母公司把日元贷放给法国跨国公司设在日本的子公司，法国跨国公司母公司则将等值的欧元贷放给日本跨国公司设在法国的子公司。到期时，双方再分别归还所借之款项。这样，通过这种向对方的子公司直接融资的方式，双方实现了对各自子公司间接融资的目的，既满足了双方对不同币种资金的需求，又避免了两家跨国公司对子公司直接投资所产生的交易风险，还可降低双方跨国公司各自子公司自己筹资的成本。又例如，一家美国跨国公司 A 在英国设有子公司，而一家英国跨国公司 B 在美国设有子公司。美国 A 公司在英国的子公司需要英镑，英国 B 公司在美国的子公司需要美元。在此情况下，可运用平行贷款，即美国 A 公司将美元贷给在美国的英国子公司，而英国 B 公司将等值的英镑贷给在英国的美国子公司（如下图 3-1 所示）。这种做法既满足了各自子公司对货币的需求，同时又避免了母公司直接投资所可能带来的汇率风险。

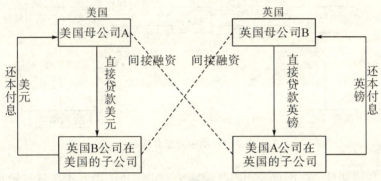

图 3-1　一个假设的平行贷款的例子

（2）货币互换。货币互换比较常见的形式为固定利率的两种货币互换，它是货币互换交易双方通过中介人（一般为投资银行）签订货币互换协议，调换各自拥有的一笔等值但币种不同的资金，按期以对方的货币偿本付息。在约定的到期日，双方再换回各自原来的货币。两种互换货币之间存在的利率差，则按利率平价原理，由资金利率较低的一方向资金利率较高的一方定期补贴。

货币互换交易的基本程序是：①确定和交换本金，以按不同的货币定期支付利息。②互换利息。互换交易双方按货币互换协议规定的各自固定利率，以未偿本金为基金支付利息。③再次互换本金。互换交易双方在到期日换回交易开始时确定及互换的本金。例如，德国一家大跨国公司欲向其在美国的子公司提供一笔优惠利率的美元贷款，为避免贷款期间美元对欧元汇率变动的风险，德国公司通过银行中介，与另一需要做欧元债券投资的美国公司进行欧元与美元的互换，其具体步骤如下：

首先，德国母公司按即期汇率以欧元换取美国公司的美元资金，然后转贷给其在美国的子公司。另外那家美国公司则以换得的欧元购买固定利率的欧元债券，如下图

3-2 所示：

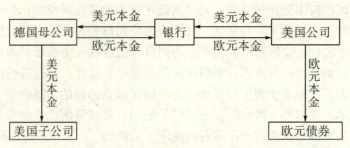

图 3-2　期初本金互换图

然后，互换交易期间，德国母公司向银行支付从其美国子公司收取的固定利率的美元利息，同时从银行收取相应的固定利率的欧元利息。银行则向美国公司支付美元固定利息，并收取固定利率的欧元债券利息，如下图 3-3 所示：

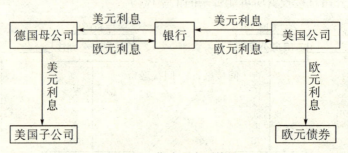

图 3-3　期中利息互换图

最后，在到期日，德国母公司将其美国子公司偿还的美元本金通过银行换回欧元本金，银行向美国公司偿还美元本金，收回欧元本金，如下图 3-4 所示：

图 3-4　期末本金互换图

这样，通过货币互换交易，不仅母公司避免了汇率风险，而且子公司由于借款与还本付息均用子公司所在国货币，不仅转移了汇率风险，而且也降低了筹资成本。实际上，一笔货币互换交易涉及即期和远期两次货币交换，由于远期交换是按货币互换协议约定汇率进行的，因此，货币互换能有效地避免汇率变动风险，实现低成本高收益的资金融通和短期资产负债管理战略。

国际投资学学习指导

除了以上固定利率的货币互换外，还可通过交叉货币利率互换（Cross-Currency Interest Rate Swap）来防范汇率风险。交叉货币利率互换是指固定利率和浮动利率的货币互换，即同时涉及汇率和利率问题，例如，固定利率瑞士法郎对浮动利率美元的互换。这种互换业务的技术比较复杂，但其原理与固定利率的货币互换基本相同。由于篇幅有限，这里不详述。

（3）信贷互换。信贷互换是指分属不同国家的跨国公司和跨国银行之间互换一定数额的货币，经过约定时期后，各自再换回自己原来的货币。例如，一家中国跨国公司母公司欲对其在德国的子公司提供资金而暂时缺乏欧元，于是与德国跨国银行签订协议，由中国公司将一笔人民币存放于这家德国跨国银行北京分行的账户上，德国跨国银行总行则发放一笔与人民币存款等值的欧元贷款给中国在德国的子公司。到期时，中国在德国的子公司将相同数量的欧元归还给德国跨国银行，同时中国跨国母公司也提走存在德国跨国银行北京分行账户上的人民币存款。这样，中国跨国公司母公司通过在北京的德国跨国银行的分支行存入一笔欧元，而对本国子公司进行了间接融资。由于中国跨国公司母公司存、取款都使用同一货币——人民币，中国子公司借、还贷款也为同一货币——欧元，因此，在信贷互换期间，无论人民币对欧元汇率怎样变动，中国跨国公司和德国跨国银行都能免遭汇率变动之风险。信贷互换过程如下图3-5所示：

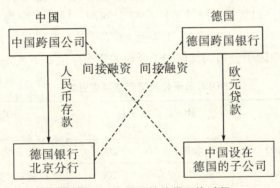

图3-5 一个假设的信贷互换过程

过去，信贷互换业务广泛流行于商业银行之间，其目的主要是满足银行的短期外汇需求。第二次世界大战结束后，信贷互换业务规模进一步扩大，跨国公司也普遍采用了这种方法。

3. 其他避免交易风险的措施

除了以上几大类避免汇率风险的措施外，还有一些其他的措施也可用来防范汇率风险，如超前或滞后收付外汇、建立再开票公司等。

（1）超前或滞后（Leads & Lags）收付外汇。超前或滞后收付外汇是指对未来一定时期内必须支付或收回的外汇款项提前或推迟进行结算，以转移汇率风险。

一般要在对汇率变动进行正确预测的基础上，采取提前或推迟支付手段，以规避外汇风险。具体来说，对债务人而言，如果计价结算货币汇率趋升，就需设法在规定时间之前提早付汇；如果计价结算货币汇率趋跌，就应尽可能在规定时间已经到时推迟付汇。对于债权人而言，如果计价结算货币汇率趋升，就需设法在规定时间已到时推迟收汇；如果计价结算货币汇率趋跌，就应设法在规定时间之前提早收汇。超前或滞后常被从事国际投资的大跨国公司用于避免汇率风险。例如，中国某公司有一笔以日元计价的应付款项，如果预期日元汇率趋升，中国公司就需设法提前付汇。否则，当日元汇率上升后，中国公司就必须以比日元升值前更多的人民币兑换日元进行支付。相反，如果预期日元汇率趋跌，中国公司则需设法推迟付汇。这样，当日元汇率下跌后，中国公司可以比日元下跌前较少的人民币兑换日元进行支付。又如，一美国公司有一笔以欧元计价的应收款项，如果预期欧元汇率趋升，美国公司就应尽量推迟收汇，以获得欧元兑换更多本币的好处。相反，如果预期欧元汇率趋跌，则应尽可能提前付汇，以免遭因欧元汇率下跌而不能兑换回如数本币的损失。

提前或推迟支付一般多用于跨国公司内部，即母公司与子公司、子公司与子公司之间，因为采取提前或推迟支付手段来规避风险等于将外汇风险转嫁给交易对方，必然受到对方的抵制，目的不易达到。以下举一案例说明跨国公司内部提前支付手段的应用。

例如，HOPE 是一家美国跨国公司，其在中国的一家子公司从其在德国的子公司借入 200 万欧元以支付进口货款。结算条件：90 天到期，期初汇率为 1 欧元 = 10.119 9 元人民币（1 元人民币 = 0.098 8 欧元），1 美元 = 8.277 2 元人民币（1 元人民币 = 0.120 8 美元）。母公司、其中国子公司和其德国子公司的资产净值如下表 3-8。

表 3-8　　　　　　　　HOPE 母子公司资产结算变更之一　　　　　单位：万元

HOPE 中国子公司 （人民币）		HOPE 德国子公司 （欧元）		HOPE 美国母公司 （美元）	
现金	100	应收账款	200	现金	20
存货资产	400	资产净值	200	存货资产	80
应付账款	400			资产净值	100
资产净值	100				

若人民币在结算到期前下跌 10%，即 1 元人民币 = 0.089 7 欧元，1 元人民币 = 0.108 7 美元，则母公司、其中国子公司和其德国子公司的资产净值如下表 3-9 所示，其中国子公司和 HOPE 美国母公司资产净值均有所下降。

表 3-9　　　　　　　　HOPE 母子公司资产结算变更之二　　　　　单位：万元

HOPE 中国子公司 （人民币）		HOPE 德国子公司 （欧元）		HOPE 美国母公司 （美元）	
现金	100	应收账款	200	现金	18.2

表3-9（续）

HOPE 中国子公司 （人民币）		HOPE 德国子公司 （欧元）		HOPE 美国母公司 （美元）	
存货资产	400	资产净值	200	存货资产	72.7
应付账款	440			资产净值	90.9
资产净值	60				

若其中国子公司对其德国子公司的结算提前到人民币下跌之前进行，汇率变动的影响将基本消除，如下表 3-10 所示。

表 3-10　　　　　　　　　　　HOPE 母子公司资产结算变更之三　　　　　　　单位：万元

HOPE 中国子公司 （人民币）		HOPE 德国子公司 （欧元）		HOPE 美国母公司 （美元）	
现金	100	现金	200	现金	98.2
资产净值	100	资产净值	200	资产净值	98.2

在以超前或滞后收付外汇方法避免交易风险时，应慎重考虑其成本和代价。提前支付货款和推迟收回货款，实际上等于向对方提供了一笔相当于提前支付期限和滞后收款期限那样长时间的贷款，从而丧失了资金使用的其他机会成本。因此，在利用这种方法防范交易风险时，应该预估风险损失和机会成本孰高孰低，将两者反复权衡，以做出正确的决策。需要指出的是，超前或滞后收付外汇的方法能否有效地避免交易风险，关键在于对汇率的预测是否准确。

（2）建立再开票公司（Reinvoicing Company）。再开票公司亦即避税港公司（Tax Haven Company），是跨国公司设立的一个独立的贸易中介公司，其职能是专门处理公司内部各子公司之间的贸易业务，向子公司提供资金融通的便利，管理公司内部的交易风险。当跨国公司系统内部发生贸易往来时，如甲子公司向乙子公司销售产品，通常先卖给再开票中心，而不直接卖给乙子公司，尽管所销产品已直接运往购货的乙子公司。然后，由再开票公司将产品转卖给乙子公司。卖方甲子公司以其所在地货币计价结算开票；再开票公司则向买方乙子公司以买方乙子公司所在地货币计价结算开票。这样，不论卖方子公司还是买方子公司都是以本币进行交易，从而避免了交易风险（再开票程序见下图 3-6），全部风险都转移和集中到了再开票公司。

再开票公司集中管理全公司内部所有的外汇交易风险，各种外币有付有收，从而使大部分交易风险得以冲销，剩下的汇率风险由再开票公司选择最佳抵补保值方式进行管理，而且集中管理，经营的外汇交易量大，有利于降低风险管理成本。由于再开票公司将各子公司之间的应收、应付账款等经济往来活动集中起来，通过对公司内部资金清算进行多边冲销，可以减少资金流量，加速资金周转，节约有关费用。同时，再开票公司还可以对本公司系统内产生的超前或滞后收付外汇实行更有效的管理。

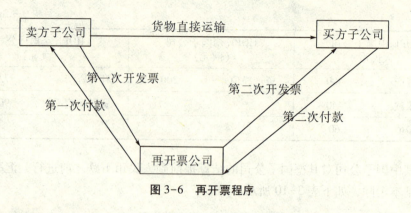

图 3-6 再开票程序

（二）经济风险的防范

经济风险管理的目的就是主动采取预防措施，以使不可预见的未来汇率波动对企业的不利影响或损失降至最低。企业通过采取主动的经营战略，可把握市场变动的脉搏，及时发现问题，变劣势为优势。经济风险的管理主要是通过多样化策略（Diversification Strategy）实施的。多样化策略亦称国际化策略，是指企业通过对其产品生产、经营、筹资等方面国际范围的分散经营，在汇率发生变动时，及时调整经营方式和市场方向，以消除汇率变动产生的不利影响，甚至获得盈利。杰克魁（L. L. Jacque）指出，防范经济风险的最佳管理模式，是通过调整销售收入和投入品的币种组合，使得未来销售收入的变化与投入品成本变化两者可以相互抵消。防范经济风险的对策有：

1. 多样化经营策略

多样化经营策略包括分散经营（Diversifying Operation）和融资多样化（Diversifying Financing）两个方面。在这种战略指导下，跨国公司将经营业务深入到各个不同国家和不相关的各个行业中，通过多样化经营降低汇率变动带来的经济损失，使整个公司业务现金流的波动较小。因为汇率变动会使母公司下的部分子公司在生产和销售上的不利影响部分地抵消其他子公司在生产和销售上的有利影响，从而降低对整个公司经营活动的影响。这种战略的理论依据是，一种货币升值带来的收益可以部分地弥补另一种货币贬值带来的损失。

（1）分散经营。分散经营是指跨国公司将其产品原材料来源、生产、销售等分散于全球范围经营，这样，当汇率发生不利变动时，可减少企业经济风险的损失，加上企业还可及时调整其经营策略，更能化险为夷，实现预期利润或收益。例如，对原材料的需求不能只依赖一两个国家或市场，而是建立多个原材料供应渠道，同时也建立多个销售市场。这样，当汇率突然变动时，即使会使设立于某个国家子公司的原材料价格上涨，也不会导致在其他国家子公司的成本提高而引起公司产品价格全面上涨，甚至不同国家子公司成本有升降而相互抵消。对于产品销售的影响也是如此，汇率的变动会使得某个外国市场上的本公司产品竞争力下降，也会使得本公司产品在另一些外国市场上的竞争力上升，从而导致产品销售量在不同的市场各有增减而互相抵消。

当然，跨国公司在日常的经营管理过程中，会观察到产品的比较成本在不同国家的子公司间将发生变化；或产品销售额和利润率等指标在各子公司间将出现变动，这些都可能与即将来临的汇率变动有关。公司一旦发现这些蛛丝马迹，即可通过分散经营策略进行适当的调整，如改变原材料的供应渠道，使其由相对成本较高的国家转到成本较低的国家；扩大那些设在生产成本较低国家的子公司的生产，增加其产出；在那些本公司产品具有较强竞争力的市场上加强销售工作，改变产品销售价格，增加产品销售量，以抵消由于汇率变动造成本公司产品在另外某些市场上的竞争力减弱而产品销售量缩减的不利影响，将汇率变动可能造成的损失尽可能地降至最低。

（2）融资多样化。从事国际投资的跨国公司，通过融资多样化，可以大大降低资金的成本，减少汇率变动可能造成的损失。融资多样化表现在两个方面：融资渠道多样化和融资方式多样化。融资渠道多样化是指争取多种资金来源，既利用商业银行的信贷，也利用国际性或区域性金融机构的贷款，还通过发行证券直接聚集个人资金。融资方式多样化是指利用不同的筹资手段获取所需资金，不仅通过发行证券筹资，也可借助于银行贷款解决资金短缺问题；不仅可以筹集固定利率资金，也可筹集浮动利率资金；不仅可发行欧洲美元债券，也可发行日元等其他多种货币债券来满足对资金的需求。采用融资多样化的策略，使得公司有能力随时根据各国利率、汇率的变动，变换融资渠道，改变融资方式，减少成本增大的负债，筹措成本较低的资金，并将其投放于收益较高的项目或市场，甚至还可以通过成功的投机业务获得丰厚的利润。当然，要达到此目的，其前提条件是企业谙熟国际金融市场的各项交易及业务，能与国际上大商业银行及其他机构保持并发展良好的关系，并能及时获取各种信息资料。

2. 营销管理战略

在这种战略指导下，跨国公司的做法是：当子公司所在国货币贬值时，母公司指令子公司通过扩大销售额或提高产品定价来增加销售收入，部分地抵消由于子公司所在国货币贬值而使母公司业务现金流减少的损失。

在国际市场上，子公司所在地货币贬值，会使子公司产品在国际市场上的价格相对下降，使子公司在定价策略上有了较大的灵活性并在出口市场上有了较强的竞争实力。例如，出口市场上某种产品的需求缺乏弹性，则子公司可以提高出口产品的价格（以子公司所在地货币计价），直到与贬值幅度相等，销售收入的增长（以子公司所在地货币计价）可以弥补母公司业务现金流的减少。反之，若该产品在出口市场上的需求富有弹性，则可维持原有定价，扩大出口市场的占有额，增加销售收入。

在投资目标国市场上，如果贬值前不存在强有力的进口品与之竞争，则最佳策略是维持产品价格不变，使损失降至最低。若存在强有力的进口产品与之竞争，则子公司所在地货币贬值对进口产品不利，子公司可以根据投资目标国市场对产品需求弹性的大小，决定其是提高产品价格还是维持产品价格不变，扩大销售额，来增加子公司的销售收入。

3. 生产管理战略

在这种战略指导下，当子公司所在地货币贬值时，母公司应安排子公司用国内投入品替代成本上涨的进口投入品，从而维持其生产成本的原有水平。例如，20世纪70年代初，随着美元的大幅度贬值，美国福特汽车公司增加国内投资生产引擎等投入品，减少从英国和德国的引擎进口。当子公司所在地货币升值时，子公司产品在国际出口市场上价格相对上升，引起销售额下降，导致销售收入减少。这时母公司应安排子公司增加具有高附加值的新产品的生产，促进产品的升级换代及提高制造差别产品的能力，维持子公司产品在国际市场上的份额，从而抵消因货币升值而使出口收入下降的损失；或通过增加进口投入品的比例或转向生产成本更低的国家或地区进行投资，以降低生产成本，获得较高收入。

十二、如何防范经济风险？

管理经济风险的目的就是主动采取预防措施，以使不可预见的未来汇率波动对企业的不利影响或损失降至最低程度。企业通过采取主动的经营战略，可把握市场变动的脉络，及时发现问题，变劣势为优势。经济风险的管理主要是通过多样化策略（Diversification Strategy）实施的。多样化策略亦称国际化策略，是指企业通过对其产品生产、经营、筹资等方面国际范围的分散经营，在汇率发生变动时，及时调整经营方式和市场方向，以消除汇率变动产生的不利影响，甚至获得盈利。杰克魁（L. L. Jacque）指出，防范经济风险的最佳管理模式，是通过调整销售收入和投入品的币种组合，使得未来销售收入的变化与投入品成本变化两者可以相互抵消。防范经济风险的对策有：

（一）多样化经营策略

多样化经营策略包括分散经营（Diversifying Operation）和融资多样化（Diversifying Financing）两个方面。在这种战略指导下，跨国公司将经营业务深入到各个不同国家和不相联系的各个行业中，通过多样化经营降低汇率变动所带来的经济损失，使整个公司业务现金流的波动较小。因为汇率变动会使母公司的部分子公司在生产和销售上的不利影响部分地抵消其他子公司在生产和销售上的有利影响，从而降低对整个公司经营活动的影响。这种战略的理论依据是：一种货币升值带来的收益可以部分地弥补另一种货币贬值所带来的损失。

（1）分散经营。分散经营是指跨国公司将其产品原材料来源、生产、销售等分散于全球范围经营，这样，当汇率发生不利变动时，可减少企业经济风险的损失，加上企业还可及时调整其经营策略，更能化险为夷，实现预期利润或收益。例如，对原材料的需求不仅仅只依赖一两个国家或市场，而是建立多个原材料供应渠道，同时也建立多个销售市场。这样，当汇率突然变动时，即使会使设立于某个国家子公司的原材料价格上涨，也不会导致在其他国家子公司的成本提高而引起公司产品价格全面上涨，甚至不同国家子公司成本有升降而相互抵消。对于产品销售的影响也是如此，汇率的变动会使得某个外国市场本公司产品竞争力下降，也会使得本公司产品在另一些外国市场的竞争力上升，从而导致产品销售量在不同的市场各有增减而互相抵消。当然，跨国公司在日常的经营管理过程中，会观察到产品的比较成本在不同国家的子公司间将发生变化，或产品销售额和利润率等指标在各子公司间将出现变动，这些都可能与即将来临的汇率变动有关。公司一旦发现这些蛛丝马迹，即可通过分散经营策略进行适当的调整，如改变原材料的供应渠道，使其由相对成本较高的国家转到成本较低的国家；扩大那些设在生产成本较低国家的子公司的生产，增加其产出；在那些本公司产品具有较强竞争力的市场上加强销售工作，改变产品销售价格，增加产品销售量，以抵消由于汇率变动造成本公司产品在另外某些市场竞争力减弱而产品销售量缩减的不利影响，将汇率变动可能造成的损失尽可能地降至最低程度。

（2）融资多样化。从事国际投资的跨国公司，通过融资多样化，可以大大降低资金的成本，减少汇率变动可能造成的损失。融资多样化表现在两个方面：融资渠道多样化和融资方式多样化。融资渠道多样化是指争取多种资金来源，既利用商业银行的信贷，也利用国际性或区域性金融机构的贷款，还通过发行证券直接聚集个人资金。融资方式多样化是指利用不同的筹资手段获取所需资金，不仅通过发行证券筹资，也可借助于银行贷款解决资金短缺问题；不仅可以筹集固定利率资金，也可筹集浮动利率资金；不仅可发行欧洲美元债券，也可发行日元等其他多种货币债券以满足对资金的需求。采用融资多样化的策略，使得公司有能力随时根据各国利率、汇率的变动，变换融资渠道，改变融资方式，减少成本增大的负债，筹措成本较低的资金，并将其投放于收益较高的项目或市场，甚至还可以通过成功的投机业务获得丰厚的利润。当然，要达到此目的，其前提条件是企业谙熟国际金融市场的各项交易及业务，能与国际上大商业银行及其他机构保持和发展良好的关系，并能及时获得各种信息资料。

（二）营销管理战略

在营销管理战略指导下，跨国公司的做法是：当子公司所在国货币贬值时，母公司指令子公司通过扩大销售额或提高产品定价来增加销售收入，部分抵消由于子公司所在国货币贬值而使母公司业务现金流减少的损失。

在国际市场上，子公司所在地货币贬值，会使子公司产品在国际市场上的价格相对下降，使子公司在定价策略上有了较大的灵活性，在出口市场上有了较强的竞争实力。例如，出口市场上某种产品的需求缺乏弹性，则子公司可以提高出口产品的价格（以子公司所在地货币计），直到与贬值幅度相等，销售收入的增长（以子公司所在地货币计）可以弥补母公司业务现金流的减少。反之，若该产品在出口市场上的需求富有弹性，则可维持原有定价，扩大出口市场的占有额，增加销售收入。

在投资目标国市场上，如果贬值前不存在强有力的进口品与之竞争，则最佳策略是维持产品价格不变，使损失降至最低。若存在强有力的进口产品与之竞争，则子公司所在地货币贬值，对进口产品不利。子公司可以根据投资目标国市场对产品需求弹性的大小，决定其是提高产品价格还是维持产品价格不变，扩大销售额，来增加子公司的销售收入。

（三）生产管理战略

在生产管理战略指导下，当子公司所在地货币贬值时，母公司应安排子公司用国内投入品替代成本上涨的进口投入品，从而维持其生产成本的原有水平。例如，20世纪 70 年代初，随着美元的大幅度贬值，美国福特汽车公司增加国内投资生产引擎等投入品，减少从英国和德国的引擎进口。当子公司所在地货币升值时，子公司产品在国际出口市场上价格相对上升，引起销售额的下降，导致销售收入的减少。这时，母公司应安排子公司增加具有高附加值的新产品的生产，促进产品的升级换代及提高制造差别产品的能力，维持子公司产品在国际市场上的份额，从而抵消因货币升值而使出口收入下降的损失；或通过增加进口投入品的比例或转向生产成本更低的国家或地区进行投资，以降低生产成本，获得较高收入。

十三、经营风险由哪些风险组成？

经营风险是指企业在进行跨国经营时，由于市场条件和生产技术等条件的变化而给企业带来的不确定性。经营风险一般由下列风险组成：

（一）价格风险

价格风险是指由于国际市场上行情变动引起的价格波动给企业带来的不确定性。因为引起价格变动的因素很多，所以价格风险是经常性和普遍性的。

（二）销售风险

销售风险是指由于产品销售发生困难而给企业带来的风险。销售风险产生的原因主要有：市场预测失误，预测量与实际需求量差距过大；生产的产品品种、式样、质量不适应消费者需要；产品价格不合理或竞争对手低价倾销；广告宣传不好，影响购销双方的信息沟通；销售渠道不适应或不畅通，从而影响产品销售。

（三）财务风险

财务风险是指整个企业经营中遇到入不敷出、现金周转不灵、债台高筑而不能按期偿还的风险。

（四）人事风险

人事风险是指企业在员工招聘、经理任命过程中存在的风险。它产生的原因有：任人唯亲，排挤贤良；提拔过头，难以胜任；环境变化，原有工作人员不能胜任。

（五）技术风险

技术风险是指开发新技术的费用高昂，新技术与企业原有技术的相容性及新技术的实用性不确定可能给企业带来的一定的风险。

十四、常见的规避经营风险的方式有哪些？

常见的规避经营风险的方式有：

（一）风险规避

风险规避是指事先预料风险产生的可能性程度，判断导致其产生的条件和因素，在国际投资活动中尽可能地避免它或改变投资的流向。风险规避是控制风险最彻底的方法，采取有效的风险规避措施可以完全消除某一特定风险，而其他控制风险的手段仅在于通过降低风险概率和损失程度来削减风险的潜在影响力。但由于风险规避牵涉到放弃某种投资机会，从而相应失去与该投资相联系的利益，因而风险规避手段的实际运用要受到一定的限制。常见的规避风险的方式有四种：

（1）改变生产流程或产品。如开发某项新产品，若花费的成本很高且成功的把握性较小，则可通过放弃新产品的研制或购买该产品技术专利来规避风险。

（2）改变生产经营地点。如将企业由一国转移到另一国，或由一国内某一地区转移到另一地区，以规避地理位置缺陷的风险。

（3）放弃对风险较大项目的投资。

（4）闭关自守。坚持生产经营自成体系，不受任何国家政治、经济因素的干扰。

（二）风险抑制

风险抑制是指采取各种措施减少风险实现的概率及经济损失的程度。风险抑制不同于风险规避。风险抑制是国际投资者在分析风险的基础上，力图维持原有决策，减少风险所造成的损失而采取的积极措施；而风险规避虽可以完全消除风险，但企业要终止拟定的投资活动，放弃可能获得的收益。

风险抑制的措施很多。例如，在进行投资决策时，要做好灵敏度分析；开发新产品系列前，要做好充分的市场调查和预测；通过设备预防检修制度，减少设备事故所造成的生产中断；搞好安全教育，执行操作规程和提供各种安全设施以减少安全事故。

（三）风险自留

风险自留是指投资者对一些无法避免和转移的风险采取现实的态度，在不影响投资根本利益的前提下自行承担下来。风险自留是一种积极的风险控制手段。它会使投资者为承担风险损失而事先做好种种准备工作，修改自己的行为方式，努力将风险损失降到最低程度。在国际经济活动中，所有的国家和企业事实上都承受着不同程度的风险，有意识地加以控制，可以增强自身的安全性。投资者自身承受风险能力取决于它的经济实力。经济实力雄厚的大企业，可以承担几十万或上百万美元的意外损失，而经济实力薄弱的小企业，则难以自己承担较大的风险损失。

风险自留的措施是：企业采用自我保险的方式将风险接受下来。采取这种措施，企业要定期提取一笔资金作为专项基金，以供将来发生意外灾害或事故时抵偿损失之用。

（四）风险转移

风险转移是指风险的承担者通过若干经济和技术手段将风险转移给他人承担。风险转移可分为保险转移或非保险转移两种。保险转移是指投资者向保险公司投保，以缴纳保险费为代价，将风险转移给保险公司承担。在承保风险发生后，其损失由保险公司按合同进行补偿。非保险转移则是投资者不是向保险公司投保而是利用其他途径将风险转移给别人，如签合同、订保证书等。例如，某承包者如果担心承包工程中基建项目所需的劳动力和原材料成本可能提高，他可以通过招标分包商承包基建项目，以转移这部分的风险。又如，在风险较大的国家投资时，投资者应要求当地信誉较高的银行、公司或政府为之担保，一旦发生损失，投资者可以从担保者那里获得一定的补偿。

第四章　国际投资决策

复习思考题

一、国际投资决策的特点是什么？

国际投资企业面临的是与国内投资有很大差异的新情况和新问题。例如，对国外市场的了解，该国的经济结构、技术和生产状况、经营习惯以及所使用的货币等就与国内不同。因此，国际投资决策具有与其他一般决策不同的特点，具体表现在以下三个方面：

（1）国际投资决策具有多层次性。对国际直接投资决策而言，它既包括了目标市场的投资机会选择，还包括了投资项目及投资方案的选择与实施；对间接投资而言，它既包括了投资场所、投资对象的选择，还包括了投资时机和投资方式方法的选择。如对于一个具体的跨国投资经营企业尤其是大型的跨国公司而言，一个具体的投资目标会在全球范围的不同国家或地区都存在着可能的投资机会，而每一种投资机会中又包含有多种投资方案可供选择，因此在选择了某一国家或地区作为目标市场后，还要选择到哪些部门投资和以什么具体方式投资以及投资规模以多大为宜等，在这些基础上再比较选择各种投资方案的优劣，进行投资方案的决策。

（2）国际投资决策具有高风险性。国际投资决策受国际环境的影响很大。由于各国的国情千差万别，它们之间的关系也错综复杂，尤其是投资环境中的不确定因素和风险因素直接作用于投资决策，对国际投资决策效果有极大的影响，因而国际投资决策具有很高的风险。例如，国际投资中的战争和汇率变化等不确定性因素，都会影响国际投资决策的成功与否。

（3）国际投资决策受多种相关因素的影响。影响国际投资决策的因素很多，既有宏观的因素，如各国的财政政策、通货膨胀率、税收、行业状况和区域经济政策等；又有微观的因素，如企业自身的竞争优势与不足；还有时间因素。因为在一个动态增长的经济中，对任何一项投资来说，其整个寿命时期内的成本与收益都是动态变化的，而宏观与微观及时间因素又是相互影响、相互渗透的，具有相关性，每个因素的变化都会引起其他因素的变化，从而对国际投资的决策产生影响。如一国的财政政策会改变企业的竞争优势与不足，而财政政策和企业的竞争优势又会随时间的推移而改变。所以进行国际投资决策时既要考虑各国的政治与经济环境和企业自身的状况，又要考虑资本的时间价值和长期效益，还要注意各种相关因素的变化对国际投资决策的影响。

二、国际投资决策的基本要求是什么？

任何一项科学的决策，都要建立在掌握决策对象内在规律的基础上。国际投资活动如其他经济活动一样，也有一定的规律性，因此国际投资决策的基本要求是要掌握国际投资活动的规律性，即国际投资与世界经济之间存在的必然的本质的内在联系。国际投资活动的规律有宏观与微观两方面的意义，从宏观角度看，国际投资活动中有适度规律、安全规律、需求规律，体现一定的民族国家利益；从微观角度看，企业的跨国投资既要与国际市场的需求相适应和平衡，又要与企业的自身状况相适应和平衡。若一国的对外投资规模已过度，则该国的投资者应考虑缩小海外投资范围，因为这时该国的宏观政策极有可能将不利于海外投资，当然也要结合其投资的产业在国际市场上的竞争性等来综合考虑。由此可见，从宏观和微观上把握国际投资规律，是做好国际投资决策的基本要求和前提。

三、国际投资决策的程序是什么？

科学的决策不仅要使用科学的分析方法和现代工具，而且还要遵循科学的程序。国际投资决策程序就是指将国际投资的决策过程分成若干个阶段，明确各阶段的任务，按照一定的顺序和客观规律有计划有步骤地进行。一个完整的国际投资决策的过程通常包括确定国际投资决策目标、进行信息调查与资料收集、寻找可行方案、对各方案进行综合评价分析比较、确定最佳方案五个基本阶段。

（1）确定国际投资决策目标。确定国际投资决策目标是整个决策过程的出发点，是科学决策的重要一步。所谓决策目标，就是指在一定条件下决策者期望达到的理想状态。例如，在竞争条件下，跨国公司期望直接投资后的市场占有率等。如果确定的目标只有一个，则称为单目标决策；如果确定的目标有多个，则称为多目标决策。

（2）进行信息调查与资料收集。国际投资决策过程不能缺少信息调查与资料收集这一环节。确定了国际投资决策目标后，投资者首先应根据投资目标调查了解有潜在投资机会可作为目标市场的国家或地区的投资环境，收集这些国家或地区有关的经济信息、政策和法律法规等资料，以便为下一环节做好准备。

（3）寻求可行的投资方案。寻求可行的投资方案就是针对已确定的决策目标和所掌握的资料信息，制订出多套可行方案，以供选择。这些投资方案都必须使现有的资源在全球范围内得到最合理最充分的使用，同时，每一种投资方案又都有一些重要的区别。

（4）对各投资方案进行综合评价分析比较。由于各备选的可行的投资方案都有一些重要区别，因此各投资方案在实施过程中产生的成本费用及社会、经济、政治效益都是不同的，由此对各投资方案的政治、经济效益进行综合评价、计算和分析就显得非常必要了。只有通过综合评价、计算、分析，才能排出各投资方案的优劣次序，供决策选择。

（5）确定最佳投资方案。最佳投资方案的确定，即是决策者的行动。在综合评价计算分析的基础上，决策人员应根据自己的国际投资经验，结合目标市场的政治、经济形势变化和各种相关因素的影响和限制，进行定性分析，权衡各备选方案的利弊得失，最后确定最佳方案。

四、请简述国际投资决策的基本方法。

随着科学技术的不断发展和世界经济结构的急剧变化以及全球经济一体化趋势的加强，国际投资决策的方法越来越多，以适应全球各种不同类型投资决策的需要。但总的来说，可以分为硬决策方法和软决策方法两大类。

（1）国际投资的硬决策方法。硬决策方法也称为定量决策法，是利用数学原理和数学工具并借助计算机，找出国际投资的决策目标和各影响因素之间的数量关系，建立各类决策模型或绘制各种决策图表，计算各种投资方案下的效益期望值，以实现决策方案优选的目的。使用硬决策法可使国际投资决策更为数量化和系统化。硬决策法常用于国际投资项目的评估、国际投资效果的分析及金融资产的定价和风险控制决策上。

（2）国际投资的软决策法。软决策方法也称为专家决策法或定性决策法。它主要是充分发挥专家、决策人员的知识、智慧和经验作用，运用心理学、社会学、行为科学及其他有关学科的成果，对决策方案的内容进行综合分析和评价。由于国际市场和世界经济环境中存在着诸多不确定性，在进行国际投资决策时，必须要考虑各种非量化因素，对影响国际投资目标的各种因素，除了进行定量的计算分析外，还必须要在总体上进行分析、评价、判断和预测。软决策方法就能满足这一要求，因为软决策法能充分反映决策者的思维和经验，充分考虑外界各种影响因素对决策目标的影响。

将硬决策法和软决策法相结合，并始终贯穿于国际投资决策的全过程，才能使国际投资决策建立在科学精确的基础上。

五、如何进行目标市场选择？

国际直接投资决策首先要解决的问题是目标市场的选择，目标市场的选择是国际投资决策系统中一个十分重要的环节。因为对于国际直接投资的主体——跨国公司尤其是大型跨国公司而言，一个具体的投资目标会在全球范围内的不同国家或地区都存在着可能的投资机会。国家数目众多，各国各地区条件又不一致，而企业资源有限，只能在某些国家加以利用，因而应筛选出对企业长期发展和盈利有最大贡献潜力的国家。跨国公司的决策者面对这种多国投资机会，究竟选择哪个国家作为其直接投资的目标市场，关系到国际直接投资的成功与否，对其今后在海外的发展具有不可逆转的重大影响。

由于各国的政治、经济体制、风俗习惯、市场情况和法制实施情况以及经济发展水平等千差万别，从而使目标市场的选择变得复杂而艰难，而且目标市场一旦选定将影响全局，所以必须慎重对待。如美国施乐复印机选择中国为其投资的目标市场，结果到中国投资生产后，才发现中国的纸质太差，必须另外投资造纸厂，否则施乐复印机将无法正常工作。另一家外资软饮料厂开工后，进口的高速灌瓶机开始运转时才发现：中国的玻璃瓶瓶体不圆，因此在自动装瓶过程中经常破裂。这些问题都是这些跨国公司以前不曾碰到过的，事先也难以预计。因此，对目标市场的选择，除了要对潜在目标市场进行投资环境的分析比较外，还要根据投资目标、产业类型、经济发展水平和投资者自身的竞争优势等来加以考量。

六、目标市场的筛选过程和方法是什么？

提高决策质量，减少决策失误，同时降低决策费用，是国际投资决策要遵循的原则。寻求"最佳决策"和"最小决策费用"之间平衡的一个方法是系统筛选法，该方法的关键是先确定目标市场的主要取舍标准，由易到难、由粗到细，把不合适的目标市场尽早在分析过程中剔除，找出几个重点国家，然后对少数几个重点国家进行有深度的分析。这一筛选过程大致思路可用下图4-1表示。

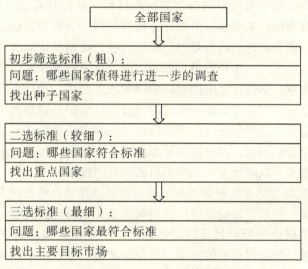

图4-1　目标市场筛选过程

系统筛选法的特点是由粗到细，逐步淘汰。初步筛选标准可用各国政府机关和有关机构收集、公布的现成数据来筛选，成本最低；二选和三选标准，就要采集许多第一手资料数据。这些资料数据往往要在很专门的资料部门甚至需实地调查才能得到，采集起来困难很多，费用也大，而且这些数据还要经过科学提炼和实际情况结合起来分析，才能筛选出来。但此时经过初步筛选，分析对象就少了许多。因此系统筛选法的优点是：不会无谓地浪费可贵的人力财力，也不会因为管理决策人员的"先入之见"而忽略了可能更有潜力的其他国家，或盲目地进入显然不适合投资的目标市场。

七、目标市场筛选的取舍标准有哪些？

目标市场选择合适与否的关键是取舍标准制订得恰当与否。由于国际投资环境的复杂性，什么是恰当的取舍标准并不总是很明确的。如进口关税最高的也许可能是最佳的出口市场，目标国的巨额外贸逆差往往是在该国建立出口基地的有利因素。因此，采用系统筛选法比较各个可能的目标市场，确定以什么决策变量作为取舍标准时，决策者首先必须要对实际情况进行深入的分析，然后在此基础上选择合适的筛选标准。选择目标市场的主要取舍标准有以下几种：

（1）以投资目标为标准。目标国的任一特定条件究竟是有利还是不利于企业跨国投资，取决于跨国投资的目标。如以高额贸易赤字来说，如果跨国投资的目标是以该国为生产基地，产品不是销在当地，而是销往母国或其他国家，则贸易赤字带来的财政困难、外汇储备不足，从而导致政府的行政干预，采取种种手段限制进口，就变成了跨国投资的有利条件。因为该国货币贬值，意味着在该国的生产成本下降，从而有利于选择其作为投资生产基地。另外，贸易赤字的存在意味着该国政府将以各种政策力度扶持出口行业以增加外汇收入，从而跨国投资生产的出口就会受到相应的有关税收方面的优待。因此决策者可根据自己的投资目标，选择具有潜在投资机会的国家，作为其投资的目标市场。如果是以占领和开拓海外市场为投资目标，则应把筛选的重点放在市场活力、消费偏好、购买习惯、价格弹性、渠道结构等方面的调查上，并进一步通过比较当地购买力、市场容量、市场密度、竞争情况等来选择市场所在国或邻近的国家为目标市场。如选择在中国设厂的欧美汽车公司，选择在泰国设厂的上海无线电厂，都是为了占领当地市场而进行的跨国投资。如果是以降低生产成本为对外投资的目标，那就应该选择产品制造的成本价格（如生产要素价格、劳动力价格等）在国际市场上有竞争力的国家，如中国的首都钢铁公司选择去秘鲁开采铁矿，就是为了获得廉价的生产要素，以降低生产成本为目的的跨国投资。

（2）以产业类型为标准。根据产业类型的需要选择具有潜在投资机会的国家，作为投资的目标市场。如果对外投资的产业是制造业，则应选择具有一定经济发展水平的国家为潜在投资机会的投资目标国，然后再进一步比较选择最佳的国家为目标市场。因为具有一定经济发展水平的国家，其劳工素质、管理水平和原材料半成品的取得和投入等要素市场和经营环境都有利于制造业在当地投资的竞争和高效率，从而在国际市场上也有竞争优势。如果以金融服务业为对外投资的产业，则应选择资本市场发达、金融开放自由的国家作为潜在的投资目标国。

（3）以经济发展水平为标准。以经济发展水平为标准来选择具有潜在投资机会的投资目标国，一般可从市场潜力、工业结构、就业水平等方面来考察。其中，市场研究是极其重要的一个方面。

（4）根据能源供应状况、交通运输条件、通信系统发达程度、自然资源和人力资源的可得性等方面来选择潜在投资机会东道国。进行上述考察的目的是为了确定最有利的具有潜在投资机会的投资目标国范围。

（5）以自身的竞争优势为标准。以自身的竞争优势来筛选具有潜在投资机会的投资目标国，投资者就需要具体分析自己的竞争优势，以选择出最有利于发挥自己竞争优势的国家来作为目标市场。这主要从投资的成本优势或收益优势或技术优势等方面来分析。在分析时，不仅仅要与潜在投资目标国的当地企业比较，还要与其他国家在投资目标国投资经营的企业进行比较。

八、进入目标市场的基本方式有哪些？

跨国公司在选定了目标市场后，就要考虑如何进入海外投资目标国，从而面临着目标市场进入方式的选择。

（一）进入目标市场的基本方式

国外有关文献在进入方式的定义上并不完全统一。有的认为进入方式是指使企业的产品、资本、技术、技能、管理诀窍和其他经营资源能够进入他国市场的系统筹划和安排，有的则是指对外直接投资的具体方式——创建新企业和收购或兼并原有企业。因此，我们可把前者称为广义的进入方式，把后者称为狭义的进入方式。本节介绍广义的进入方式的选择。

从经济学的角度看，企业只能用两种方式安排进入外国市场。其一，可以将本国或别国生产的产品出口到目标国家。其二，可以将技术、资本、技能、管理诀窍等资源转移到外国，在外国将资源直接卖给用户，或者与当地资源特别是劳动力结合，生产制成品在当地市场销售。最终产品为劳务的企业不能在本国生产劳务到外国出售，因而只能采用第二种方式进入外国市场。

从经营管理角度看，这两种进入方式可分解成几种独特的进入模式。

（二）出口进入模式

出口是跨国经营企业对国外市场的介入程度最小的一种进入方式，即将企业的产品销往外国市场。企业的最终产品或中间产品是先在目标国家境外制造完毕，然后再输入目标国家境内销售。因此，出口是指有形产品的国外销售。

出口可分为间接出口和直接出口。间接出口指跨国经营企业使用本国的中间商从事真正的出口活动；而直接出口则指跨国经营企业不使用本国的中间商，但可能使用目标国家的中间商进行产品出口。使用外国中间商又有两种情况：直接代理商或经销商出口，即依靠目标国家的中间商来销售出口商的产品；直接由分公司或子公司出口，即依靠企业在目标国家设立的销售机构销售出口产品。因此，直接分公司或子公司出口形式要求对设立在目标国家的营销机构进行股权投资。

（三）契约进入模式

这种模式也有文献称之为许可证交易。契约进入模式是跨国经营企业与目标国家的法律实体之间长期的非股权经济往来，即拥有版权、商标、专利、技术诀窍的企业向国外其他企业出售（转让）这些资产的使用权，获得提成费或其他补偿。许可证合同有时限定领取许可证的外国企业只在某一市场使用这些特有资产，以保证发放许可证的企业的竞争优势或其经营战略的安排。许可证的有效期一般在 3～10 年或更长。其费用可按总销售收入的一定比例（一般是 3%～8%）逐年提取，也有一次性支付的。另外，许可证费用还经常作为参与许可证购买企业股权的形式。

除上述许可证交易外，还有特许专营（亦称管理合同）的形式。特许专营虽然与许可证合同相似，但在动机、服务及期限方面有所区别。许可方不但授权被许可方使用其企业名称、商标及技术，而且在组织、营销及总的经营管理方面协助被许可方，以保证被许可企业的质量控制和特有知识的有效使用。

有的文献将交钥匙工程（Turn Key Project）和合作生产也列为契约进入模式。交钥匙工程又称为交钥匙合同，指由跨国企业承包一揽子综合项目，如承建生产设施、提供人员培训等，项目一旦完成便能正常运转而转交交易对方。合作生产又称契约制造，一般指跨国经营企业以技术、专利、管理或销售服务等协助国外企业进行生产，然后获得用这些服务所制造的产品或部分利润作为报酬。

（四）投资进入模式

投资进入模式指跨国经营企业通过对外直接投资在国外建立生产性子公司的国外市场进入方式，即跨国经营企业在目标国家的制造厂或其他形式的生产实体拥有所有权。就生产阶段而言，这些从属企业范围广泛，在一极，加工装配厂完全从母公司进口中间产品进行组装（这种方式可视为出口进入模式的延伸），在另一极，工厂完全由自己生产整件产品。就所有权与管理控制权而言（这是该种进入模式的特征之一），外国附属生产企业可以分为由母公司完全掌握所有权和控制权的独资企业和母公司与通常代表一家当地企业的当地合伙人（一家或多家）分享所有权和控制权的合资企业。依据母公司对国外子公司所拥有的股权份额的多少，子公司可以划分为 4 种类型：全股子公司（母公司拥有子公司 95% 以上的股权）；多数股合营企业（母公司拥有子公司 50%~94% 的股权）；相等股合营企业（母公司拥有子公司 50% 的股权，另外的 50% 股权为东道国企业所有）；少数股合营企业（母公司拥有子公司 49% 以下的股权）。国际化企业可以用设立新企业或收买当地企业的方式成立独资企业。

九、出口进入模式的利弊是什么？

（1）跨国公司通过独立的外国中间商出口产品是企业进入国际市场的最简单且风险最小的方式。在这种情况下，产品生产可以集中于某一地区，从而实现规模经济效益，而且需要投入的资本也相对较少。这样做具有最大的灵活性，即能以最小的代价来改变出口的地理方向或转换到其他的进入方式。因此，这种方式所承担的风险最小。新兴的跨国公司往往首先利用出口来试探外国市场的情况，为进一步的介入做准备。

跨国经营企业还可通过设立在目标市场的国外销售分公司或子公司出口。与通过外国中间商出口的形式相比，这有助于加强对产品的控制、加强产品的信息反馈，并在一定程度上弥补缺乏售后服务的缺陷。

（2）就以出口进入模式本身来说，它是跨国经营企业对外国市场进入程度最低的一种方式，因而其对跨国业务的开展的局限也最大。这一方式的主要缺陷是：①受到贸易和非贸易壁垒的阻碍。外国的立法机构和政府机构为了保护本国市场而对进口进行限制和干预，构成了跨国公司出口增长的很大障碍。②信息反馈不及时。这主要是指当地的代理商、中间商通常对数家外国企业的产品行销负责，而削弱了对单个出口企业产品的注意力，不利于扩大产品在目标市场的销路；同时，信息反馈不及时也影响产品在当地市场的适应性；产品的改良和完善得不到保证。③不能促进跨国企业全球战略目标的实现。如前所述，跨国公司对外直接投资的动机是多元化的，如获取自然资源、获得高新技术、利用当地较便宜的劳动力等，而这些目标不可能通过出口来达到。

总的来说，出口进入模式限制了跨国经营企业在目标国的活动，具有全球经营战略的跨国公司不可能止步于这一模式。

十、契约进入模式的利弊是什么？

一般来说，规模较小且又有独特经营优势的企业，比较倾向于契约式进入。因为这些企业缺乏国际经营人才和经营资源，尤其是资金缺乏，无法进行对外直接投资，转而采取契约式进入来发挥其技术优势或适用优势，进行其跨国经营业务的拓展。当然，契约式进入模式也具有其独特的优点，不少在目标国进行直接投资活动的大型跨国公司也常常利用这一模式。契约式进入模式的优点可以这样来看：

（1）能低成本低风险地进入目标市场。从跨国企业经营风险角度看，契约进入比直接投资进入的风险小。它可以避免大笔初始投资支出，而且由于各国对许可证交易一般没有什么严格限制，又易受到东道国政府的支持。因此，新兴的跨国公司在向外国市场扩张的过程中，常采用许可证交易作为从出口到对外直接投资的一种过渡性的进入方式。许多资金不足或缺乏国外投资经验的企业往往选择许可证交易来进入国外市场，以避免直接投资的风险。

（2）促进企业的出口。在许可证交易中，受证方常常获准直接采用发证方的商标或同时采用双方的商标，这样可以提高发证方在当地市场上的知名度，有助于发证方的各种产品向当地市场出口。有时，许可证交易还规定发证方提供必要的零部件和机器设备。

（3）在保护专利和商标的前提下充分发挥其效用。在许多国外市场中，防止专利和商标被盗用的最好方法，莫过于运用这种专利和商标。如果不能以直接投资方式运用时，也可以采用许可证交易方式来运用。这样不仅可以有效地保护专利和商标的所有权，还可以增加收益。

（4）克服东道国对进口和外国直接投资的限制。在20世纪80年代以前，有些国家如日本、印度等国不仅严格限制外国直接投资，同时也通过贸易和非贸易壁垒来限制外国产品进口，只对许可证交易不加以严格限制，这时许可证交易就成为进入该国市场的主要途径了。一般说来，各国对许可证交易都没有什么严格的限制。

（5）分摊研究与开发的成本。由于许可证交易具有投资少、收益快的特点，发证方企业可以利用这种方式来增加收益、分摊研究与开发的成本。这样也有利于为进一步研究与开发筹措资金，使企业保持技术优势。

（6）有利于在市场规模较小的限制下进行跨国经营。一方面，某些合作伙伴由于资金缺乏而希望用产品抵偿引进技术的费用；另一方面，有些东道国市场规模较小而不能达到建厂的规模经济，也可利用当地原有类似产品的生产企业进行契约式进入，用特有的技术、技能及经营管理服务进行合作，扩大跨国经营企业的活动范围。

但是，契约式进入模式由于其自身的特点也产生了在扩展跨国经营方面的一些缺陷：

（1）控制程度低。发证方在许可证交易的有效期间总是努力保持他们对这项交易的某种程度的控制，因此在合同中往往规定了发证方的某些监督权利。发证方向受证方提供必要的零部件和机器设备也给发证方带来一定程度的控制力。但总的来说，许可证交易的控制程度远远小于直接投资。而且，当受证方产品的质量不好时就会影响发证方产品和技术的信誉。例如，受证方为了在合同有效期限内获得最大的利润，常常重视产量而对产品的质量和售后服务不是很重视，结果影响了发证方的信誉。

（2）培养潜在的竞争对手。当受证方经过多年经营，已在当地市场建立起良好的信誉时，极易成为发证方的竞争对手。这时如果发证方想要在那里进行直接投资以谋求更大的收益，常常被迫与受证方竞争。因此许可证交易有可能构成发证方进一步扩展的障碍。因此，进行许可证交易的跨国公司尤其重视对新技术和新产品的更高层次的开发，力图保持其技术优势领先地位。

（3）许可证交易本身在使用上的限制。并不是所有进行跨国经营活动的企业都具有从事许可证交易的特有技术优势，也不是任何能带来跨国经营利益的场合都需要使用契约式进入，所以，契约式进入模式在运用中也会受到跨国经营的主动方和目标市场双方条件的限制。

另外，转让技术和商标等无形资产的作价收费问题，一直是转让方和被转让方的争论焦点，有时就成为其使用的障碍。而且不是任何可能带来海外投资利益的场合都需要使用这一方式。

十一、对外直接投资进入模式的利弊是什么？

直接投资进入模式与前两种模式相区别的最大特点是进行股权参与，因而也得到了对目标市场和进入活动本身的更大控制权从而在较大程度上弥补了前两种模式的缺陷和不足。比如，缩短了生产与销售在时间和空间上的距离，减少了货物运输成本，能及时获得市场信息反馈，能更好地提供售后服务，能保护商标、专利、专有技术等的秘密和被有限制地使用，能跨越目标国所设置的关税和非关税壁垒，能获得很多东道国国家政府的鼓励性优惠，等等。在前面分析国际直接投资动机时，我们已经较多地介绍了直接投资的优势和给跨国公司带来的诸多利益，这里就不再赘述。

但是，投资进入模式在增强控制程度的同时，也必然使跨国公司动用较多资本，并由于在目标国卷入的深度和广度较前两种方式更强而具有较大的风险及较少的灵活度。这也就是在进行国际直接投资决策时必须更谨慎的原因所在。

十二、如何进行进入方式的选择？

企业在进行跨国经营决策时，如果该企业具备三种方式都能满足的产品、技术及资本等各种条件，就面临一个在三种方式中进行选择的问题。

（一）从影响企业进入决策的内外部因素决策

跨国公司在进行国外市场进入方式的选择决策时，必须结合企业本身与进入国外市场有关的各内部因素和企业以外的各有关外部因素进行分析，外部因素又可以分为外国（投资目标国）的因素和本国的因素。下表4-1以直观的形式列举了各种外部因素和内部因素对进入方式选择的影响。表中（◎）表示该因素与该种方式有一定程度的适合关系。

表4-1　　　　　　　　　　　　　　内外部因素决策

决策因素 \ 进入方式	一般适合				
	间接出口和代理商/经销商出口	许可贸易	子/分公司出口	股权投资/生产	服务合同
外部因素（目标投资国）					
销售潜力小	◎	◎			
销售潜力大			◎	◎	
多数竞争	◎		◎		
寡头垄断竞争				◎	
营销基础条件差			◎		
营销基础条件好	◎				
生产成本低				◎	
生产成本高	◎		◎		
限制进口政策		◎		◎	◎
自由进口政策	◎		◎		
限制投资政策	◎	◎	◎		◎
自由投资政策				◎	
地理距离小	◎	◎			
地理距离大		◎		◎	◎
经济活跃				◎	
经济停滞	◎	◎			◎
外汇管制严	◎	◎			◎
外汇管制松				◎	
利率下降				◎	
利率上升	◎		◎		

表4-1(续)

决策因素＼进入方式	一般适合				
	间接出口和代理商/经销商出口	许可贸易	子/分公司出口	股权投资/生产	服务合同
文化差异小			◎	◎	
文化差异大	◎	◎			◎
政治风险小			◎	◎	
政治风险大	◎	◎			◎
外部因素（本国）					
市场大				◎	
市场小	◎		◎		
多数竞争	◎		◎		
寡头垄断竞争				◎	
生产成本低	◎		◎		
生产成本高		◎		◎	◎
出口促销力量强	◎		◎		
对海外投资的限制	◎	◎			◎
内部因素					
差异产品	◎		◎		
标准产品				◎	
服务密集产品			◎	◎	
服务产品		◎		◎	◎
技术密集产品		◎			
需做稍微更改的产品	◎				
需做大的更改的产品		◎	◎	◎	
资源有限	◎	◎			
资源丰富			◎	◎	
参与较少	◎	◎			◎
参与较多			◎	◎	

（二）从进入方式特征来决策

决策者还可以从各种进入方式的基本特征来分析考察，进而选择其中最好、最合适的目标市场进入方式。

进入方式的基本特征可以从控制程度、风险性和灵活性三方面来考察，控制程度或介入程度与风险呈同方向变化，而与灵活性呈反方向变化。若将它们与进入方式中的各种具体形式联系起来，可用下表4-2来表示。

表4-2　　　　　　　　　　　　进入方式的特征比较

项目内容	出口进入方式			契约进入方式			直接投资进入方式		
	间接出口	直接出口	海外分支机构	对外授权	授权专营	合同制造	当地装配	当地生产	
								合资	独资
介入程度和控制程度	最低 ────────────────────────── 最高								
风险性	最低 ────────────────────────── 最高								
灵活性	最低 ────────────────────────── 最高								

随着跨国公司投资能力的加强，一般说来大多数决策者都企盼能够选择控制能力更强的进入方式，尽管同时会丧失更多的灵活性和承担更大的风险。这是因为投资本身意味着风险，而风险又往往与利润呈同方向变化。

十三、选择目标市场进入方式的硬决策法包括哪些？

在目标市场进入方式选择中，借助于某些模型辅之以定量分析可使决策更为精确，这就是硬决策法。

（1）成本模型（略）。

（2）净现值（NPV）模型（略）。

十四、收购（兼并）方式及其优缺点是什么？

跨国经营企业采取收购（兼并）的方式进行投资进入，其具体的动机可能是下列一种或几种的混合：生产、经营产品的多样化、地区多元化、原材料供应的保证、资产多元化或者获取特定资产（如技术、管理、销售渠道、熟练劳动等）。

（一）收购（兼并）的种类

（1）按收购（兼并）中收购（兼并）者与被收购（兼并）者双方所处的行业关系来分，可分为三种。第一种是横向兼并，指兼并与被兼并企业处于同一行业，产品系列及市场相同或相近。第二种是纵向兼并，指被兼并企业的产品处在兼并公司的上游或下游，是前后工序或是生产和销售的关系，比如是供货商或产品的客户。第三种是混合兼并，指兼并与被兼并企业分别处于不同的产业部门、不同的市场，且这些产业部门之间没有特别的生产技术联系。

（2）按收购（兼并）双方是否互愿互利，可分为两种。第一种是善意收购，也称为协议收购或直接收购，指收购企业直接向目标企业提出拥有资产所有权的要求，双方通过一定的程序进行磋商，共同商定条件，根据双方商定的协议完成所有权转移的做法。除了收购企业根据自己的目标采取主动行为外，被收购企业也可能出于某些具体原因而主动提出转让所有权的请求，如本身经营不佳或遇到其他一些困难等。第二种是恶意收购，也称为敌意收购或间接收购，指收购企业并不向目标企业提出收购要约，而是通过在股票市场上购买目标公司已发行和流通的具有表决权的普通股，从而取得目标企业控制权的行为。恶意收购不是建立在双方共同意愿的基础上的，所以往往引起双方激烈对抗，从而使收购转变为竞价收购。

（3）如果从收购行为的结果来看，跨国收购又可分为部分收购和全部收购这两种类型：①部分收购，又称为参与股份，即收购企业只取得被收购企业的部分所有权。这种收购的结果一般不会对被收购企业产生重大的实质性影响。②全部收购，即收购方企业取得被收购企业的全部资产所有权。这种收购的结果是被收购企业不复存在，或成为收购方企业资产组成中的一个部分。

（4）按收购兼并所采取的基本方法，可分为两种：现金收购和股票收购。在实际收购中，跨国收购可以采取现金收购和股票替换这两种方法来完成收购企业的接管或兼并。

①现金收购，指所有不涉及发行新股票的收购（兼并），即使是收购方以发行某种形式票据所进行的购买也属于现金收购。在后一种现金收购中，被收购企业的股东在收购发生时获得收购方的某种形式的票据，但其中不含任何股东权益因素，属于某种形式的推迟了的现金支付。因而，这种票据安排也可以认为是被收购企业的股东向收购方提供了资金融通。现金收购的性质很单纯，购买方支付了议定金后，即取得收购企业的所有权，而被收购企业的股东一旦得到相应的现金即失去相应的所有权。

②股票收购，指收购方增加发行收购方企业的股票，以新发行的股票替换被收购企业的原有股票。通过这种途径完成的收购往往被称为企业兼并。股票收购的特点是被收购企业的股东并不会失去其所有权，而是转移到了收购企业，并随之成为收购企业的新股东。

由股票收购而形成的企业兼并不同于一般的企业合并。企业合并是指两个独立公司的股东同意通过股票替换组成一个扩大的公司实体，亦即通过发行一种全新的股票而组成一家新公司。由此可见，股票收购以收购企业扩大、被收购企业消失为结果，而企业合并则以双方企业同时消失其实体又共同拥有新的实体为结果。

（二）收购的基本方式

在跨国收购的行为中采取主动行动的一方称为收购公司，而被动的一方称为目标公司。前者希望采取适当的手段和程序部分或全部取得目标公司的所有权，收购公司目标的实现意味着收购行动的完成。一般而言，所有方式的企业收购都可概括为直接收购与间接收购。两者的基本区别在于收购公司与目标公司是否直接接触，在双方共同意愿和互利的基础上完成所有权的重新组合或转移。

（1）直接收购是指收购公司直接向目标公司提出拥有所有权的要求，双方通过一定的程序进行磋商，共同商定条件，根据双方商定的协议完成所有权转移的做法。如果收购公司提出的是部分的所有权要求，目标公司就可能允许收购公司取得增加发行的新股票。若收购公司提出的是全部所有权要求，那么，可由双方共司磋商，在共同利益的基础上确定所有权转让的条件和形式，双方签订协议，按照协议条款和规定解决所有权转移问题。直接收购也可以被称为协议收购（Negotiated Acquisition）或友好接管（Friendly Takeover）。在直接收购中，除了收购公司根据自己的目标，采取主动的行为外，被收购公司也可能出于某些具体原因而主动提出转让所有权的请求，如本身经营不佳或遇到其他一些困难。

（2）间接收购是指收购公司并不向目标公司直接提出收购的要求，而是通过在市场上收购目标公司已发行和流通的具有表决权的普通股票，从而取得目标公司控制权的行为。间接收购有两种基本做法：一种做法是收购公司利用目标公司普通股票市场价格下跌之机，大量购进该公司的普通股票，从而达到取得该公司控制权的目的；另一种做法是收购公司在证券市场上以高于目标公司当前股价水平的价格，大量收购该公司的普通股票，以达到获得目标公司控制权的目的。间接收购一般不是建立在共同意愿的基础之上的，因而极有可能引起公司之间的激烈对抗，从而使收购转变为竞价收购。这种意愿相悖的收购一般也被称为敌意收购。在这类收购中，收购公司并不只满足于部分所有权的取得，而是要在取得了超过目标公司董事会股权的前提下强行完成对整个目标公司的收购。敌意收购可能是收购公司最初采用的一种收购手段，也可能是收购公司向目标公司提出收购建议但被拒绝后采用的收购手段。无论出于何种原因，由于敌意收购本身的特点，其成功率通常较低。

所谓杠杆收购（Leveraged Buyout）是指一家或几家公司在银行贷款或在金融市场借贷的支持下进行的企业收购。其一般做法是由收购公司设立一家直接收购公司，再以该公司的名义向银行借贷，或以该公司的名义发行债券向公开市场借贷，以借贷的资本完成企业收购。由于这种收购只需较少的资本即可完成，故而被称为杠杆收购。杠杆收购于20世纪60年代出现在美国，以后得到了较快的发展，20世纪80年代则风靡美、欧等国。

收购完成之后，收购公司一般会把收购公司的资产分拆并变卖其中一部分，或利用其流动资金，以偿还因收购所借的贷款和所发行的债券，从而使收购后的公司达到新的平衡。

（三）跨国收购（兼并）方式的优点

与另一种对外直接投资方式——创建新的国外企业相比较，收购（兼并）方式的优点有：

（1）资产获得迅速，可以迅速、方便、灵活地进入国外市场。由于收购（兼并）方式是直接获取东道国原有企业的资产，可以大大缩短项目的建设周期和投资周期，从而使跨国公司得以迅速获取资产，开拓海外目标市场起步快，对目标市场的进入机动灵活。

采用收购（兼并）方式可以直接获取东道国原有企业的资产，大大缩短项目的建设周期或投资周期，特别是对制造业而言，收购（兼并）方式省掉了建厂时间，使跨国经营企业在目标市场迅速获得了现成的管理人员、技术人员和生产设备，迅速建立了国外的产销据点，在开拓海外目标市场方面起步快，能机动灵活地进入目标市场。如德国和英国的跨国公司在巴西进行的 14 例企业收购中，有 12 例是当年收购当年即重新投产的。而新建的生产项目一般都需要两年以上的建设周期才能正式生产。

（2）廉价获得资产。目标公司价值被低估往往发生于现实经济生活中，这就使跨国经营企业通过收购而廉价获得了资产。收购公司之所以能够通过收购（兼并）方式廉价获得资产，首先是由于收购公司往往比目标公司更清楚地了解目标公司的潜在价值；其次是由于目标公司在经营中陷入困境而使收购公司得以压低收购价格；最后是由于收购公司往往在东道国股市下跌时购入目标公司股票。

（3）利用适合当地市场的原有管理制度和管理人员，从而可以避免对当地情况缺乏了解而造成的种种麻烦。特别是当跨国公司发展迅速而发生管理人员缺乏时，或者收购方企业的母国投资环境与目标国投资环境有较大差异时，收购是跨国经营企业决策者优先考虑的。

（4）获得被收购企业的市场份额，减少竞争。收购方企业可以直接占有被收购企业原有的销售市场，利用被收购企业的销售渠道。

（5）获得企业发展所需的技术、专利和商标等无形资产。通过收购取得的被收购公司的先进技术和专利有助于迅速提高收购公司的技术水平，提高研究和开发能力；通过收购取得被收购企业的著名商标有助于迅速打开市场，扩大企业的销售量。

（6）获得被收购企业的资产和市场份额，提高竞争力。跨国收购兼并不仅可直接获得被收购企业的原有资产，包括其先进技术和商标等，而且还可以直接占有被收购企业原有的销售市场，利用被收购企业的销售渠道，从而有助于提高收购企业的国际竞争力。

（四）跨国收购兼并方式的缺陷和不足

（1）价值评估困难。目标公司的价值评估是跨国收购最关键而又最复杂的环节。由于各国的会计准则不同，目标市场信息收集困难，加上目标公司无形资产的估价难以正确，因而给目标公司价值的正确估价带来障碍。

（2）原有契约和传统关系的束缚。收购企业完成收购后，就会遇到来自于原有企业的客户、信贷者和职工等已有的契约上、传统关系上的束缚，以及原有的经营理念的束缚，构成其继续经营管理的障碍。

（3）在企业规模和地点上的制约。收购（兼并）方式往往会受到被收购企业的规模、地点等原有条件的限制，有时并不能完全符合跨国公司全球化战略布局的需要。

（4）失败率高。实际统计数据表明：跨国收购（兼并）方式的经营失败率，远远高于新创企业的经营失败率。这除了上述几个方面的原因外，主要是与收购与被收购企业之间经营管理体制的双向兼容力不足和观念转变不及时有关。

十五、创建方式及其优缺点是什么？

跨国经营企业以投资进入方式拓展国际业务，除采取收购的方式外，还经常采取在目标市场创建国外企业的方式。

（1）创建方式的基本形式。创建国外企业从形式上看，有独资企业和合资企业之分，还可以从企业性质的角度划分为国外分公司、国外子公司和国外避税地公司等形式。

（2）创建方式的优缺点。创建新企业的特征是跨国经营企业独立地或部分地直接进行项目的策划，建设并组织实施其经营管理运行。因此，创建方式的突出优点是决策者能在较大程度上把握其风险性，并能在较大程度上掌握项目策划各个方面的主动性；而其突出的缺点是需要大量筹建工作，因而投入大，建设周期长，速度慢，灵活性差，从整个投资风险上看要更大些。从一定意义上看，创建方式和收购方式是可以相互替代的，但又是相互对立的。所以，上述收购方式的缺陷就是创建方式的优点。同样，收购方式的优点也往往就是创建方式的缺点。

十六、如何在收购（兼并）方式与创建方式之间进行选择？

由于创建和收购（兼并）这两种方式各有其优缺点，因此，跨国公司等国际投资主体在投资进入决策时一般以项目目标和两种方式的特点进行比较，从而做出基本选择。例如，某跨国公司以进入速度快为项目目标，就会倾向于选择采取收购目标市场现有企业的方式进入。当法国密特朗政府提出要将国内部分大企业收归国有时，被列为政府第一批国有化目标的法国化学业跨国公司 Rnane—Paulene，为求将其经营重心移往国外，便迅速地在美国收购了美孚（Mobil）石油公司的农业化学部门。

由于上述收购和创建方式的各自优缺点会影响或决定跨国公司等国际投资主体在两种投资进入方式间的选择，而选择的结果又会影响到公司整体的经营决策和战略布局，所以，在决策时，不仅要考虑这两种方式本身的特点，还必须考虑各个国际投资主体的内在因素和外部环境因素。

（一）跨国公司等国际投资主体的内在因素对选择的影响

（1）技术等企业专有资源的状况。一般来说，拥有最新技术、知名商标等重要企业专有资源的跨国公司，从节省交易费用，防止垄断优势丧失的角度，更多地选择创建方式。另外，许可证交易可以加强跨国经营企业对目标市场的了解和掌握，往往成为其收购进入方式的先驱。

（2）跨国投资经营的经验积累。跨国投资经营的经验积累较少的企业，往往会选择风险和不确定性相对较小的收购（兼并）方式。

（3）经营战略与竞争战略。采取混合多元化经营战略的国际投资主体，为了使其经营地域多样化和产品多样化，往往采取收购（兼并）方式，以便迅速进入目标市场，占领市场份额。而且，也正是由于收购（兼并）有迅速进入目标市场的特点，使得在国际竞争中采取跟进战略的跨国公司，也多选择收购（兼并）方式。因为在寡头竞争的条件下，一个寡头垄断者用投资方式进入新的国际市场后，其他的寡头垄断者为取得战略平衡，会纷纷跟随进入这一市场，而收购则成为其最迅速的进入途径。

（4）企业的成长性。一般情况下，成长比较迅速而增长率较高的跨国公司比历史悠久而增长率较低的跨国公司更倾向于采取收购方式。其主要原因有二：第一，由于企业的经营经验和经营信息是随经营时间的推移而增加的，对于规模相当的跨国公司来说，增长快的企业在信息和经验上要弱于增长慢的企业，因而更多地采取收购方式进行跨国扩张；第二，收购现有企业可克服人力资源短缺的限制，有利于增长快的跨国公司迅速发展。

（二）外部环境因素对选择的影响

外部环境因素也是制约跨国投资主体选择投资进入方式的不可忽视方面，其主要因素有：

（1）投资目标国政府对收购（兼并）行为的管制。在投资目标国创建新企业，能为该国增加资产存量、增加生产力，为其经营发展带来新的增长点，也便于该国增加就业人数；而收购（兼并）投资目标国现有企业，只是实现资产产权的转移，并不增加该国的资产总量，因而不完全具备创建方式的作用。这样，投资目标国政府一般都比较欢迎外国企业以创建新企业的方式到本国进行投资。发达国家往往都对收购本国企业进行程度不一的限制，发展中国家则基本上倾向于在欢迎外资新建企业的同时，也兼顾外来收购所带来的资本和先进管理、技术的流入等利益。发达国家在对外资收购行为进行管制时，经常依据的是反托拉斯、反垄断方面的法规。

（2）投资目标国的经济发展水平和工业化程度。一般来说，国际投资主体在工业化程度高的国家或地区较多地采取收购方式进入目标市场，而在工业化程度较低的国家和地区则倾向于采取创建方式。这一方面是由于经济发达、工业化程度高的国家和地区的现有企业的管理体系、技术水平比较符合国际投资主体的发展要求，有利于收购后的迅速进入；另一方面也是由于工业化程度高的国家目标企业的选择余地较大，较多的潜在收购目标有利于收购方的国际投资主体的压价收购。

（3）目标市场和母国市场的增长率。在增长较快的目标市场上，收购现有企业的行为较创建新企业要多，因为收购进入的快捷有利于国际投资主体抢占市场；同样，母国市场的快速增长也使该国的管理人员和技术人员缺乏，该国的国际投资主体更倾向采取收购方式进入其他国家，以便节省较多的管理和技术人员。见下表4-3。

表4-3　　　　　　　　　　对外直接投资进入方式选择的影响因素

影响因素　＼　进入方式	收购（兼并）方式	创建方式
一、内在因素的影响		
1. 企业专有资源	较少	强而丰富
2. 跨国经营经验的积累	较少	较多

表4-3(续)

影响因素 \ 进入方式	收购（兼并）方式	创建方式
3. 经营与竞争战略	混合多元化和跟进等竞争战略	
4. 企业的成长性	成长快	成长慢
二、外部因素的影响		
1. 投资目标国对收购（兼并）的管制	管制较松	管制较严
2. 投资目标国的经济发展水平和工业化程度	经济发展水平和工业化程度高	
3. 目标市场和母国市场的增长性	增长快	增长慢

十七、请简要介绍国际直接投资项目可行性研究的基本程序和基本内容。

（一）基本程序

从可行性研究体现投资决策基本过程的角度来看，可行性研究本身可分为以下几个阶段：

1. 机会研究

机会研究是可行性研究的最初阶段性研究。其目的是分析和选择可能的投资方向。它通过对项目的背景、发展趋势等方面的研究，寻找有利的投资机会和论证项目的设想，迅速而经济地给出投资可能性的明显论据。

机会研究所要考虑的问题有：项目所在地区的社会经济特点；基础设施状况；原材料来源；产品未来的需求量；该产品进口替代的能力，出口的可能性；在发展水平、资源和经济背景方面相似的其他国家成功的先例；与其他工业的联系；产品多种经营的可能性；能否获得规模经济；一般的投资趋势；工业政策；成本和效益的粗略估计等。这种粗略的研究主要依靠经验数据和规划数据，也可参考类似项目的情况进行估算。机会研究的数据精确度一般只要达到±30％即可。

机会研究的研究步骤大概为：①国别研究，即对若干潜在的投资目标国的投资环境进行研究、比较并设法选定一个具体目标国家；②地区研究，即在选定的投资目标国进行若干潜在的目标地区的比较，设法选定一个具体的目标地区；③部门研究，即设法选定某一特定工业部门或行业的目标机会；④项目报告，即对特定的目标项目做进一步研究，收集其基本资料和数据，在归纳总结的基础上以简明的形式汇总为投资报告，提交决策者做初步判断。

2. 初步可行性研究

初步可行性研究是经决策者初步判断并提出进一步分析的要求后，对项目方案所做的初步的技术和经济的分析。有时根据决策者的愿望和要求也可省去这一步骤而直接进入下一个步骤。

87

初步可行性研究的主要目的是：①在初步分析的基础上判断项目投资机会是否确如机会研究的结论是有希望的，能否据此做出投资决定；②判断项目的投资是否有生命力，据此做出是否进一步进行详尽的可行性研究的决定；③对需要进行详尽的可行性研究的关键性问题提出进行专题研究的设想。

初步可行性研究作为机会研究和详尽的可行性研究的中间性阶段，其资料和数据的精确度一般要求达到±20%。

3. 可行性研究

可行性研究是对项目机会进行深入而详尽的技术、经济论证，确定方案的可行性，并选择出最佳方案。可行性研究的资料、数据及计算结果要求比以前的研究要高，其精确度一般要求达到±10%。而且，这一阶段还要求根据不同的营销策略、不同的生产规模、不同的工艺条件及技术设备等，设计可供选择的多种方案，并对这些不同方案进行技术、财务乃至国民经济评价，根据评价结果确定最优方案。

4. 编写可行性研究报告

此阶段需将研究的基本内容及结论和建议用规范化的形式诉诸文字，成为最终文件，以提交投资决策者作为最后决定的基本依据。

可行性研究报告的基本框架为：①项目概况；②市场和生产能力；③原材料供应及各项生产条件；④总投资估算及资金来源；⑤组织机构及项目地址、人员配置；⑥项目建设进度计划；⑦财务和经济评价；⑧结论和建议。

（二）基本内容

国际直接投资项目可行性研究的主要内容有以下方面：

1. 市场研究

市场研究主要包括市场的构成情况、当前的有效需求、商品的价格和企业可能进入该市场的程度。

首先要对项目存续期内的具体产品需求量做出估计。需求量的大小要受到不同因素的影响，如市场的构成、其他来源的相同产品或替代品的竞争、需求的收入弹性和价格弹性、销售渠道和消费增长水平等。同时，还要分析市场价格及其变动趋势，当地市场和国际市场的现行价格、未来价格的走势等。一般来说，对价格做出历史的研究有利于掌握价格发展的趋势。在对市场状况进行分析之后，还需要研究和拟订一个合适的市场战略，其主要内容有产品计价、推销措施和经销系统等。

2. 生产研究

生产方面的研究主要包括生产资源、厂址选择、生产技术等方面的内容。

生产资源研究主要分析原材料的需求和来源。必须确定基本生产原材料的来源及可得的经常性，如果原材料来源属当地供应，则应确定其位置和范围；如果需要进口，除了要确定来源之外还要考虑可能出现的进口限制以及可能存在的不确定性。生产资源研究还要考虑和分析基本投入的成本问题。在分析和落实上述各项因素的基础上制订出资源供应计划。

厂址的选择要从多方面考虑。简要地说，有市场的距离（原材料和成品）、运输条件、土地费用、基本设施和社会经济环境等。

生产技术方面的研究应该说明具体项目所需的技术，对可供选择的各种技术进行评价，并按照项目各组成部分的最佳组合来选择最合适的技术。同时，技术研究还必须考虑所需技术的性质和来源。技术的来源在很大程度上取决于所用技术的性质和复杂程度。技术选择应当联系项目的生产能力、生产资源的组合与供应成本来考虑，要分析现有技术的适用性和竞争能力。如果需要从其他企业获得技术，则应确定获得技术的方式和费用。

与技术选择相关联的是设备的选择。应当说明使用某种生产技术达到一定生产能力所必需的机械设备的最佳组合。项目的机械和设备清单应包括为生产、加工和控制所需的一切可移动和不可移动的机器设备，以及与机器形成一个整体装置而无另外用途的有关设施。

3. 财务和经济研究

这方面的研究主要是要说明总投资费用和生产总成本以及投资项目在财务和经济上的生存能力。

财务和经济研究首先要确定总的投资费用和项目筹资来源。除了在某些情况下资金的限制构成了考虑项目可能性和项目规模的重大限制因素外，一个项目只有在基本的技术经济特点确定之后，才能恰当地估计较详细的资金需要量。因此，在可行性研究中，只有在决定了生产能力和厂址坐落，并对开拓好的场地、建筑物和土建工程以及技术与设备等做出估计之后，才能恰当地确定整个项目的资本支出。资金来源和最佳筹资组合的确定也是财务和经济研究的重要内容。工业项目的一般筹资模式是以自有资本和长期贷款为初期资本投资，通过银行获得中、短期贷款来满足周转资金的需要。财务研究还要分析和评价项目的盈利水平。这类分析一般借助于基本财务分析手段和主要经济指标来进行。

可行性研究报告并不是投资决策的结果，而是做出投资决定的基本依据。而且，投资决策并不一定需要与可行性研究报告的结论或建议一致，可行性研究报告可以根据决策者的投资决定做出修改。

十八、国际间接投资决策的特点及决定因素各是什么？

（一）国际间接投资决策的特点

如果拿国际间接投资决策与国际直接投资决策相比，国际间接投资决策具有以下一些特点：

1. 国际间接投资决策具有可调整性

对国际直接投资决策而言，一旦决策进入实施阶段，一般不能再做大的调整和改变。而国际证券投资决策就不同，因为对于国际证券投资的投资者来说，他们持有的金融资产具有很大的灵活性，随时可以在发达的证券二级市场和三级市场上买卖，因此，投资者一旦发现自己在投资对象或投资时机上有决策错误，他有机会通过二、三级市场的买卖对决策做出调整和改变。此外，国际证券投资决策的可调整性还表现在，当一国出现政治和经济危机时，决策者也可迅速调整决策，退出投资。而国际直接投资决策则没有这样灵活调整的可能。

2. 国际间接投资决策的费用较低

国际间接投资决策与国际直接投资决策的费用相比，它的决策费用相对低廉。这是因为，首先国际证券投资决策所需的数据资料容易获得，这是因为一方面证券投资对象的财务报表等数据是公开的，另一方面国际证券市场的各种证券交易情况也是公开的。其次，国际证券一般在发行时都要经过国际公认的资信评级机构确认发行人的资信等级，经过发行人所在国政府的担保。所以，决策者不需要像国际直接投资决策那样，为了解和熟悉投资对象——目标市场，或为了采集各国的第一手数据而花费各种各样昂贵的费用，包括实地调查、专家咨询等。

3. 国际间接投资决策具有很强的时效性

国际证券市场是瞬息万变的，最有利的投资机会往往稍纵即逝。如果决策者的决策滞后于证券市场变化，即决策不够灵敏，那么就会失去争取最高投资收益的机会；而且，某一决策也许在某些时段上是最佳决策，但过了这一时段，也许就成了错误的决策。所以说，国际证券投资具有很强的时效性，投资者要达到争取最高收益的目的，决策必须保持敏捷的反应能力，抓住最有利的投资时机。

（二）国际证券投资决策的决定因素

国际证券投资的流量和流向受多种因素的影响，因此国际证券投资决策也受到多种因素的影响，除政治因素外，还取决于利率、汇率和风险性等。

1. 利率是决定国际证券投资决策的主要因素

利率是决定国际证券投资决策的主要因素。资本的流动决定于各国利率的差别，在正常情况下，资本必然从利率低的国家流向利率高的国家，最终导致各国利率水平逐步接近。在各种利率中，长期利率和实际利率对国际证券投资决策的影响最大。

2. 汇率的变动对国际证券投资决策的影响较大

在当代，各国货币汇率变动不居，汇率的变动会直接影响资本的流入与流出。如果一国的国际收支大量顺差，该国的经济实力就会相应增强，对外债权就会相对增加。由于外汇供过于求，汇率上升，外国为偿付该国的债务，必然会增加对该国的货币需求。反之，如果一国的国际收支长期持续逆差，该国的经济实力就会相对下降，对外债务相对增加，使外汇供应不足，汇率下降，为偿付对外债务，必然会增加对外汇的需求，这就促使外国资本流入。

汇率稳定与否也影响国际证券投资决策。如果某国的货币汇率较高而又长期稳定，投资者就会做出将汇率低、风险大的国家的资本移入该国的决策。

3. 风险性也是影响国际证券投资决策的一个重要因素

如果风险小的资产和风险大的资产都能提供同样的收益率，投资者当然会做出持有风险较小的资产的决策。20 世纪 80 年代以来，发达国家对发展中国家证券投资增长速度明显下降的一个重要原因，就是发展中国家债务负担过重，投资风险增大。

十九、影响国际证券投资场所选择的因素有哪些?

（1）市场开放度。市场开放度是首先影响国际投资者决策的因素，国际投资者总是选择开放度大的场所。由于经济环境和社会历史条件不同，因而各国对证券市场的开放度也因国情不同而不同。并非所有的国家的证券市场都允许外国投资者进入。目前世界各国的证券市场中，允许外国投资者进入的国家和地区有：美国、澳大利亚、比利时、加拿大、法国、德国、荷兰、中国香港、意大利、日本、新加坡、南非、瑞典、瑞士、中国、英国等，其余大部分国家的证券市场禁止外国投资者进入。

（2）市场管理体制。市场管理体制也就是对国际证券市场管理所建立的一整套组织机构、法律规章及其运转和执行机制的有机系统。这一系统因为其广泛的制约性和非随意性，从而对证券交易有着重大而深远的影响，最终影响了投资者对市场的选择。投资者往往选择管理约束机制强，管理有一定成效的证券市场。证券市场的管理体制从其运转机制来分，大致可分为四种类型：

①干预性管理体制。这种管理体制指的是立法比较周密、管理相对集中、注重完善管理、有专门的管理机构的体制，其各级管理机构制定了各种措施来保护投资者的利益。实行这种管理体制的主要以美国为代表。

②自律性管理体制。这种管理体制指的是立法较松弛，管理以自律为主，着重形式管理，且无专门的管理机构的体制。这种体制主要以英国为代表。在英国，证券市场的实际管理主要是由证券交易所来承担的，此外还有英国证券交易所协会、股权转让和合并专业小组及证券业理事会共同对证券市场进行协调管理。由于英国证券交易所历史悠久，经验丰富，且制定有较为严格的规章制度，所以在证券市场管理上也卓有成效。

③统管性管理体制。这种管理体制指的是由财政部统一管理金融市场的活动，主要以日本为代表。在日本，由大藏省证券局负责制定证券市场管理的系统政策，对市场参加者进行监督和指导，特别是负责有关证券法令的执行和监督，因此大藏大臣对证券市场的管理负有十分重要的责任。

④分散性管理体制。该体制既强调立法，又注意自我管理，分发行公司、证券发行、交易所和投资四个方面来管理。这种管理体制以德国和意大利为典型。

（3）市场规模大小。市场规模大小也是影响投资者选择国际证券市场的重要因素。投资者往往喜欢选择规模大的国际证券投资市场。这是因为若市场规模小则上市公司数目就稀少，成交量也不大，对投资者尤其是美国等发达国家的机构投资者（如共同基金、养老基金等）来说，不能提供真正的投资机会。相反，由于市场规模小，这些市场的投机性很高，对外国投资者来说，风险也就加大了。目前，除美国和英国外，绝大多数开放性国际证券市场发育还不够完善，规模非常有限。

（4）资本的流动性和货币的可兑换性。资本流动管制松、资本流动性好、货币可自由兑换的国际证券市场是国际投资者在进行国际投资时的首选地点。一些国家的政府为了增强本国证券市场对外国投资者的吸引力，纷纷放松了对资本流动的管制。如美国于 1974 年取消了 20 世纪 60 年代初实行的对资本外流的限制措施，如征收"利息平衡税"等；英国也于 1979 年取消了外汇管制，本国居民可自由地借入外国资本，或将本国资金贷给外国人；同年，日本政府取消了对非居民购买日元债券的限制性规定，并于 1980 年取消了外汇管制，随后又放松了对非居民的借款人进入国内发行市场和欧洲债券市场的限制；1981 年联邦德国也取消了对非居民购买国内债券和货币市场票据的限制，并于 1985 年取消了对非居民征收的利息预扣税，次年又取消并放宽了外国机构发行德国马克债券的规定；法国于 1984 年取消了对非居民征收的债券利息预扣税，次年取消了不得发行"欧洲法郎"债券的限制，1986 年废除了外汇管制措施。

（5）汇率风险。对投资者来说，之所以选择在外国证券市场买卖外国公司的证券，是因为可能会带来高于在本国证券市场投资的收益率，但这种收益率很可能会被汇率风险抵消。例如，某美国投资者购买日本证券市场的松下电器公司的股票，当其把赚取的日元股息同本金兑换成美元时，可能因美元升值而使其投资于日本股市的高收益率消失殆尽。虽然在外国的投资者可以利用货币市场套期和远期外汇市场套期来降低汇率风险，但是在有效的外汇市场条件下，根据利率平价说，两国货币的利率差应反映其同期的远期汇率贴水率（或升水率）。所以，套期的成本同样会降低投资者在外国证券市场买卖外国公司证券所得的高收益。因此投资者究竟选择本国的证券市场还是外国的某一证券市场投资，还要受到两个证券市场所在国货币汇率变动的影响。

（6）政治风险。与从事对外直接投资的跨国公司相比，买卖外国证券的投资者规避政治风险的能力比较薄弱。这不仅仅表现为证券投资者缺乏对政治风险评估和预测的能力，而且，表现为证券投资者就投资争端与外国政府讨价还价的力度。此外，有的资本输出国提供了对外投资保证保险制度，但也仅服务于对外直接投资。所以国际证券投资者就更要注意选择政治风险较小的国际证券市场。

（7）市场方便性。市场方便性是指投资者可迅速取得证券信息，买卖、流通、交易、清算都快而简便，它也是投资者选择国际证券市场的重要因素。拥有先进的证券交易监视系统，并配备有电子报价系统，实现证券报价系统自动化，能及时地将证券成交价格和成交数量进行整理后传递到证券交易大厅、各证券公司、新闻报道机构和信息服务公司的证券交易市场，是投资者的首选目标。对投资者而言，在新闻报纸、电视等传媒报道其证券行情越多的证券交易场所投资会越方便，也越能抓住有利的投资时机和对象。

二十、主要国际证券市场有哪些？

了解世界主要证券市场，国际投资主体可根据自己的偏好，选择最适合自己的投资场所。

（一）纽约证券市场

美国的纽约证券市场从 1790 年创建第一家美国证券交易所——费城证券交易所

算起，迄今已有 200 多年的历史。纽约证券交易所是目前世界上最大的证券交易所，拥有 600 多家证券公司经纪人，经营着 2 000 多家大企业公司，其中包括总部设在 22 个国家的外国公司。

纽约证券交易所于 1972 年由原来长期实行的会员制改为公司制。董事会由 21 人组成，除董事长专任外，10 名董事代表证券商，10 名董事代表公众利益，以维护一般投资者的权益。交易所的活动受美国政府机构、证券交易委员会的监督。在纽约证券交易所中，只有取得会员资格、拥有席位才能进入大厅参加交易活动。现共有 1 416 个席位，其中外国会员 50 个。根据其章程规定，新申请入会者只能等候顶替老会员退出的席位。

为了确保证券市场的信誉，纽约证券交易所对股票上市公司的净资产额、利润额、股东人数、股票月平均交易额等都有严格的规定和记载，并拥有先进的证券交易监视系统，以防止任何操纵和作弊行为。如股票上市的公司最近一年的纳税前所得不少于 250 万美元；公众持股不少于 100 万股，其中至少要有 2 000 多投资者每人拥有 100 股以上的股票；公司普通股的市值不少于 800 万美元；有形资产净额不少于 16 000 万美元等。对采取美国公司形式或非美国公司形式在美国上市的外国公司股票，还有不同的规定。美国对上市公司的监管，主要是依靠信息，因此还要求股票上市的公司必须财务公开，提供及时、充分而准确的信息。如按月公布营业额，按季公布损益表等。对外国上市公司还要求这些信息是美国公司可以了解和接受的，并且是可以同美国上市公司信息进行比较的。

早在 1983 年纽约证券交易所就采用了先进的电子设备，设立了 14 个崭新而宽敞的交易站（柜台），并在每个交易站的上方安装了电视屏幕，显示该站交易的股票名称和不断变动的价格，并在每种股票价格的后面标明了正负符号，说明比前一次成交价格是上涨还是下跌。另外，全美有 700 家报纸刊载其股票行情，世界上有 55 个国家的电视屏幕报道其证券行市，它为美国和世界各地投资者提供了便利。纽约证券交易所在证券交易中有一部分由买卖双方直接成交，有时亦可按买卖中间价成交，对大小投资者一视同仁。

（二）伦敦证券市场

伦敦证券交易所成立于 1773 年，迄今已有 220 多年的历史。交易所实行股份制，股东即为交易所成员，现约有股东 4 600 人。交易所的最高领导机构是理事会，由股东选举产生，每年改选其中的 1/3，其中 1 名系英格兰银行的代表，作为英国政府的代理人，为当然委员，但没有投票权。

伦敦证券交易所成员可分为两大类：①经纪商（Broker）。它只代顾客或所属公司进行证券买卖，收取佣金。经纪商不能直接对公众进行交易，只能代公众与证券商交易。②自营商（Jobber）。它持有相当数量的多种股票，既买进，又卖出，以赚取差价收益。但它只能以交易主体的身份同场内经纪人交易。

伦敦证券交易所曾经有许多过于严格的限制，如佣金不能低于统一标准，业务不能兼营，对会员的资格审查过于苛刻等，致使其缺乏吸引力，在国际竞争中处于不利地位。在 20 世纪 80 年代中期，伦敦证券交易所进行了一次"大爆炸"式的改革，改革的主要内容有四个方面：第一，市场全面开放，包括向外国证券公司开放，允许和吸收非会员作为该交易所的理事。废除证券交易最低手续费率制度，实行证券买卖手续费自由化。第二，放宽对会员资格标准的要求，降低对会员资本金比率的规定。第三，实行证券自营商和证券经纪商双重资格和交易范围的规定，使两者之间的证券业务可以交叉。第四，配备电子报价系统，实现证券报价系统自动化。通过这次改革，大大增强了伦敦证券交易所的国际吸引力和竞争力，提高了该所在国际证券市场的地位和作用。

（三）东京证券市场

东京证券市场可追溯自明治七年即公元 1875 年，依照英国证券制度，制定证券交易条例，并正式建立了证券交易机构。1941 年合并了 9 家证券交易所，成为官商合办的证券交易所。1946 年在美军占领下一度解散。1949 年美国以"三原则"（市场集中交易原则，时间、价格优先原则和现货交易原则）为条件，同意东京证券交易所重新开业。

东京证券交易所现在实行会员制，会员主要有三种：①正式会员。他们在交易所既可以接受客户委托进行证券买卖，也可以用自己的资本进行证券买卖。现有正式会员 114 名，其中外国正式会员 22 名。②经纪会员，又称媒介会员，其业务是专门在正会员之间的证券成交中起媒介作用，现有 12 名经纪会员。③特别会员。他们专门从事接受非会员证券公司委托的业务，在交易所进行证券买卖，现有 144 名特别会员。

会员大会和理事会是东京证券交易所的决策机构，只有正会员有充分的表决权，经纪会员只在某些事项中有表决权。交易所实行自主管理的自律原则，遵守国家规定的证券交易法、商法、国债法等法律，由日本大藏省监督。

在东京证券交易所上市的股票，也有较严格的条件，条件的具体内容与纽约证券交易所上市的股票条件相似。同时还规定了停止上市标准，如资本降到一定的要求之下、成交量未达到规定的要求、连续数年未分配股息等。

东京证券交易所为了迅速传递市场行市信息，便于买卖交易，自 1974 年起启用电子报价系统，及时将证券成交价及成交量，进行整理后传递到证券交易大厅、各证券公司和新闻媒介机构及信息服务公司。

为适应国际经贸的发展，日本很重视日本证券市场的国际化。自 1987 年起，已有 100 多家外国公司参加东京证券交易所的交易活动。在国际证券市场格局中，纽约、伦敦和东京已形成鼎足三分之势，各国一些大企业公司和国际企业集团纷纷争取将它们的股票在纽约、伦敦、东京上市，这样就能参与连续的证券交易活动，并在全球范围内扩大其影响，从而也为国际证券投资者提供了更多的投资对象。

（四）欧洲债券市场

欧洲债券市场是目前世界上最大的国际债券市场。欧洲债券市场完全不同于传统的国际债券市场。这是因为，欧洲债券的发行是由国际承购团组织发行并在国际范围内销售的，因此它既不依靠任何国家国内资本市场作为它的资金来源，自然也不受任何国家金融和证券管理法令的管辖，更无须任何国家批准注册。此外欧洲债券面值的货币可以由集资者和投资者在市场运行的各种可兑换货币中自由选择。

欧洲债券市场不断地推出新的债券形式以适应形势发展，满足集资者和投资者的需要，加上欧洲债券面值货币多样化，可以自由选择，资金来源广泛，在发行手续上又有较大的灵活性和自主性，买卖流通和清算均比较便利，因而使它能持续不断地蓬勃发展，发展成为市场容量大、流动性强、安全系数高、受国际货币市场和国际金融动荡影响较小的债券市场。它不论对国际集资者还是对投资者都具有较大的吸引力。

二十一、证券投资分析的基本内容和方法有哪些？

能为投资者做出正确投资决策提供有价值的科学依据的是证券投资分析。证券投资分析包括基本分析和技术分析。技术分析就是抛开证券内在价值，只根据证券行情和供求关系，分析、判断证券价格变化趋势，从而决定证券投资时机的分析方法。技术分析偏重证券价格分析，并认为证券价格是由供求关系决定的。不过，技术分析并不研究影响证券供求关系的各种因素，它只是就供求情况来分析证券价格，因而纯粹是证券行情分析。技术分析是以预测市场价格变动趋势为目的，通过一些技术指标量值及图表对市场行为进行的研究。对市场行为的研究主要通过以下一些指标来进行：价格、交易量、买卖意愿和时间等。基本分析是指对投资对象的外部环境和内部环境所做的宏观分析和微观分析。宏观分析主要包括一国的经济发展状况、政府政策、通货膨胀等状况的分析；微观分析主要是指对公司生产经营状况和财务状况的分析。

技术分析与基本分析的目的是相同的：预测价格移动的方向。但这两种分析方法所采用的方法、研究的方向是大不相同的。技术分析专门研究市场行为，而基本分析则集中研究供给与需求的经济力量中，能够造成价格往上、往下移动或停留在原处的相关因素。基本分析一般通过分析研究足以影响一只股票价格的一切相关因素，从而预测该股的价格走向。可以说，技术分析研究市场价格移动的结果，而基本分析研究市场价格移动的原因。

技术分析重视量与数，以统计学作为基础来进行实际操作，比较客观。而基本分析重视消息、新闻，主要从主观上对掌握的各种材料加以判断。基本分析一般会从政治、经济、金融、公司经营状况和企业管理等各种方向去收集资料，再加以综合研判，不但分析整个经济形势、景气变动、产业结构变化，更进一步研究个别企业的业绩、获利能力、管理能力、工作效率、财务结构变化、股息红利分配政策等，从而预测股票的价格。

总之，基本分析主要告诉你投资的方向，而技术分析主要告诉你买卖的时机。

二十二、宏观经济分析包括哪些内容？

国际投资主体在进行证券投资对象的选择时，必须对投资对象所处的政治、经济环境以及它的发行公司的财务状况进行分析，做到有的放矢，才能不至于决策失误。

为避免重复，这里只介绍宏观经济分析。

选择证券投资对象的宏观经济分析，主要包括对宏观经济形势、政府的宏观财政政策、货币政策、税收政策和通货膨胀率水平、行业状况等方面的分析。

（一）经济形势分析

波动性的经济周期是一国经济运行的规律，而对经济波动反应最为灵敏的是证券市场，证券市场是经济波动的"晴雨表"。因此了解各投资对象国经济运行状况，深入分析其经济运行趋势，对选择正确的投资对象、减少投资风险是极为重要的。

一般来说，一国的经济运行状况可以分为以下三种：

（1）持续、稳定、高速的 GNP 增长时期。当一国出现社会总需求与总供给协调增长，经济结构逐步趋于平衡，经济增长来源于需求刺激，并使得闲置的或利用率不高的资源得以更充分地利用时，则这个国家正处在持续、稳定、高速的 GNP 增长时期。伴随着经济的全面增长，首先，该国上市公司的利润会持续上升，股息和红利就会不断增长；其次，该国的人民对经济的良好预期会使其投资的积极性大为高涨；最后，该国居民的收入也会随着 GNP 的增长而不断增加，从而对债券的需求就会扩大。这三方面共同作用，必然会推动证券价格上扬。证券投资者若选择这些国家的证券来投资，就会带来获利机会大而风险小的投资效应。

（2）高通货膨胀下的 GNP 增长时期。当一国的总需求大大超过总供给，出现高的通货膨胀率时，该国的经济正处于严重失衡的高速增长时期。此时该国政府若不采取宏观调控措施，则必然会导致滞胀。处于这一时期的国家，其经济中的矛盾会突出地表现出来，致使该国的企业经营将面临困境，该国居民的实际收入水平也将下降，这些都会导致该国发行的证券价格下跌。投资者若选择了该国的证券投资，就应密切注意和进一步分析该国的经济发展趋势，视情况而考虑改变投资对象，重新决策，否则就会面临较大的风险。

（3）宏观调控下的 GNP 减速增长时期。如果一国处于 GNP 失衡的高速增长时期，该国政府就可能会采用宏观调控措施，以维护经济的稳定增长，这样必然会减缓 GNP 增长速度。如果调控目标顺利实现，而 GNP 仍以适当的速度增长，未导致 GNP 的负增长或低增长，说明该国的宏观调控措施十分有效，经济矛盾会逐步改善，为经济的进一步增长创造了条件。这时该国的证券价格也将反映这种好的形势而呈平稳渐升的态势，此时投资者若选择该国的证券作为投资对象，投资收益会增加而风险不大；若投资者早先已改变投资对象，这时仍可考虑重新选择该国的证券投资。

（二）政府宏观经济政策分析

一国政府采取何种宏观政策对投资者是否选择该国的证券来投资，将会产生极大的影响和作用。

（1）财政政策。一般在一国处于经济萧条时期，政府会采取扩张财政政策，即增加政府总支出（政府购买、公共开支），购买物品和劳务，减少征税，或者两者结合。这样就会激励厂家增加投入，提高产出水平。于是该国企业的利润增加，股价上升。同时该国居民在经济复苏中增加了个人收入，持有的货币增加，景气的经济趋势更增强了居民的投资信心，该国的股市就会趋于活跃，股价自然也会上扬，投资者就应选择该国的证券投资。相反，若一国政府为了控制通货膨胀，避免经济过热，则会采取紧缩性的财政政策，相应的股价便会下跌，投资者就应做出改变投资对象的决策。

（2）货币政策。货币政策对证券的影响和作用是通过货币供应而产生的。通常一国的货币供应量与股价是呈正比的。一方面，当中央银行采取紧缩性的货币政策时，市场利率就会上升，货币供应量将减少，该国的公司就会面临资金困难、运营成本增大的局面，从而使股息减少，居民收入随之下降，对证券的需求也下降，最终导致股价下降。因此，投资者预期一国将采取紧缩性的货币政策时，就应放弃对该国的证券投资。另一方面，当中央银行采取扩张性的货币政策时，银行利率就会下降，部分资金就会流入证券市场，于是证券的价格因需求的扩大而上涨。而同时，利率的下降也会提高证券的评估价值，从而促使证券的价格上升。还有，若从企业角度看，由于可为生产发展提供充足的资金，企业的利润也会增加，促使股票价格上升。因此投资者应选择采取扩张性货币政策的国家的证券来投资。

（3）税收政策。税收可以从两方面促使某国的证券价格呈下跌的趋势。一方面，税收增加会使人们的收入减少，从而减少人们的消费支出，降低了总需求，股票的需求也就下降；另一方面，从企业的角度看，税收增加直接减少了企业的税后利润，抑制了投资的增加，并降低了产品价格，从而进一步降低了企业的利润总量。这样，企业利润下降，股价势必下跌。

上述两种方法均属严厉的政策，因两者均有较强的负面效应，因此除非面临严峻的经济形势，否则一国政府一般不会采用。但如果一国政府推行扩张的财政政策的同时，增加税收，给宏观经济造成的扩张效应大于增加税收造成的紧缩效应，则增税对该国的证券市场不会造成太大的负面影响，证券价格仍旧会上升。因此，投资者应深入分析和预测投资对象所在国的情况，慎重选择投资对象。

因此，税收政策对证券价格的效应可表现为：

增税且减少政策支出——→紧缩经济——→股价下跌；

减税且增加政府支出——→扩张经济——→股价上涨。

减税的作用相反。

（4）利率政策。利率是政府的直接宏观调控政策之一。利率政策的实施直接影响证券价格，表现为：第一，利率上升，公司借款成本增加，利润率下降，股价自然下降。对那些主要依靠银行贷款从事生产经营的企业，这种影响更大。第二，利率上升，吸引部分资金从股市转向银行，需求下降，股价下跌。第三，利率上升，企业要求的收益率上升，从而导致股票评估价值下降。利率下降带来相反的影响。

利率的升降，也使债券价格发生变化，这是因为债券的债息是参照发行时的利率水平制定的，在持有期，利率水平的变化必然导致债券所要求的收益率与利率水平相适应，而债息是不变的，因此，只有改变债券的价格才能使收益率变化。所以，当利率上升时，要使债券收益率上升，债券价格必然下跌；反之，则上升。

（5）产业政策。一国政府为了鼓励或抑制某些产业的发展，往往会采取鼓励或限制的行政措施、财政政策和货币政策，从而导致该国某个行业的证券价格变动。

（三）通货膨胀因素分析

通货膨胀对证券市场的影响是很大的，而且并无永恒的规律。不同行业、不同企业的股票、债券在同一通货膨胀状态下，也许会产生完全相反的两种结果。因此在选择证券投资对象时，必须对各国的不同原因、不同程度等的通货膨胀进行详细的分析。

（1）通货膨胀对股价的影响。这可以分四种情况进行分析：第一，温和的、稳定的通货膨胀的影响。若一国的通货膨胀处于温和的、稳定的状态，则它对股价的影响较小。因为通货膨胀若在一定的可容忍的范围内增长，而此时该国的经济正处于扩张阶段，产量和就业都持续增长，那么股价也将持续上升。第二，严重的通货膨胀的影响。若一国的通货膨胀处于严重的状态，它对股价的影响有两个方面：首先资金流出金融市场，引起股价下跌；其次经济扭曲和失业，企业既筹集不到必需的生产资金，又因原材料、劳动力价格等成本飞涨而使经营严重受挫，盈利水平下降，甚至倒闭，股价大幅度下跌。若通货膨胀长期恶性上涨，必然使该国的政治、经济环境恶化，股价也一定会受大环境驱使而下跌，短期效应的表现便不复存在。第三，通货膨胀时政府政策的影响。政府往往不会长期容忍通货膨胀的存在，因而必然会动用某些宏观工具来抑制通货膨胀，这些政策就会对经济运行造成影响，这种影响将改变资金流向和企业的利润，从而影响股价。第四，通货膨胀对股价有两方面的影响。某国在通货膨胀时期，并不是该国所有的价格和工资都按同一比率变动，也就是相对价格在发生变动。这种相对价格的变化引致财富和收入的再分配，产量和就业扭曲，从而该国的一些公司可能从中获利，但另一些公司可能受损，与之相应的获利公司的股票会上涨，而受损公司的股票价格则会下跌。

（2）通货膨胀对债券的影响。这可以分三种情况进行分析：第一，通货膨胀提高了对债券的必要收益率的要求，从而引起债券价格下跌。此外，通货膨胀加大了债券投资的风险，也必然导致债券价格下降。第二，在通货膨胀下，人们企图通过投资于债券实现资金的保值，从而使该国的债券需求增加，价格上涨。第三，恶性通货膨胀将使该国的企业经营困难甚至倒闭。同时，该国的投资者将资金转移到实物资产上以寻求保值，对该国的债券需求减少，债券价格下降。

国际投资学学习指导

第五章　跨国公司的国际投资

复习思考题

一、如何更好地界定跨国公司？简要介绍五类对跨国公司的代表性界定。

跨国公司的经营活动是当代世界经济的一个重要组成部分，但是到目前为止，对跨国公司的界定仍然是一件困难的事情。顾名思义，跨国公司是指跨国生产和经营的公司，但问题在于，从事跨国生产和经营、进行国际直接投资的公司是否都可以依此定义为跨国公司。对此，专家学者们一直争论不休，问题的焦点在于到底应该用什么样的标准去定义跨国公司。

一些专家学者试图按五个不同的标准去分析、定义跨国公司：①公司经营活动的范围是否超越了国界；②公司的所有权是否国际化，即为一个以上国籍的人士所掌握；③公司的高级管理层是否由不同国籍的人员组成；④公司国外生产经营与总生产经营的比率；⑤公司组织方式及最高决策层的思想决策行为是否全球化。关于第一个标准，跨国经营是跨国公司成立的必要条件，因此每一个公司要想发展成为跨国公司就必须进行跨国经营活动。关于第二个标准即公司所有权的国际化问题，随着国际直接投资形式从创建独资企业到举办合资经营企业，公司所有权也就自然而然地国际化了。关于第三个标准即公司的高级管理层是否国际化的问题，在实践中，这个问题也易解决。因为跨国经营活动的公司在不同国家进行营销、制造和研究开发等活动，必须聘请不同国籍的经理人进行管理。一般而言，在 20 世纪 90 年代，大部分从事跨国经营活动的公司都能满足以上三个标准的要求。关于第四个标准即公司国外生产经营与总生产经营的比率，用这个标准去定义跨国公司相当困难。关于第五个标准即公司的组织方式及最高决策层的思想、决策行为是否全球化，主张采用这个标准定义跨国公司的学者认为，一个真正的跨国公司，其组织方式必须以全球利益为基础，虽然其总部可以设置于某一地点，但其组织、业务、活动范围等都应该是全球化的。它的最高主管不能只关注某一个地区或某一个国家，而应该关注所有的国家或地区，它的最高主管的行为应像一名国际企业家，而不是某一国家的企业家。它应平等对待世界各地的最佳机会，而不偏爱其母国的机会。这个标准非常完美，然而目前实行起来却有很大的困难，因为世界上大部分跨国公司都是由国内公司发展起来的，若以这个标准去衡量，世界上很少会有符合这个定义的跨国公司。一些学者认为，可以将符合上述的第一至第三标准（即公司经营活动、公司的所有权、公司的管理均实现了国际化）

的公司定义为跨国公司。

这里介绍五类对跨国公司的代表性界定：

（一）根据地理范围界定

根据地理范围界定就是从跨国公司经营活动的地理跨度特别是国别跨度的角度对跨国公司的具体内涵予以界定。这是一种最简单的语义学上的界定方式，即跨国公司就是跨越国界，在国外生产和经营的企业组织。弗农教授在 1968 年对跨国公司做了更为具体的说明。以他为主的哈佛商学院的研究小组认为，跨国公司是能够控制设在两个以上的国家的众多子公司且具有一定的经营规模和相同的经营战略的企业，在国外的销售占企业销售总额的百分比至少在 20%。1971 年，阿哈罗尼（Yair Aharoni）在美国《经济与商业评论季刊》发表了《论跨国公司的定义》一文，认为应从综合的角度来定义跨国公司，即跨国公司是在一个以上的国家拥有或控制可创造收入资产的企业，公司的组织机构具有跨国性，经营具有国际性，拥有一定数量的外国子公司，在国外的销售占企业销售额一定的百分比等。凯弗斯在 1982 年出版的《跨国企业和经济分析》一书中认为，跨国企业是指在至少两个以上国家控制和管理生产的企业。欧洲经济共同体曾认为，跨国公司至少应在两个或两个以上的国家拥有生产设施。联合国秘书处起草的研究报告也认为，广义的跨国公司"适用于凡是在两个或更多的国家里控制有工厂、矿山、销售机构和其他资产的企业"。

从跨国公司经营活动所处地理范围来界定跨国公司的概念，并未涉及跨国公司经营管理的具体内涵和本质特征。因此，这只能是一种较浅层次的流于表象的界定方式。如果要全面地、系统地、科学地透析跨国公司这一概念，我们就必须从其他角度、更深的层次进一步去把握。

（二）根据所有权标准界定

根据所有权标准界定就是以所有权的法律基础来限定跨国公司的属性，即以跨国公司的股份拥有、管理控制所依据的法律基础作为划分企业是否为跨国公司的标准。这实际上包含了两方面的含义。

其一是指跨国公司通过直接投资形成的对国外分支机构拥有实际控制权的股权比重大小。目前国际上对这一股权比重的最低限额并没有统一标准。美国经济学家罗尔夫在《多国公司展望》中指出："一个国际公司可以表述为：有 25% 或者更多的国外份额的一个公司。国外份额是指国外销售、投资、生产或雇佣人数的比例。"国际货币基金组织出版的《国际收支手册》认为，在所投资企业中拥有 25% 或更多的投票股，可以作为控制所有权的合理标准。美国商务部则将此标准定为 10% 以上。加拿大和日本把持有 50% 或更多的投票股份视为"存在控制"。其他如英、法、德、意等工业国家的法律对此也有类似规定。一般的国际惯例以 10% 为标准。

其二是指跨国公司自身股票所有权的多国性，即认为跨国公司的所有权必须被一个以上国籍的法人或自然人掌握。持这种观点的学者实际上是将"无国籍性"或"国籍模糊性"作为界定跨国公司的一个标准。但也有一些学者不赞成这种观点。他们认为跨国公司股权的确有某些分散和日趋相互渗透的现象，但股票持有分散只是跨国企业母公司股票在外国交易所挂牌出售的结果。总体来说，出售到国外或者外国持有的股票仅占很小的百分比，而且由两国以上人员分享所有权和控制的跨国公司，如英荷壳牌石油公司、尤尼莱佛公司，为数并不多。据此，他们认为将"无国籍性"作为跨国公司的一个显著特征是过于偏颇的。

实际上到目前为止，大型跨国公司主要还是为少数发达国家所拥有，管理控制权也操纵在以这些国家为基地的跨国公司总部手中，多次的购并浪潮也没能使跨国公司达到多国籍甚至无国籍的程度。因此跨国公司所有权的"国际化"并不是针对其自身而言的，而主要是指跨国公司对其国外分支机构所有权控制的有效渗透与拓展。

（三）根据经营管理特征界定

根据经营管理特征界定就是从企业具体的经营理念和经营行为来判定划分跨国公司的标准。首先，企业经营管理的最高决策层必须具备全球性的经营理性，最高主管不能只关注某一国家或地区中该企业的活动，而应关注所有的国家或地区，即作为"国际企业家"来平等对待世界各地为该企业提供的最佳机会，完全以世界性的经营态度来规划企业的生产经营活动。其次，企业的经营管理层必须按一体化和全球战略的要求来统一规划企业的各项经营活动，实现以高级的公司内劳动分工为特征的职能一体化和区域一体化。应该说只有满足上述两个要求的全球型企业才是真正的跨国公司。基于这一点，我们只有把握了跨国公司经营管理上的"全球性"这一特征，才能真正领会跨国公司的具体内涵，我们对跨国公司的概念界定也只有在这一层次上才是最有意义的。

（四）根据经营活动涉及的行业界定

有的经济学家认为，跨国公司的经营活动应涉及各产业部门，单纯从事国际贸易而在国外无资产的公司不属于跨国公司。日本经济学家小岛清认为跨国公司的"经营不限于出口、销售或海外部件装配，它还要延伸到制造业、矿业和农业等部门的具有充分规模的生产活动中"；加拿大政府在《加拿大的外国直接投资》中主张："多国企业的定义是：由一个单独的企业进行的国外直接投资的具体体现，它横跨几种不同行业（至少为 4~5 种），并将其全球性活动分配到不同的国家，以实现公司的全面目标。"

（五）根据诸因素综合分析界定

上述四种界定方式分别从不同的角度、不同的层次去把握跨国公司的具体含义，判定划分跨国公司的标准，如果我们只取其中之一二，是有悖于全面、系统、科学的原则的，但这其中的任何一种界定方式毕竟也给我们提供了从不同视角全面、系统地审视跨国公司的机会。有人据此认为，真正意义上的跨国公司至少应具有以下三方面的特征：①生产经营活动跨越国界；②在多个国家拥有从事生产经营活动的子公司，并对子公司能有效控制；③具有全球性的经营动机和战略，并将其所有经营活动都置于该战略的指导之下。

以上五种界定方式，无论是从不同的侧面着眼，还是结合诸因素综合分析，都只是对跨国公司现有的状况、性质、特征的不同理解，这些概念所涵盖的广度和所透析的深度都是极为有限的。因为跨国公司毕竟是一个不断演进的动态范畴，我们只有在深刻领会了跨国公司产生、发展的过程和以发展的眼光洞悉了跨国公司未来发展趋势的基础上才能真正对跨国公司的概念予以更深层次的理解。如果结合国际直接投资的定义，联合国关于跨国公司的定义应相对具有权威性和事实上的广泛适用性。联合国关于跨国公司的定义认为：跨国公司是指具有一定规模的企业或经济实体，至少在一个以上国家拥有或控制生产经营活动，或拥有一定的控股权，母公司与子公司决策权相对集中，相对平等地享受技术专利、市场和资源要素，它所追求的目标是高于在本国经营的利润，或是着眼于国外市场的潜力从而取得长期的利益。

二、简要介绍跨国公司的产生与发展。

跨国经贸活动具有悠久的历史。两千多年前中国古代的"丝绸之路"就将中国的丝绸、瓷器等商品源源不断地输往欧亚各国，换回的是毛毯、黄金、钻石、象牙、珠宝、香料乃至玻璃器皿；古希腊、古罗马人在地中海沿岸各国所从事的海上贸易也是源远流长的；阿拉伯帝国的兴起在一定程度上也是建立在阿拉伯商人所进行的广泛商贸活动的基础之上的。当时这些在欧、亚、非三大洲之间进行的跨国经贸活动虽没有直接导致跨国公司的产生，但它们在促进世界各国、各民族文化交流的基础上为现代跨国公司的出现奠定了久远的历史文化基调。

到了 16 世纪，随着地理大发现，欧洲主要的资本主义国家为实现促进资本主义大发展所必需的资本积累，在全球范围内开展了三个多世纪野蛮残酷的殖民掠夺，而这种殖民掠夺除了直接的巧取豪夺之外，很大一部分是通过殖民贸易进行的。正如英国东印度公司总裁、晚期重商主义代表托马斯·孟所言，发展对外贸易（主要是不平等的殖民贸易），实现贸易出超是积聚财富的最主要、最行之有效的方式。在这一时期，跨国经营活动虽然在全球范围内获得广泛的开展，其涉及的领域却仅限于商品交换为主的贸易领域，无论是重商主义理论还是随后的亚当·斯密、李嘉图的国际分工理论，都为这种跨国贸易行为提供了有力的理论支持，但应该说从事这些跨国贸易的跨国经营企业与现代意义上的跨国公司是有着本质区别的。真正现代意义的跨国公司是随着国际直接投资引致跨国生产制造活动的产生而出现的，因此，纯正意义上的跨国公司的雏形是直到 19 世纪后半期才形成的。

（一）第一次世界大战以前跨国公司的雏形

18~19 世纪，殖民时代的海外经营活动已开始从商品贸易向生产经营转变；但这一时期，英国、法国和美国的资本输出都是以间接投资为主的，尤其是购买铁路证券及政府公债，有限的直接投资也主要是投向落后国家的铁路修建和矿业开采，制造业投资虽数量极少，但很有特点。这直接导致了早期跨国公司的出现。

当时制造业投资是由市场引导的。自它产生之时起就和经济发展水平有着密切的联系，因此不同于其他类型直接投资的是，它主要投资于比较发达的国家和地区，而且从投资主体上看，与早期制造业投资和其他直接投资以英国为主体的情况不同，它是以美国为主体的。1914 年以前，美国制造业海外子公司有 122 家，而英国只有 60

家，美国当时还主要是接受外国投资的债务国，但它的制造业对外直接投资占直接投资总额的比重却比英、法等国要高。这说明制造业直接投资和投资国资本是否富余并没有直接联系。一般来说，刺激早期跨国公司出现的因素主要有以下三方面：

（1）保护技术垄断优势。美国最先从事跨国经营直接投资的制造业，是那些产品首先在国内发明，或虽在欧洲发明但在美国经过重大革新的部门。正是这些掌握技术垄断优势的公司，首先到海外进行投资以占领市场，并防止别的厂商伪造。美国第一家以追求全球市场为特色的跨国公司是胜家缝纫机公司，也是第一家在全世界同时生产和大量销售同一种产品的公司。它于1851年取得缝纫机发明专利权，1867年在英国格拉斯哥建立缝纫机装配厂，并于1880年在伦敦和汉堡设立销售机构向欧洲推销格拉斯哥生产的产品，从而垄断了欧洲市场。此外如电话、重型机器设备、汽车、电灯、照相机等也都是首先在美国发明，逐渐形成新兴工业，经历了和胜家缝纫机公司类似的发展过程。例如，西方联合电报公司、贝尔电话公司、爱迪生电灯公司、伊斯特曼·柯达公司、国际收割机公司、奥的斯兄弟电梯公司等。

（2）避开贸易壁垒。避开贸易壁垒，到海外销售市场建立制造业跨国公司，以便就地生产和供应，是刺激早期跨国公司出现的另一个重要原因。1902年英国油脂、肥皂业巨头莱佛兄弟"肥皂帝国"奠基人威廉·莱佛，感到其产品对荷、比出口所交关税太高，不如到那里建厂合算，后来就和荷兰人造牛油公司集团合并，成为著名跨国公司尤尼莱佛公司。同样，1887年俾斯麦为了保护农业，对进口食物征收高额关税的政策，刺激荷兰人造牛油公司在德国建立了多家分厂。又如，法国铁路公司规定空气刹车必须由当地厂商供应，于是刺激了美国威斯汀豪斯空气刹车公司到法国设厂。

（3）利用各国对外国制造企业到本国设厂的刺激或鼓励。例如，当时加拿大采取高关税的目的，就是为了鼓励外国制造企业到加拿大投资设厂，以加速国内经济的发展，这就推动了美国企业向加拿大的渗透。如1876年杜邦公司到加拿大兼并了两家动力机械厂，1883年爱迪生公司也到加拿大建厂，享受了国民待遇。

到第一次世界大战爆发前，在美国以及欧洲英、法、德等国已出现了以对外直接投资为特征的早期跨国公司。虽然这一阶段对外直接投资的主要方向是开发资源和交通运输业，制造业投资相对较少，如美国制造业部门投资额为4.78亿美元，只占对外直接投资总额的18%，但这些部门的跨国公司已初步具备了以"全球市场"为目标的特征，可以认为是真正具有现代意义跨国公司的雏形。

（二）两次世界大战之间跨国公司的发展

这一时期，发达国家的对外投资数额增长不多，基本处于徘徊的状况。1913—1938年，主要西方国家对外投资总额增长了70亿美元，增长幅度16%，但是，跨国公司的成长过程还是有其特色的：

（1）美国跨国公司发展较快。据统计，全世界对外直接投资由1914年的143亿美元增至1938年的213.5亿美元。其中英国由65亿美元增至105亿美元，虽仍居第一位，但比重已经由45.5%降至39.6%；美国由26.5亿美元增至73亿美元，比重由18.5%增至27.7%。可见在此期间，美国对外直接投资增加较快，1927年它已仅稍逊于英国而居世界第二位。美国 187 家制造业大公司在海外的分支机构由 1913 年的 116 家增加到 1919 年的 180 家、1929 年的 467 家和 1939 年的 715 家（其中欧洲占 335 家，加拿大占 169 家，拉丁美洲占 114 家）。美国还大举向英国势力范围渗透，1922 年在加拿大的外国投资中美资已超过英资，在拉美的外国投资中，美资所占比重也接近英国。第一次世界大战结束以后，美国资本还趁机打入德国，控制德国的汽车、石油、有色金属等部门，尤其是通用汽车公司和福特汽车公司向欧洲及其他地区的扩张更为迅速，石油公司也趁机追随汽车工业扩展了跨国销售网络。

（2）在部门结构上，制造业跨国公司发展最为迅速。以美国为例，第一次世界大战前夕，它在国外的制造业直接投资占对外直接投资总额的 18%，其金额只相当于它在国外生产初级产品行业（矿业、石油业和农业）直接投资额的 33%。到 1940 年，美国在国外制造业的直接投资额已达 19.3 亿美元，居单项行业首位，在全部对外直接投资金额中的比重已上升为 27.5%。据统计，美、英及其他主要欧洲国家的制造业跨国公司在两次世界大战期间共建立了 1 400 多家国外子公司，是各行业中建立子公司数量最多的。

（3）跨国公司之间已展开了激烈的竞争。如化学工业方面的帝国化学公司康采恩在国际市场上和德国的法本公司展开了激烈的争夺；英伊石油公司、英荷壳牌两家大石油公司在 1939 年控制了中东石油生产的 76%，成为美孚石油公司的最大竞争对手。

以上情况说明，在跨国公司发展的第二阶段，以进行国际直接投资为显著特征的现代跨国公司已经成形并具备了一定的规模。

（三）"冷战"时期跨国公司的拓展

第二次世界大战使美国的国力和经济实力得到了令人瞠目结舌的增长。美国许多私人企业趁着英、法、德、日等国十分衰弱的机会和美国军事、经济援助涌向世界的强劲之风，纷纷向海外投资设立子公司和制造工厂。这一时期，可以说是美国跨国公司称雄于世的阶段。当然，战后美国国内资本竞争激烈，平均利润率下降，也是促使美国企业大量对外投资的一条原因。1960 年发达国家对外直接投资总额中，美国占了 71.7%，处于绝对霸主地位。

第二次世界大战结束后，美国将战争期间发展起来的新兴科技应用于民用部门，在国内发展了一系列新兴工业部门，如电子、飞机制造、计算机、汽车、化学、机械、石油化工等。由于这些新兴制造业拥有垄断优势，规模大、效率高，因而向海外扩展的势头很猛，而采矿、农业等初级产业的投资则相对减少。1960 年，美国投放于制造业直接投资的比重已达到 32.5%。此外跨国公司在服务业领域的拓展速度也很快。

进入 20 世纪 60 年代后，欧洲各国和日本在美国的大力扶持下，从战争的废墟上崛起，经济开始起飞。一些新兴大企业开始进军国际市场，特别是在美国投资环境较好和高科技领域的吸引下对美国的直接投资发展很快，从而出现了发达国家"双向投资"的现象。在这一时期，欧洲和日本的跨国公司虽得到了扩展，但无论是在数量上还是在规模上，与美国跨国公司仍然相去甚远。

从跨国公司发展的广度和深度来说，这一阶段是当代大型跨国公司发展的关键阶段。

（四）20 世纪 60 年代末～20 世纪 90 年代初跨国公司的调整与改革

进入 20 世纪 70 年代后，随着欧洲、日本跨国公司的兴起，不仅跨国公司的整体规模和数量得到了前所未有的大发展，跨国公司的世界总体格局也发生了重大变化，跨国公司自身的经营战略和组织结构也向着全球化的目标演进。这一时期的主要特点可归纳为以下几点：

（1）跨国公司数量、规模上的大发展。20 多年来，跨国公司的数量稳步增长，以 14 个发达国家为母国的跨国公司增加了两倍多，从 1969 年的 7 000 多家增至 1990 年的近 24 000 家。国际组织估计 20 世纪 90 年代初，世界跨国公司的母公司约有 37 000 家，它们控制的国外子公司约有 170 000 家。这一数字仅包括在国外企业拥有 50%以上股权的公司，而未包括各种非股权联系的资产控制公司和那些通过缔结战略联盟联系在一起的公司。如果把这些有股权联系的公司都计算在内，世界范围的跨国公司总数有可能超过 50 000 家。与此同时，跨国公司的规模也急剧扩展，出现了一些巨型的跨国公司，使它们日益成为一个高度集中的世界。根据有关母国的数据，约 1%的跨国公司母公司拥有其母国对外直接投资总存量的一半左右（见下表 5-1）。

表 5-1　　　　　　　　　　　国外子公司资产所有权的集中化

国家	年份	母公司数（家）	母公司比重（%）	国外子公司资产（%）
奥地利	1990	41 95 312	6 14 46	65 84 98
德国	1990	10 20 50	0.1 0.3 0.7	32 42 69
意大利	1989	3 5 10	—— —— ——	51 76 84
瑞典	1991	18 51	0.5 1.5	51 75
美国	1990	22 44 109 218 437 546 1 091	1 2 5 10 20 25 50	45 57 75 86 94 96 99

［资料来源］联合国贸易与发展会议跨国公司项目根据各国和其他官方渠道提供的未发表的数据计算。

最大的 100 家跨国公司 1990 年时在全球共拥有 3.2 万亿美元的总资产，其中 1.2 万亿美元的资产投放在本国以外，相关比例见下表 5-2。

表 5-2　　　　　国外资产和销售最大的 100 家跨国公司的
跨国化和集中化（1990 年）　　　　　单位:%

项目	最大 100 家总资产	所占比重 国外资产	最大 100 家总销售	所占比重 国外销售	国外资产占 总资产比重	国外销售占 总销售比重
最大 10 家	25.8	33.5	23.2	29.4	49.1	61.2
最大 25 家	50.0	54.4	46.0	49.2	41.1	51.7
最大 50 家	70.9	76.3	68.7	70.9	41.0	49.9
最大 100 家	100.0	100.0	100.0	100.0	37.8	48.4

[资料来源] 联合国跨国公司项目. 1993 年世界投资报告 [M]. 北京：对外贸易教育出版社，1994.

根据对 100 家最大跨国公司中 53 家公司所提供的数据进行分析，100 家公司的对外直接投资约占世界投资总存量的 1/3。这里要特别指出的是，跨国公司规模的扩大与 20 世纪 80 年代初开始的数次全球性并购浪潮有着直接的关系，很多公司已日益将收购（兼并）作为向新产业、新市场迈进的最便捷的方式。

（2）"大三角"国家跨国公司"三足鼎立"之势的形成。进入 20 世纪 70 年代后，日本和欧共体成员国跨国公司的大发展打破了第二次世界大战结束以后美国跨国公司一统天下的单极化格局，形成了现阶段日本、美国和欧共体成员国"大三角"国家的三足鼎立之态势。1960 年，发达国家对外直接投资最大五个国家的顺序是：美国、英国、荷兰、法国和加拿大；到 1981 年，该国别顺序已变为：美国、英国、联邦德国、日本和瑞士；到 1991 年，这一顺序则变为：日本、美国、德国、法国和英国。日本和德国跨国公司的异军突起对现存格局的形成起了决定性作用。

根据 1990 年的统计，世界最大的 100 家非金融跨国公司中，有 3/4 来自"大三角"国家中的美国、日本、德国、法国和英国，其中美国有 27 家，占国外资产的 1/3，英、法、德三国共有 33 家，日本有 12 家。

（3）从产业部门分析，跨国公司向服务业的拓展速度最快。美国对国外服务行业（主要是运输、商业、银行、保险、旅游等）的直接投资比重，由 1970 年的 12%上升到 1980 年的 28.2%和 1985 年的 28.3%，其他国家也有类似趋势。根据德国、日本、美国跨国公司产业部门的分布情况（见下表 5-3），属于服务业的子公司占其总数的 60%左右，而制造业只占 36%，初级产业所占比重就更小。这一格局表明，服务业在世界经济和对外直接投资中的重要性日益增加。

（4）跨国公司国际投资行为日益多样化。为了适应日趋复杂的国际市场和激烈的国际竞争环境，顺利贯彻公司的一体化战略和全球战略，跨国公司的国际投资行为日益多样化，除了常见的股权安排形式（主要是独资经营和合资经营方式）外，合作生产、技术转让、分包、许可证生产、特许专营等非股权安排形式也得到了广泛运用，甚至还出现了跨国公司间的战略联盟（主要从事研究开发合作）。跨国公司国际投资行为多样化实际上是跨国公司经营战略转变和组织结构演化的必然要求，也是跨国公司在世界经济中日益趋于主导地位的重要体现。

表 5-3　　　　　　　　　　　　　　主要投资国分部门的国外子公司

国别	初级产业	制造业	服务业	总数
德国（联邦德国） ①1984 年				
数量（个）	558	4 936	9 163	14 657
百分比（%）	4	33	63	100
②1990 年				
数量（个）	422	5 729	13 201	19 352
百分比（%）	2	30	68	100
日本 ①1980 年				
数量（个）	194	1 587	1 786	3 567
百分比（%）	5	45	50	100
②1990 年				
数量（个）	194	3 408	4 384	7 986
百分比（%）	2	43	55	100
美国 ①1982 年				
数量（个）	995	7 005	10 339	18 339
百分比（%）	6	38	56	100
②1989 年				
数量（个）	785	7 552	10 562	18 899
百分比（%）	4	40	56	100

［资料来源］联合国贸易与发展会议跨国公司项目根据 1992 年德意志银行、1983 年和 1992 年日本通产省与 1985 年和 1992 年美国商务部的资料计算。

（五）20 世纪 90 年代以来跨国公司发展的最新趋势

进入 20 世纪 90 年代以来，跨国公司获得了前所未有的大发展，这不仅表现在发达国家跨国公司上，也同时表现在发展中国家跨国公司上。信息技术的进步和金融自由化趋势为跨国公司推行复合一体化战略和全球战略提供了更为便利的条件。在这几年中，跨国公司整体的国际化程度得到了很大的提高，跨国公司已成为推动经济全球化的中坚力量。尽管 1997 年亚洲金融危机引发了全球性的经济衰退，但有关调查的统计数据显示，大多数跨国公司的投资信心并未发生动摇，甚至对东南亚地区的投资信心也丝毫未减。这场危机的发生反而使跨国公司看到了全球化趋势背后所隐含的巨大风险，许多跨国公司纷纷采取措施加强实力和提高国际竞争力，以增强抵御风险的能力。近来大规模跨国并购的风潮迭起就是这一情况的深刻写照。总体来看，20 世纪 90 年代以来跨国公司的发展趋势主要表现在以下几方面：

（1）集中化趋势更加明显。这一时期，在国际直接投资领域唱主角的仍是发达国家，美国、德国、英国、日本和法国这五大对外直接投资国的对外直接投资约占世界对外直接投资的 2/3，而它们对外直接投资的绝大部分又主要是由为数不多的数家大型跨国公司做出的，这使得跨国公司体系的集中化趋势更加明显。另外，规模不断扩大的跨国并购也加剧了这一趋势。目前大本营设在发达国家的世界最大的 100 家跨国公司的国外资产约为 1.4 万亿美元，在国际直接投资总存量中的份额约为 1/3，若按国外销售和国外雇员计算，这一集中化趋势也同样非常明显。

（2）国际化程度更高。这是跨国公司推行全球战略的必然结果。自 1990 年以来，Royal Dutch Shell（英国/荷兰壳牌）公司每年都名列于按国外资产排名的 100 家最大跨国公司的榜首，但根据国外资产、国外销售和国外雇员计算的综合国际化指标排列，100 家最大跨国公司的位次发生了一些变化，Royal Dutch Shell 公司退居第 27 位，而 Thomson 公司（加拿大）则跃居第一。目前，世界最大 100 家跨国公司综合跨国程度已达 42%。

发展中国家跨国公司的国际化程度发展也很快，占发展中国家总存量的 10%，国外销售约占总销售的 30%。它们的综合国际化程度约为 21%，这一指标与世界最大 100 家跨国公司相比尚有一定的差距。这说明作为日益重要的国际投资者，它们的历史还太短，但其发展计划说明它们的国际化程度将不断提高。

（3）兼并（收购）日益成为跨国公司对外直接投资的主要手段。面对竞争压力、自由化浪潮和新投资领域的开放，越来越多的跨国公司将兼并（收购）作为自己参与全球化竞争的核心战略，以保护、巩固和增强自己的国际竞争力。1988—1995 年间，世界跨国兼并（收购）总额（包括证券投资进行的兼并和收购）增加了一倍，达到 2 290 亿美元；1988—1995 年，多数控股兼并（收购）总额（不包括证券投资进行的兼并和收购及少数控股国际直接投资）增长了 84%，达到 1 350 亿美元。在所有地区中，西欧的跨国兼并（收购）水平最高，大多发生在欧盟内部；但在所有国家中，美国的跨国兼并（收购）水平最高；另外，日本跨国公司也正在逐步改变以传统的新建投资为主的做法。

从行业分布来看，大型跨国兼并（收购）大多发生在能源、电信、医药和金融服务行业。

跨国兼并（收购）不再是大型企业独有的投资手段，中小企业在跨国兼并（收购）中也日益发挥着重要作用，特别是在电子、商业服务、保健、经销、建筑和工程等领域，中小企业发挥的作用更大。

跨国兼并（收购）的资金规模有不断扩大的趋势，如近年来发生的德国奔驰收购美国克莱斯勒、英国石油公司收购美国阿莫科集团以及德国医药化工界的巨子 HO-ECHST 与法国罗纳—普朗集团的合并都达到了前所未有的资金规模。

（4）发展中国家的跨国公司取得了长足的进步。进入 20 世纪 90 年代以来，随着发展中国家经济实力的不断增强，尤其是东亚、东南亚以及拉丁美洲一批新兴工业化国家的兴起，发展中国家跨国公司也取得了长足的进步，它们日益成为世界经济领域中不容忽视的重要的竞争力量。尽管 1997 年发生的亚洲金融危机对发展中国家的跨国公司主要是韩国等亚洲国家的跨国公司产生了极为不利的影响，在高速发展中所积聚的许多内在矛盾都在此次危机中突出地暴露出来，但这都是发展过程中必不可少的挫折。只有在不断的磨砺中，发展中国家的跨国公司才能真正成长起来。纵观发达国家跨国公司的发展历程，也莫不如此。可以预见，经受了此次危机的洗礼，发展中国家跨国公司将更加成熟，它们将成为发展中国家参与全球化竞争的排头兵。

总之，跨国公司是一个巨大的、多样化的和不断扩展的世界性经济组织。它通过全球一体化的公司战略和错综复杂的跨国组织结构对世界经济的发展产生日益深远的影响。

三、跨国公司的发展分为哪几个阶段？

跨国公司的形成即企业的国际化发展是一个长期努力的过程。西方经济学家根据不同的标准，提出了不同的跨国公司发展阶段论。西方学者罗宾逊提出 6 阶段论，即国内企业阶段、出口企业阶段、国际化经营企业阶段、多国企业阶段、跨国企业阶段和超国界企业阶段。日本麦金泽公司提出 5 阶段论，即出口阶段、直接销售阶段、直接生产阶段、当地独立经营阶段和全球一体化阶段。泊尔穆特提出了 4 阶段论，即国内指向阶段、当地化阶段、区域指向阶段和世界指向阶段。安索夫提出了 3 阶段论，即出口阶段、国外生产阶段和跨国经营阶段。这里主要根据安索夫的 3 阶段论阐述跨国公司的发展阶段。

（一）出口阶段

对外贸易与对外直接投资都是一国企业参与国际经济合作的重要手段，但后者比前者的层次更高。就规模较小的或成立不久的公司而言，一般只能通过对外贸易的方式参与国际经济合作，即处在出口阶段。处在出口阶段的公司，可以通过国内外进出口商或直接收到国外客户订单的方式，出口其生产的产品，如果公司产品的销售情况乐观，则可能成立一个隶属于本公司的小型出口办事处，或与某一家专门的进出口商建立稳定的业务联系。如果公司对外销售额不断扩大，则原有的小型出口办事处或委托进出口商的形式将难以满足业务扩展的需要，而需要建立自己的国外销售部，进行直接销售（Direct Selling），或在若干国家和地区建立销售分支机构，以处理有关事宜。

随着国外销售机构的建立健全、国际市场调研工作的加强，公司产品出口额不断增加，出口额在总公司销售额中所占的比重不断加大，在国际市场上的影响力也不断增强。

（二）国外生产阶段

如前所述，产品出口是一国较低层次的参与国际经济合作的形式，难以达到占领国外市场的目的。对外贸易要受到诸多因素的限制，如进口国政府的贸易保护主义政策、运输费用、产品供应的及时性和生产比较成本的变化等。基于此，公司只有在进口国当地生产，才能真正达到占领和拓展市场的目标，亦即公司必须进入国外生产阶段。

西方一些学者认为，一国公司在国外生产阶段通常采用的方式是：许可证、与当地生产者签订长期合同、对东道国进行直接投资。一国公司在国外生产阶段一般宜首先采用许可证的方式在东道国进行生产，亦即公司将其使用的专利、专有技术、商标等转让给一家当地公司，收取一定的费用。从理论上讲，这种方式的特点是不需要投资，风险也小。实践证明，这种方式对出让方利少弊多：当受让方经营不善时，出让方难以收到预期的效益；当出让方看到受让方经营状况良好时，难免又会眼热。这两种状况都会诱使出让方以对外直接投资的方式占领进口国的市场。

对出让方而言，与许可证方式相比，以直接投资的方式在国外生产产品，就地销售，或向其他国家和地区出口，所面临的风险要大得多，东道国的投资环境如何，是影响其投资效益的重要因素。然而，一国公司的第一次对外直接投资又具有十分重要的意义，是其朝着国际化发展的关键性一步。

一国公司在国外生产阶段的后期，同时从几个国家和地区的生产基地打入国际市场，加强对分散在世界各地的分支机构的管理，充分发挥整体优势，显得尤为重要。公司的发展迫切需要在本国建立一个能适应新要求的管理指挥中心，亦即进入下一个阶段。

（三）跨国经营阶段

大多数经济学家认为，一国公司进入跨国经营阶段的主要标志是，其在世界范围内计划、组织和控制本公司的国际性生产。在这一阶段，公司是从全球范围来考虑其发展战略的，视野更为广阔，采用更为独特的运行机制。这时，跨国公司的管理体制、经营策略等都要发生相应的变化。

这里所述的跨国公司的发展阶段只是一般性的概括，并非每家公司都要沿着这一轨迹来发展。某些公司可能发展较慢，较长时间停留在某一阶段；而另一些公司则可能发展得较为快些，其国际化过程也可能超越某一阶段，跳跃式地成长壮大起来。

四、跨国公司具有哪些基本特征？

由于跨国公司是世界经济体系中集投资、贸易、金融、技术及其他服务于一身的特殊经营实体，它在经营管理上便与国内一般工商企业的经营管理有许多不同之处，并且，不同的社会制度、不同的历史发展阶段中的不同类型的跨国公司也具有不同的运行机制，具有不同的特征，但又有一些共同之处。一般认为，现代跨国公司一般具有如下特征：

（一）具有全球战略目标

从整个世界市场出发、具有全球战略目标是跨国公司区别于其他企业的重要特征之一。跨国公司以整个国际市场为追逐目标，在世界范围内有效配置生产力，充分利用各国和各地区的优势，以实现总公司利润最大化。根据全球战略目标，跨国公司总公司在制定每一项重大决策时，总是从全局出发，而不考虑某一子公司一时一地的得失。总公司在评价子公司的业绩时，主要考虑其对总公司的贡献程度，而不一定是其自身盈利的多寡。计划是实现全球战略目标的主要途径，内部一体化是实现全球战略目标所必备的基本条件。

进入20世纪80年代以来，随着国际经营环境的复杂化和国际市场竞争的激烈化，跨国公司都积极主动地使其战略规划面向全世界。例如，欧洲和美国的公司由于忽视了日本企业在许多工业行业的较高的增长率，以至于当日本的这些企业及公司以显著的规模打破传统市场的时候，美国及欧洲的这些公司对此竞争挑战几乎茫然无措。又如，那些未能在价格档次上建立全球保护措施的汽车公司，在遭到日本汽车公司的打击后迅速面临成本过高的劣势，最终失去了大量的买主。

（二）十分重视对外直接投资

跨国公司的经营规模庞大，经营范围十分广泛，但发展对外直接投资仍是其参与国际竞争的主要形式。对外直接投资是跨国公司走向世界、实行国际化生产经营的重要物质基础，跨国公司通过对外直接投资，在世界范围内实行公司内部的专业化生产分工，并在本公司内各个子公司之间进行国际贸易、资金融通和技术转让从而分享国际分工的利益，这有助于跨国公司充分利用既定的"比较利益"和创造新的"比较利益"。一些西方学者甚至认为，"比较利益"和"国际分工"的主体已由主权国家转移到跨国公司。

（三）生产经营规模庞大

从理论上讲，跨国公司是指从事跨国生产和经营活动的企业，但事实上，国际投资学所研究的跨国公司一般特指大型制造业的跨国公司，这类跨国公司的数量较少，但在国际直接投资领域占据主导地位。跨国公司拥有先进技术、雄厚资金、多样化产品、良好的商业信誉、覆盖面广的广告、遍布全世界的分支机构和复合型管理人才等优势，在国际竞争中处于有利地位，其生产能力达到惊人程度，销售额巨大。这些庞然大物对国际政治、经济事务和东道国的内部事务往往会产生较大的影响。一些西方经济学家将跨国公司形象地称为"私人王国"或"私人政府"，是有其道理的。

（四）内部实行一体化

跨国公司为了实现全球战略目标，需要实行内部一体化管理模式，亦即跨国公司在世界各地的子公司的重大决策都在总公司的统一控制之下，根据集中与分散相结合的原则，实行统筹安排。根据业务性质、产品结构、地区分布、风险程度等因素确定集中与分散的程度。跨国公司的内部一体化主要包括：

（1）生产一体化，即分布于世界各地的各个子公司充分享受总公司或其他子公司的生产设备、原材料、技术和人员等。其中，技术和人员的灵活流动，可以充分发挥人才优势；生产设备和原材料的统一采购，易于形成一定的垄断。

（2）营销一体化，即总公司与子公司共享销售网络、销售渠道、储运设施、广告宣传和销售人员等。

（3）新技术和新产品一体化，即总公司与子公司根据各自的特点，统一安排新技术的研究与开发，进行新产品的研制和推广，关键性高新技术的研究与开发集中于总公司。

（4）财务一体化，即总公司与各子公司之间及时融通资金，以降低财务费用，减少税收支出。

跨国公司之所以能够实行内部一体化经营，编织起全球性生产、贸易、金融、投资、信息等网络，完全依赖于科技革命带来的现代化通信和交通条件。如日本一些大型综合商社能在两分钟内了解到非洲某地的商业情报。正是依靠电子计算机技术、航天技术、新材料科学等科技革命的广泛发展，跨国公司才能够在内部实行一体化经营。反过来，跨国公司又成了现代科技知识如生产、销售、管理等新知识的传播者，成了现代化的通信设备和交通工具的提供者，促进了世界各国文化的沟通和传播。

（五）国外分支机构众多

为了实现其全球战略目标，跨国公司在世界各地建立了众多的子公司和分支机构，营造了一个集生产、贸易、金融和信息于一体的庞大网络，该网络内部协同运作，与外部进行物质、能量、信息等的交流，并高效率地运转。

（六）经营方式多元化

跨国公司的经营业务大大拓宽，经营面很广，如建筑、军火、化纤、石油、汽车零件、食品、旅馆、地产、医院、出版发行等各种行业，其经营内容五花八门，经营过程错综复杂，已经由单一产品生产经营向综合性多种经营方向发展。他们不仅经营商品、服务、贸易，而且是技术的主要发明者和传播者、各种信息的提供者，甚至是各国文化和观念的沟通者。从目前来看，除了极少数跨国公司外，跨国公司几乎都实现了经营多元化，形象地说，就是"从方便面到导弹"几乎无所不包。

（七）具有某方面的竞争优势

跨国公司一般属于寡头垄断企业，拥有相应的某方面的竞争优势。一般跨国经营取决于三组基本优势因素：所有权优势、内部化优势和区位优势。所有权优势指一国企业拥有或能够获得别国企业所没有或无法获得的资产及所有权，如生产技术、融资条件、经营管理能力等无形资产和资金、劳动力、资源等有形资产。内部化优势指企业为了避免市场失败而将其所有权资产使用内部化，在跨国公司中指通过对外直接投资，建立公司内部的资源配置和转移机制，取得内部化的经济效益。区位优势是指国内外生产区位的相对禀赋对国外投资的吸引与推动力量。跨国公司根据自己某方面的竞争优势，选择诸如对外直接投资、出口贸易、技术授权等适宜的跨国经营方式。大多数跨国公司依靠新技术、专有技术、产品差别化和大量的广告宣传这些非价格竞争手段来维持其垄断优势地位；很多跨国公司拥有畅销不衰的产品；极少数巨型跨国公司依靠绝对垄断地位优势来进行跨国经营。

五、促使跨国公司采取复合一体化战略的动因主要有哪些？

促使跨国公司采取复合一体化战略的动因主要有三个：

第一，计算机和通信技术的进步。计算机和通信方面的进步能提高处理和交流信息的能力，并且降低成本。特别是计算机价格的大幅下降，使各种信息能够方便地在跨国公司内分享，供整个价值链使用。这就为新型生产技术、管理、研究开发活动的传播铺平了道路。计算机和通信技术对整个价值链的协调至关重要。正像多部门和多类型策略产生了更多的协调和更大的管理结构的需要一样，复合一体化策略增强了跨国公司管理其跨国网络的需要。计算机和通信技术还使不同所有权公司间的价值链变得更为完整一体。例如，一个公司的运输部门可能与另一公司的购买部门通过电子联系起来，从而加快它们之间的商品流动。运用通信技术，跨国公司可以把主要要素组合起来追求某一战略目标。

第二，需求的作用。一些跨国公司要实现服务于世界市场的一体化，而不断增长的消费者需求和一些消费者偏好跨国界的融合又促成了这一趋势。结果，越来越多设计相似或完全相同的产品在许多市场同时销售，如服装、电器、音像制品等。需求类型的融合，部分是由于第二次世界大战结束后许多发达经济国家收入水平趋同，这导致了消费模式的进一步接近；部分是由于计算机通信技术的传播以及旅游、教育和文化交流的发展，这提高了各国消费类型的跨国可见性；还有部分是由于跨国公司的营销努力。

第三，激烈的国际竞争。国际竞争是推动复合一体化的强大压力。在过去的60多年里，关税壁垒的减弱和生产力的发展激化了跨国竞争，并把许多新的竞争者推上了世界舞台。发达国家的跨国公司将它们的对外直接投资集中于其他发达国家，这就形成了一个包括大量行业间交叉投资的跨国公司网络。这一趋势驱使跨国公司寻求赢得国际竞争优势的新方式。为了降低成本，跨国公司加强了在国外建厂和密切注意整个价值链上各种因素节约方面的努力。其中例子之一就是集中采购。计算机通信技术的进步使集中采购成为可能。研究表明，集中采购的跨国公司通过提高质量和缩短产品开发计划，可取得长期的成本节约。为了实现及时存货管理和质量控制目标，日本跨国公司在把供应商和分包商与生产和装配紧密联系起来方面走在前面。现在，跨国公司正加强与供应商的联系，以形成技术创新的双向流动。正是这种压力，加上信息技术提供的机会，促进了复合一体化战略的实施。

六、简要介绍跨国公司组织结构及其演变。

组织结构非常重要，在企业经营管理中，组织结构的好坏直接关系到企业经营的成败。

（一）跨国公司组织结构

跨国公司的组织结构可以从内部管理体制和外部法定形式两方面来考虑。

1. 内部管理体制

跨国公司的内部管理体制，依其规模的大小、产品的性质和经营策略等因素而定，其主要形式有：

（1）独立子公司结构。在这种结构下，母公司只控制子公司的股权，要求子公司按期向母公司上缴股本的红利，或审批子公司的利润再投资方案，子公司的其他经营活动则由其独立自主地决定。这种结构适合于公司规模较小、子公司数目少、母公司的管理人员自身缺乏国外经营经验的跨国公司。

（2）国际分部结构。在这种结构下，母公司的管理部门专门设有一个国际分部，负责管理国外各子公司的生产、营销和财务等活动，并使各子公司的业务互相配合、协调。例如，划分各子公司销售市场的范围，以免形成内耗竞争；统一筹集和调拨资金，以降低整体的筹资成本；调整各子公司之间商品和劳务的内部调拨定价，以减少整个公司系统的税收负担等。但是国际分部一般不处理公司的国内业务。国内业务由母公司的其他管理部门处理。

由于国内业务与国际业务在管理上是分开的，往往会产生内部不够协调的现象，重大问题便需由母公司的总经理直接决定。这种结构通常适合于产品销售以国内为主国外为辅、产品的品种较少和子公司的地理分布还不广的跨国公司。

（3）全球性组织结构。当跨国公司的规模较大，产品和业务比较复杂，子公司分布广泛，国外业务的重要性已经超过国内业务时，通常采取全球性组织结构。全球性组织结构可分为：

①全球性职能结构。在这种结构下，母公司按职能分工设副总经理，负责协调该职能的国内外活动。如：生产副总经理直接控制国内外的产品生产安排、质量控制以及产品的研究与开发活动；销售副总经理负责产品的国内外营销活动，直接控制公司的营销分支机构，并协调各分支机构的营销活动范围；财务副总经理负责国内外各分支机构的资金筹集、资金调拨及利润分配等。这种组织形式适合于产品系列较少、销售市场比较稳定的公司。其优点是各职能本身的全球协调严密，对外可形成整体竞争优势。缺点是不同职能之间的配合不够紧密，各分支机构内对来自母公司的多头控制难以统一协调。

②全球性地区结构。在这种形式下，母公司按地区设置副总经理，负责管理该地区的生产、营销和财务等各项业务活动，每个地区以及每个子公司都形成一个利润中心。这种组织形式适合于产品系列较少，但子公司分布广泛，地区专门知识和地区内协调比较重要的公司，如石油行业的跨国公司。这种形式的优点是，同一地区的不同职能之间能较紧密地配合，子公司在经营上有较多的自主权和灵活性。其缺点是，如果产品系列较多而技术性能高时，跨地区之间转移新产品或新技术比较困难，容易产生地区本位主义的倾向。

③全球性产品结构。在这种形式下，母公司按产品的类别设立副总经理，负责该类产品的全球生产、营销和财务等；每类产品形成一个利润中心。同时在地区设立协调组，进行同一地区内各类产品业务活动方面的协调。这种形式适用于产品复杂且技术性能高，但生产和营销需在全球范围内统一安排的跨国公司。这种形式的优点是，同类产品的国内外业务活动易于实现全球性的统一安排和适应市场特点。缺点是不同类别的产品之间缺乏联系或联系松散，产品知识易产生分散化的倾向。

④混合式结构或矩阵结构。这是同时兼有前述方式中两种以上的特点的组织形式。混合式结构通常对某些技术性能高的重要产品系列实行由该产品副总经理分管的全球性产品结构，对其他产品则由按地区设置的副总经理负全部责任。两种形式同时采用，但互相不发生交叉关系。

矩阵形结构是指同时既按产品系列设置各类产品的副总经理，又按地区设置地区副总经理，对子公司的活动实行条块结合的双重领导。其优点是母公司的总经理可以根据具体情况通过不同的渠道加强领导，提高适应外部竞争压力的能力。缺点是当某产品副总经理与某地区副总经理的意见相左甚至冲突时，子公司的经理会感到无所适从，这时往往需要母公司的总经理亲自协调，因此，需要召开的协调性会议也较多。此外，还有网络结构。

以上列举的只是跨国公司内部组织结构的基本形式。在实践中，采取相同基本组织形式的许多公司之间，还会有许多具体的差别。即使同一家公司，在其发展的不同阶段和在不同的客观条件下，所采取的内部组织结构形式也会发生变化。公司选择内部组织结构所遵循的基本原则是，既要有利于母公司对子公司业务的必要的有效控制，又要有利于子公司在经营上发挥积极性和灵活性。

2. 外部法定形式

跨国公司在国外设立的分支机构必须由东道国政府相关部门依法批准，并登记注册。这些分支机构在东道国基本上以两种法定形式出现，即分公司（Branch）和子公司（Subsidiary）。还有一种"避税港公司"形式。

（1）分公司。分公司是由母公司根据东道国的法律，经东道国政府批准，领取营业执照设立的非独立的分支机构。在法律上，分公司是母公司不可分割的一部分，代表母公司在东道国处理有关业务。分公司的资产是母公司资产的一部分，其债务也是母公司的债务，母公司对其债权与债务都负全部责任。

一般说来，在国外设立分公司形式的分支机构要求母公司承担较大的风险，只是在某些特定的情况下才能给母公司带来额外的好处，因此，采用这种形式的分支机构并不多。

（2）子公司。子公司是母公司根据东道国的法律设立的具有独立法人资格的分支机构。在形式上，子公司是属于东道国的一个法人，但在实际上，由于母公司拥有子公司的全部股权或部分股权，能够控制董事会等权力机构，因而也能实际控制其经营活动。母公司对子公司所承担的法律责任，仅以其投入子公司的股本为限，故承担的风险较小，这是子公司形式要比分公司形式优越的主要特点。

子公司的股权还可以与东道国或其他外国投资者分享，即可建立合资企业。由于其在所有权方面具有一些灵活性，便于跨国公司与东道国合作，这种形式也受到东道国的欢迎。子公司形式的这些优点，使它本身成了跨国公司国外分支机构最主要的形式。

（3）避税港。一些国外业务较多、分支机构分布较广泛的跨国公司，还在国外设立专门对其分支机构进行控股的公司，称为"国外控股公司"（Foreign Holding Company），以便于资金调拨和合法避税。这类机构一般设在无税或低税的国家或地区，故又有"避税港公司"之称。

避税港（Tax Haven）通常需具备下列条件：

①对在当地取得的收入不征税或只征很低的税，对从国外取得的收入根本不征税；

②具有稳定的货币，而且可以自由兑换外汇；

③资本及股息等的汇出以及资产的转移完全自由，或者很少受限制；

④盈利或未分配利润的累积数额的多少也不受限制；

⑤具有发达的银行业和其他金融机构，交通及通信等设施便利；

⑥政局稳定，经济法规健全，政府鼓励外国公司在当地设立机构。

这些条件同时也吸引了许多跨国银行在这里设立分支机构，开展离岸金融业务。

因此，大多数避税港同时也是离岸金融中心（Offshore Financial Center）。例如百慕大、巴哈马、开曼、巴林等。

（二）跨国公司组织结构的演变

跨国公司的组织结构不是固定不变的，而是随着企业各种内部因素和外部因素进行细致的局部的有时甚至是很大的全面的调整。总体来看，跨国公司组织结构的演变主要经历了以下几种形式：

1. 出口部

早期的跨国公司在国外的生产经营活动规模比较小，又以商品输出为主，通常采取在总公司下设立一个出口部的组织形式，以全面负责管理国外业务。当时国外业务在整个企业的经营活动中占的比重不大，因此，母公司对子公司很少进行直接控制。母公司与子公司之间的联系比较松散，主要限于审批子公司的投资计划；子公司的责任仅是每年按控股额向母公司支付股东红利，母公司实际只起控股公司的作用，子公司的独立性很强。

2. 国际业务部

随着跨国公司业务范围的扩大，国外子公司数目增多，公司内部单位之间的利益矛盾日渐显露。母公司需加强对子公司的控制，出口部的组织形式已不能适应。继而许多公司采取在总部下面设立国际业务部的组织形式，（见下图5-1）。

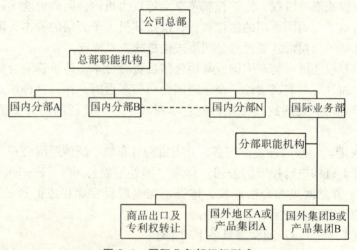

图 5-1　国际业务部组织形式

国际业务部总管商品输出和对外投资，监督国外子公司的建立和经营活动。国际业务部的作用表现在以下几方面：①为跨国公司筹划国外业务的政策和战略设计；②为子公司从国际市场取得低息贷款；③为子公司提供情报，提供更好的合作、配合和协调；④可通过转移定价政策减轻或逃避纳税负担；⑤为子公司之间划分国外市场，以免自相竞争。

第二次世界大战爆发以前，美国通用汽车公司、国民现金记录器公司都采用过国际业务部的组织形式。到 20 世纪 60 年代初期，这种组织形式已被美国的跨国公司广泛采用。然而，国际业务部的组织形式，由于它所处的地位又决定了它的局限性。这体现在：①国际业务部主要是起协调子公司扩展活动的作用，它无力掌握国外广大地区的市场特点和各种情况。②如由国际业务部来制定业务政策，由于情况不熟，往往使子公司的灵活反应能力受到影响。子公司与国际业务部的情报往返，也容易造成时间上的延误，使公司遭受损失。③国内与国外的业务部门也产生矛盾。因为如果跨国公司在国外制造和销售的产品与国内相同，国际业务部通常没有自己专设的产品发展、工程研究和设计人员，于是不得不依赖于国内各产品部，这使跨国公司内部、国内和国外的业务部门往往在生产计划、产品设计和销售渠道等方面相互抵触。因此，随着国外业务扩大，子公司增多，国际业务部已显得难以应付复杂局面。

3. 跨国公司全球性组织结构

进入 20 世纪 60 年代中期以后，越来越多的跨国公司采用全球性组织结构来代替国际业务部。全球性组织结构从公司的整体利益出发，克服了国际业务部将国内和国外业务隔离的弊端，并大大加强了总部集中决策作用。

全球性组织结构意味着跨国公司要建立更加复杂的内部结构。跨国公司可以分别按职能、产品、地区设立总部，也可以将职能、产品、地区三者作为不同的维度建立矩阵结构。在矩阵结构基础上，跨国公司通过与外界的非股权安排，结成战略联盟，建立网络结构。下面将分别加以介绍。

（1）职能总部（见下图 5-2）。

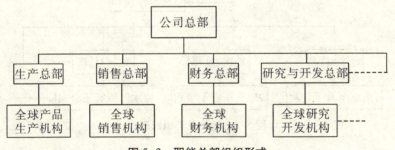

图 5-2　职能总部组织形式

公司内负责特定职能的单位称为职能总部，负责跨国公司某一特定的行为，否则，这类行为将在国内和国外分别进行。国际性的采购机构、协调销售和营销的子公司或者负责售后服务的分支机构都属于职能性总部。在母国总部之外再建立职能总部，减少了母国总部的责任范围，使母国总部能够集中精力全面协调所有分散职能。反过来，每个特定职能总部也承担着执行那种职能并且直接向母国总部报告的责任。

一般来说，职能总部的形式比较适合于企业规模较小、产品系列不复杂的跨国公司。有的跨国公司虽然规模较大，但产品单一，产品的销售不受地区限制，因而也采取这种组织形式。职能总部形式的优点是母国总部对各职能部门的控制比较直接，并能充分发挥专业分工的特点。不足之处是职能总部之间缺乏横向联系和协调，往往助长本位主义。

（2）产品线总部（见下图 5-3）。

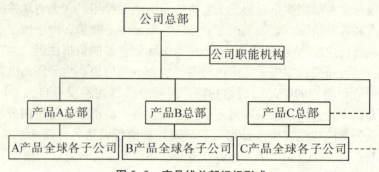

图 5-3　产品线总部组织形式

跨国公司按产品种类或产品线设立总部，同一类产品都归有关的产品线总部领导。这种组织形式适合于产品系列复杂、市场分布广泛、技术要求较高的跨国公司。产品线总部组织形式的优点是把国内和国外的业务活动统一起来，同时使销售和利润的增长与投资的增长更接近同步。不足之处是产品线总部之间缺乏联系，使产品知识分散化。

（3）地区总部（见下图 5-4）。

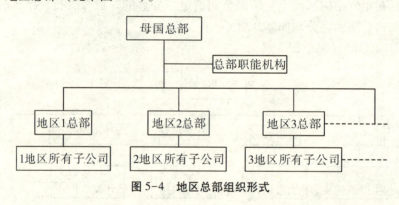

图 5-4　地区总部组织形式

跨国公司按地区设立总部，负责协调和支持一个地区所有分支机构的所有活动。在这种组织形式下，由母国总部及所属职能部门进行全球性经营决策，地区总部只负责该地区的经营责任，控制和协调该地区内的所有职能。

这种组织形式较适用于产品种类少，技术不太复杂，市场销售条件、技术基础、制造方法较为接近的跨国公司，如石油、饮料等行业的公司。这种组织形式的优点是为熟悉和掌握每一地区的知识提供了方便；不足之处是地区之间缺乏横向联系，使子公司之间跨地区传授知识和技术受到一定的影响。

（4）矩阵结构（见下图5-5）。

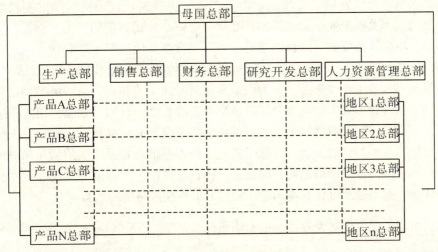

图 5-5　矩阵结构组织形式

职能总部、产品线总部、地区总部三种组织形式虽然加强了总部的集中控制，把国内和国外业务统一起来，但是这些形式是一个部门（总部）负责一方面业务的专门负责制，不能解决和协调各职能、各地区和各产品部门之间的相互联系，特别是单渠道信息传递，从而不利于竞争。为了解决这一问题，不少巨型跨国公司采取将职能、产品线、地区三者结合起来设立矩阵式的组织结构的方式。

如上图5-5所示，在矩阵式的组织结构中，有三个维度：职能维（由各种职能总部构成）、产品维（由各种产品线总部构成）和地区维（由各种地区总部构成）。设在国外的下家子公司要向某一产品线总部、地区总部和至少一个职能总部报告经营活动情况，各总部在汇总了各自的信息资料后报告给母公司总部，这样母国总部可以掌握多重情报，从不同方面了解子公司的活动情况，以便加强对子公司的领导和控制，并提高市场应变能力。

美国道氏化学公司是第一家采用矩阵式组织结构的公司，日本佳能公司随后也采用了这种形式。这种组织结构比较适合于规模庞大、产品多样化、市场分散、经营活动和公司发展前景确定的全球性公司。

（5）网络结构。

跨国公司复合战略的实施既加强了本公司内部价值链上各节点的联系，同时也推动了跨国公司与其他跨国公司、关联企业、分包商、供应商等非本公司成员之间在价值链上的横向和纵向联系，从而形成了跨国公司的网络结构。网络结构包括公司内部和公司之间的组织结构。构成网络的基础是权力分享、目标、技能、责任、义务、认识和报酬。联系网络中各成员之间的纽带一般是非股权安排形式，如战略联盟、合伙、分包等形式。信息技术在管理这些跨地区、跨国家联系中的作用是至关重要的。

跨国公司网络结构的常见形式主要有两种。第一种是以该跨国公司母国总部为核心建立的网络结构。在这样的形式下，决策可以集中做出。以日本为例，以国内总部为基础的网络涉及母公司、关联企业、分包商、供应商、金融机构、批发和零售公司。子公司或非关联企业生产的零部件必须符合核心公司制定的标准，核心企业协调所有活动，以保证高度的一致性。这就是丰田和日本其他汽车生产商在亚洲组织其生产网络的方法。核心企业负责向网络内其他企业传递先进技术和革新方法，与此同时，也鼓励非核心企业改进经营并为网络整体贡献新工艺和新产品。第二种是分散的网络结构。在这种形式下，每个合作公司享有某种程度的自治和独立，信息在这些合作公司之间流动。在分散网络中，一项革新只要符合现有标准就可以被迅速采纳。分散网络系统具有相当大的灵活性，能吸收先进技术并推进管理人员的创新和进步。日本电气公司已经向分散网络结构方向迈进，并宣布将以一种分散方式使公司在全球范围内一体化，而不是通过在日本的全球公司总部控制网络中的所有企业。

七、跨国公司投资对世界经济的影响是什么？

跨国公司是国际投资的主体，也是国际直接投资的主要承担者。跨国公司通过国际投资对世界经济产生了深远的影响，主要表现在以下几方面：

（一）跨国公司的国际投资加速了生产与资本的国际化，促进了生产力的发展

跨国公司是生产与资本国际化的结果，但跨国公司的发展又反过来促进了生产与资本的进一步国际化。跨国公司从降低自身生产经营成本、提高生产经营效率和盈利水平的目的出发，在全球范围内进行生产经营的合理布局，在客观上有利于生产经营要素的合理利用和优化配置，加速了生产与资本的国际化，有利于社会生产力水平的提高。

随着跨国公司的发展，国际分工更加深化，甚至可以说已经发展到一个新的阶段，即以产品多样化为特征的企业间分工和零部件及生产工艺专业化为特色的企业内部分工。生产国际化不仅表现在把整个世界作为生产经营决策的考虑范围，生产和销售面向国际市场，从而使得资源配置在一定程度上更加优化[①]，同时还表现在通过将某产品的生产过程分散到不同的国家和地区子公司去完成，组成跨国界的生产线，合理安排子公司的生产、销售活动，以取得规模经济效应，提高劳动生产率，节约社会劳动，促进生产力水平的提高。

从世界经济总体看，跨国公司的国际投资行为确实在一定程度上促进了世界某些地区生产力的发展。例如，战后初期西欧的经济恢复。当时西欧的不少新兴工业，如电子计算机、汽车、石油化工、合成纤维、人造橡胶，都是由美国的跨国公司最先投资建立起来的。加拿大、澳大利亚这些资源丰富、人口稀少国家的经济开发，也与发达国家跨国公司的国际投资行为有关。20 世纪 70 年代以后，亚洲、拉美地区新兴工业化国家的制造业、交通运输业的发展，也得益于外资和跨国公司的积极投资。

[①] 国际专业化生产是跨国公司深化国际分工的最典型的表现，它使跨国公司设在各国的分支机构不仅在一体化生产中各自发挥其独特的作用，而且，彼此有着很强的依赖性，从而使这些机构所在的国家也不同程度地受到相同的影响。

（二）跨国公司的国际投资促进了科技进步，加强了国际技术交流

各个跨国公司的竞争优势在很大程度上取决于它所拥有的先进科学技术。拥有比较先进的科学技术（包括生产技术和经营管理技能），是跨国公司能够在国际竞争中生存的重要条件。科学技术的特点就是不断创新、日新月异。一个跨国公司要在国际竞争中保持和扩大自己的阵地，就需要不断进行大规模的研究与开发，将先进技术用于新产品，提高原有产品的质量。大型跨国公司往往把占销售额相当大比例的资金投入研究与开发，唯恐落后。随着研究与开发成本的不断上升，为了降低成本、分散风险并取得协同经济效益，许多跨国公司已改变了过去那种单独依靠自己的研究开发网络的做法，而越来越倾向于通过非股权安排下的战略技术合伙（战略联盟的一种）来建立公司间共同的研究开发网络，以实现技术知识共享。例如，IBM 公司和Thomson—CSF 法国联合开发微处理芯片，和东芝合作开发静态随机记忆芯片，和西门子一起研究动态随机记忆芯片，与东芝和西门子一起开发新的 256 兆位存储芯片。跨国公司通过战略联盟的形式来进行联合研究开发，固然是从自身的经济利益着眼，但由此产生的协同效应却大大推动了科学技术的进步。

跨国公司是先进技术的传播者。现代先进技术绝大部分为大的跨国公司所掌握，它们的分公司、子公司遍及世界各地，有利于技术成果和科技人员的国际转移。跨国公司首先把新技术用于本国的企业，同时或经过一段时间后，通过公司内部渠道，在本公司系统内部，根据公司的控股情况和经营策略，实现技术的转移。此外，跨国公司对外转让技术既可以通过许可证贸易、特许经营等非股权安排形式，又可以通过将专利、专有技术等工业产权折价入股的股权安排形式。无论采取哪一种方式，一般来说都有助于国际技术交流，加速技术扩散，从而促进世界生产力发展。

当然，我们也必须清醒地看到，跨国公司并非总是科技的热心传播者，它们往往对新技术采取种种利己措施，尽可能延长技术领先时间，维持技术的垄断，在技术贸易中设置种种限制性条款，限制专利权购买者对技术的充分利用，甚至列入有损购买者权益、限制设备采购的来源等条款。这对技术的传播起了阻碍作用。技术进步的好处，也很少以降低产品或劳务价格的形式转移给消费者，而是以提高利润的形式被跨国公司享用。

（三）跨国公司的国际投资促进了国际贸易的发展

国际分工的发展是国际贸易发展的基础。虽然跨国公司在东道国的分支机构的当地销售可以对国际贸易起到部分的替代或补充作用，但是由于国际分工的深化，国际贸易的增长仍然较快。

究其原因[①]，主要是在跨国公司一体化国际生产体系中，需要由母公司为其供应机器设备，某些原材料或部件（零件），另外一些部件（零件）也分别要在不同国家

---

① 具体来说，首先，跨国公司各子公司的发展，需要母公司或其他子公司经常向国外子公司提供各类机器设备、大量的商品和劳务出口，促进了母公司或相应子公司出口贸易额的增加和发展。其次，由于跨国公司生产的国际化，某项产品的完成一般在许多国家或地区分工制造部件（零件），然后集中装配，再销往世界各地的市场。这样，跨国公司的产品、半成品和部件（零件）在国际或区域间流转运输，进入国际流通领域，这种跨国公司之间及其内部多层次的商品流转大大增加了国际贸易额。最后，跨国公司的对外直接投资能推动国际贸易地区结构和商品结构的变化。跨国公司为了占领东道国市场，增加国际竞争能力，可以调整经营方针、资金的投向和金额，就地生产和销售，扩大公司内部贸易，从而增加世界贸易额。

的子公司加工，然后再运到一国子公司所在地组装成最终产品，供应到东道国市场及东道国以外的其他国家市场，有的甚至返销母国市场；同时，还包括服务于全球生产经营活动的人员流动。这样的往返运输、多次、多种贸易，大大扩大了国际贸易流量。制造业跨国公司是单纯的生产组织者和销售商，而且往往设有专门从事国际贸易的机构，负责推销产品、售后服务、出售技术，并从事与本公司产品无关的其他进出口业务。现在跨国公司在国际贸易中已占据极为重要的地位，其发展的势头已超过了专门从事贸易的一般进出口公司。

但是，外国跨国公司控制了东道国很大一部分进出口贸易，这不能不和东道国政府和企业产生紧张关系。因为外国子公司的出口、进口方向、价格高低、商品结构听命于母公司的统一计划，东道国无权干预，不受东道国货币金融政策的影响，国际收支也可能不利于东道国。跨国公司利用其在东道国国际贸易中举足轻重的地位，利用其灵通的信息情报进行"全球扫描"，做出贸易安排，影响甚至干预东道国的政策。

跨国公司进行的国际贸易有很大一部分是通过公司系统内部（即母公司与子公司、子公司与子公司之间）贸易来进行的，复杂的制造业跨国公司更是如此。内部贸易，从通常传统的表述来看，既非"国际"，又非"贸易"，其流量、流向、价格等并不完全取决于市场力量，而是总公司有计划安排的结果。内部贸易的发展，对跨国公司来说，当然是趋利避害、提高利润的手段，但对东道国（尤其是发展中东道国）和母国、国际贸易协调组织来说，要了解它、管理它，却是更复杂、更困难了。

（四）跨国公司的国际投资促进了国际资金的运动

跨国公司的国际投资加强了国际资本即生产资本、借贷资本和商品资本的国际流动。跨国公司为了向海外子公司提供资金（提供股权资本或信贷资本、流动资本的内部调拨），从海外子公司提取利润，母公司和子公司之间大量商品和劳务交易、技术使用费和管理费的偿付、借贷、结算等，经常引起大量资金转移。据统计，跨国公司所掌握的流动资金总量已经超过各国中央银行掌握的外汇储备的总和。这些流动资金常常从此地转向彼地，或者由某种货币转换为另一种货币。

但是，母公司可以根据它的全球利益，统一安排调度。它所采取的手法，如利用转移价格抽逃利润，提前和滞后各种支付，在国际金融市场上买卖股票、债券、外汇，利用东道国外汇管理法令上的漏洞逃避管制，利用子公司所在国利率上的差异，将低息借来的资金调到高利率地区贷出，都会加剧所在国和有关国家的货币资本市场的不稳定，增加有关国家货币汇率的不稳定性，加强国际金融市场的波动，引起跨国公司和有关国家的关系紧张。

目前，由于电子通信技术的发展、金融交易技术的创新，世界金融市场形成昼夜不停的连续联系，大量流动资金在其中进行频繁交易，在很大程度上脱离产品和劳务的生产与交换而独立活动。无论是跨国公司发行股票、债券，还是跨国公司的兼并、收购，都离不开它们的作用。

（五）跨国公司的国际投资推进了世界经济一体化

在过去数十年中，世界经济发展的一个主要特征是世界经济的一体化趋势，即各国经济联系的日益紧密。跨国公司以公司内劳动分工为特征的一体化国际生产对世界经济的这种一体化进程起到了巨大的推动作用。

世界经济一体化是指取消不同国家之间商品劳务以及生产要素流动的障碍并相应建立不同程度、不同地理范围的国际联系。依据一体化程度的不同，可将其分为两种形式：浅度一体化和深度一体化。浅度一体化主要通过商品和劳务贸易以及国际资本流动表现出来，而深度一体化则延伸到商品和劳务的生产，并使有形和无形贸易增长。

跨国公司的一体化国际生产将加深国际经济一体化的程度，从而加强各国经济之间的联系。在浅层次的简单一体化中，不同国家独立厂商之间的国际分工导致了国际贸易的产生（见下图5-6）。

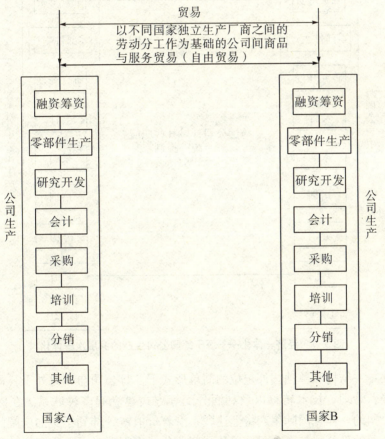

图5-6 经济一体化——源于贸易的浅层次一体化

这种浅度一体化只涉及有限几种性质相对简单的关系，其相互之间的关系只发生在国际市场上，在那里买卖双方均对市场价格做出反应。而市场通常处于一种多边法规框架（如《关贸总协定》）的控制下，有时还会受控于一些区域性安排（如欧盟）。

跨国公司以股权和非股权安排方式进行的跨国生产加深了国与国之间的一体化程度，从而推动了浅度一体化向深度一体化演进。因为它涉及围绕国际直接投资一揽子内含要素所建立起来的多种关系（见下图 5-7）。

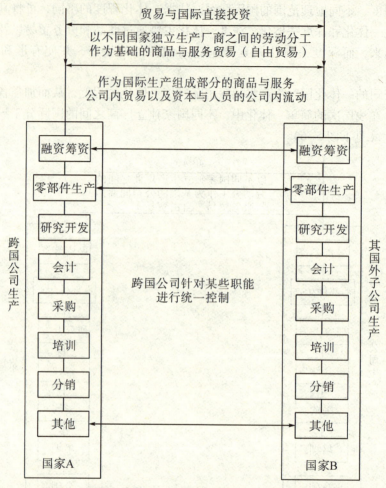

图 5-7　经济一体化——源于跨国公司生产的深层次一体化

　　即使在单一结构和单独国外定位的简单形式下，母公司与其海外子公司也会通过所有权、经营管理、技术转移以及利润分配等方式建立起多种联系。在深度一体化中，跨国公司的一体化国际生产将上述联系沿着价值链延伸到了更加广阔的区域，结果在跨国公司的母公司与子公司、子公司与子公司之间建立了一种密集的生产关系网络（见下图 5-8）。

　　当越来越多的国际生产被逐步纳入建构在这种生产关系网络基础之上的国际一体化生产体系时，越来越多的世界经济活动也正在经历着一种根本性的结构变化——走向更深层次的经济活动一体化。

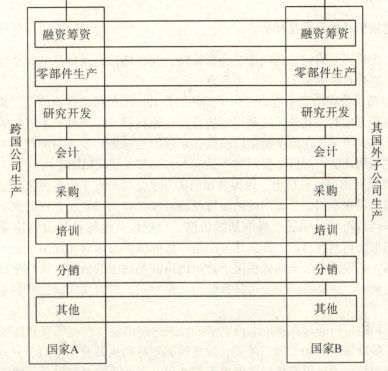

图 5-8 经济一体化——源于跨国公司职能一体化国际生产的深层次一体化

八、划拨价格的具体形式有哪些?

跨国公司用划拨价格的形式,调整各子公司的产品成本,转移公司的利润。

跨国公司总部通过控制商品进出口价格来调整子公司产品成本。由公司总部向子公司低价供应商品,或由子公司向公司总部高价出售商品,可以减少子公司的产品成本,增加利润。反之,则可以增加子公司的产品成本,减少利润。

跨国公司总部通过控制固定资产出售价格和使用年限来影响子公司产品成本。有些跨国公司国外子公司的固定资产是由其总公司负责提供的,公司总部通过确定固定资产的出售价格和使用年限,可以使子公司多提(或少提)折旧费,进而影响产品成本。

跨国公司总部在向子公司提供专利、咨询、管理、租赁、商标等服务时,要向子公司收取一定的费用。跨国公司总部通过控制这些服务的收费标准,可以调整子公司的产品成本。一般来讲，跨国公司向全股权的子公司提供上述服务时，收费标准较低，而向非全股权的子公司提供上述服务时，收费标准较高。

跨国公司往往利用本系统的金融机构向其设在国外的子公司提供贷款，通过控制利率的高低也可调整子公司的产品成本。

跨国公司一般拥有自己的运输系统。公司总部通过确定运输的收费标准，也可以影响子公司的产品成本。

九、划拨价格的目标是什么？

实行划拨价格是跨国公司的重要经营策略，其最终目标无疑是实现整体利润的最大化，但其直接目标则呈多元化，主要有：

（1）提高子公司的竞争能力。为了提高国外某一子公司的竞争能力，跨国公司总部除给其融资方面的便利外，还利用划拨价格在原材料、零部件、半成品等的供应价格上给予优惠。当子公司处于初创阶段或在东道国当地遇到强有力的竞争对手时，公司总部往往采用此法，降低子公司的产品成本，助其占领或拓展市场。

（2）降低和逃避纳税负担。跨国公司的国外子公司分设于世界各个国家，各国政府根据跨国公司在本国子公司的应纳所得税额计征公司所得税。各国的税率不同，税则规定也不同。跨国公司通过操纵划拨价格，可以将其全球性纳税负担降至最低限度，从而增加公司利润总额。其具体方法是：低税国子公司向高税国子公司出口商品时抬高价格，高税国子公司向低税国子公司出口商品时压低价格，从而使低税国子公司出现高额利润，而高税国子公司只有微利甚至亏损，进而使跨国公司的总纳税负担降低。

跨国公司还可以通过在避税港设立子公司来逃避纳税。有些国家和地区（如巴哈马联邦、开曼群岛等）为了吸引外资，发展国际贸易和旅游业，专门设立避税港。在避税港，外国公司纳税税率极低或根本无需纳税，当地政府对跨国公司的管理和监督极为松弛。跨国公司只需在避税港设立象征性的子公司，甚至仅需一个办事人员和一部电话就可以将利润转移到避税港，达到逃避税收的目的。例如，设在美国的子公司有一批商品要出口到设在日本的子公司。首先，美国的子公司将商品以低价卖给设在巴拿马的子公司。然后，再由巴拿马的子公司将商品以高价卖给日本的子公司。事实上，以上这样一个过程仅为转账而已，货物仍从美国直接运抵日本。美国子公司的低价出售和日本子公司的高价购买的结果是两公司都无盈利甚至是亏损，两者的盈利都转移到了巴拿马的子公司。

跨国公司总公司与各子公司之间的商品往来在出入东道国时要缴纳关税。为了减少应纳关税额，跨国公司总公司在对设在高关税国家的子公司供货时，通常以低价发货，以降低计税基础，减少关税。

（3）调节子公司盈利水平。跨国公司为了提高子公司在东道国当地的信誉，可以通过划拨价格提高该子公司的盈利水平；反之，跨国公司为了减轻工会要求提高工资的压力，则又可以通过划拨价格来降低子公司的盈利水平。在与东道国当地资本合资经营企业的情况下，跨国公司可以通过划拨价格将这家企业的利润转移到设在母国或其他国家的其他子公司，减少该企业的盈利水平。此外，当东道国实行物价管制时，跨国公司通过划拨价格来达到抬高物价和增加盈利的目的。

（4）转移资金，减少或避免风险。当某国外子公司资金周转困难时，公司总部或第三国的子公司通过提高对该子公司进口商品的价格或降低对该子公司出口商品的价格，就可以使子公司得到资金融通。

如果预计东道国即将实行货币贬值时，公司总部或其他子公司则可以通过提高划拨价格将子公司的利润和其他资金转移到国外。如果东道国实行外汇管制，子公司则可以通过提高进口货物价格来增加向国外的汇款。

十、划拨价格的定价基础是什么？

各跨国公司实行划拨价格的目标不同，因而划拨价格的定价基础也不同。

就有形商品（如机器设备、原材料、半成品和零部件等）而言，其划拨价格的定价基础包括以内部成本为基础的定价体系和以外部市场价格为基础的定价体系。以内部成本为基础确定划拨价格时，一般采用标准成本资料，如无标准成本资料，则以实际成本作为定价基础。以外部市场价格为基础确定划拨价格时，一般取国际市场实际价格，如无实际价格时，一般以成本加成作为定价基础。

无形商品（如专利权、专有技术、商标、管理费的分摊以及运输费等）划拨价格的确定无明确的依据，其确定的随意性较大。

十一、跨国公司资金运营的主要内容有哪些？

运营资金是指企业运用于短期资产上的资金，包括现金、应收账款和存货等。运营资金管理是跨国公司财务管理中最为经常发生的直接与销售增长和经营性资产的融资需要相关的管理活动，是企业财务管理的一项重要任务。跨国公司资金运营的主要内容有：

（一）现金管理
现金包括纸币及硬币、活期存款、定期存单和可兑换证券等。

跨国公司现金管理的目标就是在资金的保存和运用达到最优化的前提下使公司内部持有的现金最小化。现金最佳持有量一般由米勒—欧尔现金管理控制模式确定，即：

$$E = \sqrt[3]{3b\lambda^2/4i}$$

上式中：

E——最佳现金持有量；

i——市场利率；

b——每次变换生息资本的成本；

λ——通过统计计算出来的每天现金流量差异数。

一般来说，最佳现金存量的上限为下限 E 的 3 倍。

（二）应收账款管理

跨国公司在进行应收账款管理时主要考虑以下三方面因素：支付条件、信用风险的分析和信用政策的制订，同时应收账款的水平还受赊销数量、平均收账期的影响。

跨国公司在确定支付条件时，在应收账款的支付币种选择上，一般硬货币较软货币好，而具体币种的选择则要视市场竞争情况、当地习惯及其他因素来定，且币种不同的应收账款的付款条件即收取的时间也不同。对信用风险的分析，在实践中有两种方法。一种是"信用 5C 理论"，即综合评价客户的品德（Character）、能力（Capacity）、资本（Capital）、抵押品（Collateral）和外部条件（Condition）；另一种是信用评分法，即可对客户的一系列财务比率和信用风险类别档次进行评分，然后加权平均得出客户的综合信用分数，并以此来对信用风险进行评估。在确定支付条件和信用风险分析的基础上，跨国公司综合制订其信用政策，确定出最佳应收账款水平。

为减少应收账款的风险和损失，跨国公司应通过国家信贷担保机构办理担保来规避风险，也可充分利用远期外汇市场、期货市场、期权市场和掉期市场等避险保值。

（三）存货管理

跨国公司的存货管理主要包括原材料、在制品和产成品的管理。存货是联系生产和销售的桥梁，其数量的多少直接影响企业的产销情况，并间接影响企业的成本。因此，存货管理的目标是以最低成本提供维持公司生产经营所需的存货。

经济订货量是指以一定时期内分批订购或存货成本最低时的订货数量，其计算公式可用鲍莫模型表示：

$$EOQ = \sqrt{2FS/CP}$$

上式中：

EOQ——经济订货量；

F——平均采购费用；

S——年需原料或商品数量；

C——存货保管费率；

P——单位存货的购买价格。

由于跨国公司各附属公司所在国的价格水平、利率水平、汇率水平、关税水平、政治环境及各种进出口限制的差异和变化，会影响到在该国或地区生产成本、储存保管的费用水平，因而，跨国公司必须全面分析各种有形与无形的成本及风险，制订出正确的存货管理政策，把生产、储存和订货过程转移到成本最低的地点来进行。

第六章 跨国金融机构与
其他投资主体的国际投资

复习思考题

一、简单介绍第二次世界大战爆发前和结束后跨国银行的历史。

（一）第二次世界大战爆发前跨国银行的历史回顾

虽然早在 14 世纪后期，总部设在意大利佛罗伦萨的梅第奇银行（Medici Bank）曾经在西欧 8 大城市设立分支机构，并从事过票据贴现，向著名的商人或制造厂家进行短期和中期放款，但是其主要业务是向当时的贵族或神职人员进行抵押贷款，为封建领主筹措军费，因而还不是现代意义上的跨国银行。

典型的跨国银行是随着资本主义的发展而发展起来的。已知最早在国外设立分支机构的这类银行是 1817 年英国在其殖民地加拿大建立的蒙特利尔银行（Bank of Montreal）和在澳大利亚悉尼设立的新南威尔士银行（Bank of New South Wales）。这时的跨国银行主要是宗主国在殖民地设立分支机构，所以又有"殖民银行"之称。这些银行大都属英、法两国所有。如英国，到 1910 年，仅总行设在伦敦的殖民银行就有 32 家，在国外拥有 2 100 多个分支机构，现在仍然存在的密德兰银行（Midland）、香港上海汇丰银行（HongKong & Shanghai Banking Corp.）、标准渣打银行（Standard Chartered Bank）就是实例。与此同时，法国的银行也在世界五大洲建立了分支机构网，例如，巴黎国民贴现银行（Banque Narionle d'escompte de Paris）在印度的孟买、加尔各答和澳大利亚的墨尔本设立了分行，东方汇理银行（Banque de I'Indochine）在我国的上海、广州、天津、昆明等地设有分行。除了在殖民地设立大量分支机构外，有的还把分支机构设在其他宗主国家，如当时世界上最大的银行——里昂信贷银行（Credit Lyonnais）在莫斯科等地设有分行；兴业银行（Sociele Ge´ner´ale）在伦敦和纽约设有分行。

随着资本主义的进一步发展，一些后起的资本主义国家的银行也先后加入了跨国银行的行列。如美国的花旗银行公司（Citi Bank Corp.）、大陆伊利诺依银行（Continental Illinoi）、摩根银行（J. P. Morgan）以及德国的德意志银行（Deutsche Bank）和日本的东京银行（Bank of Tokyo）等，都是在这一时期发展起来的。

早期的跨国银行业务比较简单，主要从事进出口贸易的融资、结算等。分支机构的活动完全听从总行的决定，本身没有什么自主权。

（二）第二次世界大战结束后跨国银行的发展变化

第二次世界大战结束后，随着国际政治、经济形势的变化，跨国银行的发展也显示出一定的阶段性。

第二次世界大战结束后初期，德国、日本、意大利由于处于战败国的地位，其原有的跨国银行在国外的分支机构也大部分随之消失；英国、法国、荷兰等国的跨国银行，由于分支机构大多设在原来的殖民地和附属国，在民族解放运动的冲击下，有的被新兴独立国家国有化，有的被迫退出或改组，这种趋势一直持续到 20 世纪 60 年代后期才相对稳定下来。唯一有实力向国外大发展的只有美国的跨国银行，但由于美国政府对银行业长期以来一直实行较严格的管制，其发展速度也比较缓慢。直到 20 世纪 60 年代，各国跨国银行才有了显著的发展。20 世纪 60 年代是第二次世界大战结束后跨国银行发展的重要转折时期。进入 20 世纪 80 年代中期，跨国银行的发展速度相对放慢，20 世纪 90 年代，跨国银行进入了调整重组发展阶段。

1. 从 20 世纪 60 年代到 20 世纪 80 年代跨国银行的发展

从 20 世纪 60 年代到 20 世纪 80 年代初，跨国银行获得了迅速的发展。这个时期跨国银行迅速发展的主要原因有：

（1）生产国际化的迅速发展，引起国际资本流动和国际贸易的迅速增加，对跨国银行的国际融资提出了巨大的需求。第二次世界大战结束后初期，许多国家的经济尚处在恢复阶段，国际资金融通主要是采取官方援助（如"美援"）的方式。经过 20 年左右的经济调整和发展后，私人国外投资进入了迅速发展时期，对商业银行贷款的需求成倍增长。以美国为例，1960 年私人对外投资存量为 318 亿美元，1970 年为 755 亿美元，1980 年则猛增至 2 135 亿美元，1986 年达到 2 599 亿美元。1973 年和 1979 年两次"石油危机"所造成的石油美元回流，又为跨国银行扩大信贷业务提供了充足的资金。同时，这一时期的国际贸易增加也很快。20 世纪 60 年代全世界国际贸易的平均年增长速度为 10%，20 世纪 70 年代更高达 20%。这些都需要银行建立广泛的国际网络为之服务。

（2）欧洲货币市场的形成，为跨国银行开辟了新的活动领域。欧洲货币市场，又称为离岸金融市场或境外金融市场，是指非居民在面值货币发行国以外的国家从事该货币存贷等业务的市场，在内涵上它包括形成于亚洲的欧洲货币市场。20 世纪 50 年代末，苏联和东欧国家由于担心美国冻结其财产而将美元从美国境内调出，存入伦敦的金融机构，渐渐地便在伦敦形成了最初的欧洲美元市场。

欧洲货币市场是不受某国政府管制的真正国际信贷市场。欧洲货币市场具有手续方便，免交准备金和保险金，费用低，存贷利差小，低税甚至免税等优势。这就吸引着世界各国的货币资金投资于该市场。在世界范围内陆续形成了一些离岸金融中心，如伦敦、纽约、香港、新加坡、法兰克福、巴林、巴哈马、巴巴多斯等地的跨国银行均是离岸金融市场业务经营的主体，客户一般以跨国银行为金融中介来进行资金借贷、债券发行、外汇买卖等交易。欧洲货币市场的发展与跨国银行业务的发展互为因果，相互促进。

在欧洲货币市场上，除了最早形成的欧洲美元以外，其他主要国家和地区的通货，如英镑、欧元、瑞士法郎和日元，也都相继成为其国境外自由存贷的对象。由于货币可以自由兑换和选择，利率可以随经营成本和供求关系自由变动，业务可以随需要和可能自由开展，因而对各国的商业银行都具有很大的吸引力。经营欧洲货币放款和承销欧洲债券，成为跨国银行一项重要的业务活动。

（3）国际金融中心的发展，为跨国银行提供了众多的活动据点。第二次世界大战爆发前的国际金融中心全都集中在欧美发达国家的大城市，如伦敦、纽约、苏黎世等。第二次世界大战结束后，一些新的国际金融中心①逐步形成。到 20 世纪 70 年代中期，可列为金融中心的地点已有 70 余处，其中半数以上是在发展中国家和地区。例如，新加坡、香港、巴林、巴哈马、百慕大、开曼等。其中有不少是离岸金融中心，在这里不仅金融管制很宽甚至不加管制，有的还是著名的避税港，因而成为许多跨国银行开展离岸金融业务或者设立"转账"机构的据点。据统计，1974 年年底美国有 125 家银行在国外设有分支机构，其中就有 74 家在离岸金融中心设立了所谓"空壳分行"（Shell Branch），专门从事欧洲美元的"转账业务"。前面提到的开曼是一个群岛，它由三个岛组成，其中最大的一个岛——大开曼岛 1996 年的人口仅 3.3 万人，但该年在那里注册的银行就多达 550 家。全球最大的 50 家跨国银行中，有 47 家在那里设立了分行。

（4）世界经济的发展造就了一批具有优势的跨国银行主体。20 世纪 60 年代以后，西欧与日本的经济实力得到了恢复与增强，其国内银行具备了跨国经营的实力，开始与美国银行在国际金融领域展开竞争。20 世纪 70 年代以后，部分发展中国家的经济也有所发展，如一些石油输出国和新兴工业化国家，在这些国家经济发展的同时也产生了一些较大的银行，它们也积极地参与国际银行业务。这些跨国银行具备了所有权优势、内部化优势等竞争优势，从而得以在与东道国银行的竞争中保持不败。如其拥有先进的金融业务处理技术和金融产品创新技术；拥有雄厚的资金实力，具有良好的国际声望，遍布全球的信息网络；可以利用系统内部渠道划拨资金、调剂外汇等以降低成本。

（5）发达的计算机和通信技术在金融业的广泛应用。20 世纪六七十年代，第三次科学技术浪潮席卷全球，电子化成为金融业的又一特征。借助于电子计算机、电话和传真等通信设备，跨国银行与其总部、客户及其他银行之间的业务往来迅速、完全而正确。建立在先进的电信技术基础上的金融通信网络便于银行间的信息传递和业务的自动化处理。例如，总部设在布鲁塞尔的全球同业银行金融电讯协会（SWIFT），

---

① 不断创建和发展的新的国际金融中心促进了跨国银行营业网的扩大。第二次世界大战结束后，除了原有的发达国家的老牌金融中心如伦敦、纽约、巴黎、苏黎世等以外，在一些新兴发展中国家（地区）出现了许多新的国际金融中心。例如，1971—1976 年期间，世界最大 50 家银行的国外分支机构增加了 60% 以上，其中以在发展中国家（地区）扩展的速度最快。这些新兴金融中心的形成原因多种多样，如新加坡是由经营亚洲美元兴起的，香港则以其高度自由化的经济政策吸引了大量外国银行，加勒比海地区的巴哈马等地是作为著名的"避税港"及欧洲美元转账中心而发展起来的。

其环球计算机网络连接着几十个国家的 2 000 多家会员银行，日处理银行业务 150 万笔。类似的金融通信网络纵横交错，四通八达，将全球金融业联成一体，提供着 24 小时连续不断的服务。

（6）各国政府政策的支持。银行进行跨国经营，参与海外金融市场，一方面可以赚取利息和节约费用，其利润汇回为母国注入相当数额的资金，从而促进国内经济的发展；另一方面也可以支持本国公司、企业的对外发展，提高本国公司、企业的国际竞争力，并相应扩大本国产品的对外出口，增强一个国家的对外影响力。因此，许多国家的政府都相继制定了一些优惠政策和倾斜措施来鼓励本国银行的对外扩张，在政策表现上就是内外有别，即许多国家对银行业的政策体现了对其国内业务的限制和对其海外活动的鼓励。政府往往对银行国内业务采取各种管制。首先表现在对本币的存款准备金要求，这增加了银行本币业务的经营成本，从而加强了银行经营欧洲货币业务的倾向性；其次表现在资本管制上，如美国政府在 20 世纪 60 年代中期制定了对外直接投资方案、利息平衡税和银行自愿对外信贷限制方案三项资本管制措施，使得美国银行的大批客户转向国外市场，从而也促使银行走向国外；最后表现在利率管制方面，如 1963 年①美国政府颁布的"Q 条例"规定银行对储蓄和定期存款支付利息的最高限额，而此条例不适用于境外银行，因此鼓励了美国商业银行向外拓展。20 世纪 70 年代瑞士和联邦德国政府对非居民本币存款的利率管制、日本政府对国内存款利率的管制推动了欧洲货币市场的发展，从而刺激了银行的跨国进程。

相反，各国政府对银行海外活动则往往给予鼓励。如美国 1919 年的"爱治法案"准许联储给符合条件的公司颁发执照以经营国际银行业务；20 世纪 70 年代时联储鼓励国内银行在境外建立"空壳"分行（Shell Branches）开展国际银行业务；1981 年的"国际银行设施"（IBFs）允许美国银行从国内总行指导境外业务活动，从而实现了"境内跨国经营"。又如日本通过 1982 年《日本银行法》所确认的外国银行在日本的国民待遇，使日本银行在海外获得了同等待遇而迅速发展。至 1987 年年底，日本在美国拥有 49 家分行、32 家代理行和 27 家附属行，共持有在美国的外国银行总资产的将近一半。可见，20 世纪 70 年代以来，许多国家先后放宽了银行在国外开设分支机构、对外国客户贷款和经营业务范围的限制，推动了本国银行向国外的扩展。同时，一些国家对外资银行的进入也采取了积极的态度，从而为跨国银行的发展提供了便利。

除上述原因外，还有多种因素影响和促进着银行跨国经营的发展。但从根本上说，可观的利润是各国银行竞相走出国门开展跨国经营的直接推动力。

从第二次世界大战结束后主要国家跨国银行的实力对比情况的变化来看，基本情况是：战后很长一段时期内，美国跨国银行一直占主要地位，但其优势逐步相对下

---

① 其实，在国家金融当局对国内银行业严格管制而相对放松对本国银行跨国经营的监管方面，美国颇具代表性。历史上，美国不允许银行在其所在州之外设立分行，但 20 世纪初，美国在通过《1913 年联邦储备法》时，就允许国民银行在美国之外建立分行。美国的银行为自身发展需要，纷纷投资于海外金融市场。

降；进入 20 世纪 80 年代后，下降速度更快，而日本跨国银行的优势在进入 20 世纪 80 年代后迅速加强。这可以从全世界最大的 50 家银行资产额的变化中看出。见表6-1。

例如，在全世界最大的 50 家银行中，1969 年美国占 15 家，资产额1 676 亿美元，占 50 家资产总额 4 167 亿美元的 40.2%；1979 年美国占 7 家，资产额 4 305 亿美元，占 50 家资产总额 27 637 亿美元的 15.6%；1987 年美国只占 4 家，资产额 4 651 亿美元，占 50 家资产总额 68 298 亿美元的 6.8%。然而日本的银行 1969 年占 10 家，资产额 679 亿美元，占 50 家资产总额的 16.3%；1979 年占 13 家，资产额 7 214 亿美元，占 50 家资产总额的 26.1%；1987 年占 21 家，资产额 34 237 亿美元，占 50 家资产总额的 50.1%（见下表 6-1）。

表 6-1　　　　世界最大 50 家银行中美、日的情况比较（1967—1987 年）

国家	美国			日本		
年份	1969	1979	1987	1969	1979	1987
入选世界 50 大银行的银行数（家）	15	7	4	10	13	21
入选银行的资产总额（亿美元）	1 676	4 305	4 651	679	7 214	34 237
入选银行的资产额占 50 大银行总资产的比重（%）	40.2	15.6	6.8	16.3	26.1	50.1

［资料来源］任映国. 国际投资学［M］. 北京：中国金融出版社，1996：139.

尤其引人注目的是，美国跨国银行的三巨头——花旗银行、大通曼哈顿银行（Chase Manhattan）和美洲银行（Bank of America），自第二次世界大战结束后，长期以来其资产额一直在全世界跨国银行中名列前茅。但从 1986 年起，其地位已被日本的第一劝业银行、住友银行和富士银行代替。此后，美国跨国银行的地位每况愈下，到 1992 年，其最大的银行——花旗银行的资产额只排在世界第 23 位。

此外，在 20 世纪 70 年代和 20 世纪 80 年代，欧洲国家的跨国银行的经济实力也有了稳定的发展。1969 年全世界 300 家最大银行的资产总额中，英国、法国、联邦德国、意大利和瑞士 5 国的银行所占的比重为 29.6%，低于美国；1985 年，全世界 500 家最大银行的资产总额中，这 5 个国家的银行所占的比重达到 30.9%，高出美国所占比重的 1 倍多。

美国跨国银行这一时期在国际竞争中的地位下降，是与美国经济在世界经济中的优势逐步削弱这一基本原因分不开的，但与银行自身经营活动的重大失误也有密切关系。其中最重要的是过度的所谓 3L 贷款造成的严重损失。3L 贷款是对发展中国家（Less-developed Countries）贷款、国内的房地产（Lands and Buildings）贷款和杠杆收购（Leverage Buyout）贷款的简称。

对发展中国家的大量商业性贷款发生在 20 世纪 70 年代，主要是贷给了墨西哥、阿根廷、巴西和智利等拉美国家。这些贷款的迅速扩张一度给美国跨国银行带来丰厚的利润。例如，1972—1977 年，美国最大的 10 家跨国银行的国外利润每年平均增长 22.8%，而美国国内银行利润每年平均只增长 4.4%。但后来由于国际经济形势的变化，其中包括美国为转嫁经济危机而限制来自发展中国家的进口，实行高利率、高汇率和高财政赤字的"三高"政策等，使债务国的贸易条件恶化、偿债能力降低，同时又使还本付息的负担加重，最终导致这些债务国在 20 世纪 80 年代初先后宣布无力偿还债务，形成了旷日持久的国际债务危机。在 1982 年各国跨国银行拥有的对发展中国家的 3 475 亿美元的债权中，美国跨国银行拥有 1 255 亿美元，占 36.1%。作为主要债权人的美国跨国银行，虽然采取了重新安排偿债期限、贷款转换为债券或股权等挽救措施，并由美国政府先后出台了"贝克计划""布雷迪计划"等协助进行干预，但美国跨国银行也不得不承受减免部分债权的损失。

对房地产的"过度贷款"主要发生在 20 世纪 80 年代中期美国出现房地产市场过热时，一些商业银行在急功近利的驱动下，放松了对风险的控制，不仅大量发放房地产贷款或以房地产为抵押的贷款，甚至还直接从事房地产投资。1980 年，美国商业银行对房地产的贷款存量仅为 2 691 亿美元，到 1990 年增加到 7 964 亿美元，增加了近两倍。房地产贷款占银行全部贷款的比重由 1980 年的 26% 上升到 1990 年的 39%，超过了对工商业的贷款（1990 年美国商业银行对工商业的贷款存量为 5 127 亿美元，占全部贷款的 25%）。但到 1989 年美国经济出现局部衰退，房地产市场随之急转直下，贷款难以收回。该年末，对房地产业贷款最多的 100 家大银行的逾期贷款（指到期后 90 天尚未归还的贷款）就达 120 亿美元。此后数年越积越多。1991 年元月，名列美国大银行第 35 位的新英格兰银行宣告破产，在很大程度上就因巨额房地产贷款的坏账所致。

杠杆收购贷款是指银行向那些从事企业并购活动，但自有资本很少，主要依靠借款作为收购资金（即使用高比率的财务杠杆）的公司提供的贷款。贷款以从事收购的公司以将要获得的目标企业的资产或未来的现金流量作为担保。杠杆收购方式因后来被人们称之为"垃圾债券之父"的迈克尔·米尔肯（Michael Milken）设计的"高收益债券"（信用虽被评为 BB 级以下，但承诺支付高利息）在 1983 年推出而在美国风行一时，1989 年达到高峰。该年全国杠杆收购的总额达 668 亿美元。但经济衰退到来之后，信用迅速崩溃。1990 年全国无法收回的杠杆收购贷款约 300 亿美元。

3L 贷款过度膨胀所造成的严重损失在 20 世纪 80 年代先后发生，沉重地打击了美国跨国银行的实力。

日本跨国银行的国际地位在 20 世纪 80 年代迅速上升，是战后日本经济迅速恢复和发展，整个经济实力增强的重要标志之一。但其中也包含有日本经济发展过程中的泡沫成分。日本跨国银行以低经营成本、高财务杠杆进行资产扩张，也是日本经济泡沫的表现之一。有关资料显示，在 20 世纪 80 年代末，美国跨国银行的资本与风险资产的比率约为 6%，而日本帝国银行的这一比率仅约为 3%。高速扩张掩盖了日本银行在管理方面的某些严重问题，这些问题在 20 世纪 90 年代才逐步暴露出来。

2. 20 世纪 90 年代跨国银行的调整重组

20 世纪 90 年代是跨国银行的调整时期，这一时期跨国银行活动的特点是：①采取多种措施积极处理不良资产，并努力增加自有资本，以期达到监管当局对资本与风险的资产比率的新要求；②改变过去偏重资产规模和机构网点扩张的倾向，把经营的安全性和实际效益放到更重要的地位，许多银行不仅调整了资产规模，重视提高资产质量，而且有些银行还撤销了一些效益欠佳的海外分支机构；③通过"强强联合"、"优势互补"的合并与收购，增强在国内外的竞争能力，这一时期的银行并购活动不仅次数频繁、规模巨大，而且出现了跨行业（如商业银行与证券公司合并）、跨国界（如美国的银行并购日本的银行、德国的银行并购美国的银行等）的大型并购活动的新现象。

在这些调整活动中，曾在 20 世纪 80 年代受到重创的美国跨国银行表现最为活跃，因而也取得了较明显的成效，使其国际地位在一定程度上得到改善。例如，花旗银行通过采取及时处置不良资产、增加呆账损失准备金和保留收益、大力开拓信用卡等零售业务等多种措施，经营业绩和资本充足率显著提高，被《欧洲货币》（Euromoney）杂志评为 1995 年度世界最佳银行。1998 年 8 月，又与经营保险及证券业务的旅行者集团合并，成为当时按资本市值计算的世界最大的金融集团。又如，1991 年 7 月与安全太平洋银行合并，后来又于 1998 年 4 月与国民银行合并的美洲银行，通过两次合并使其资本实力迅速在世界上名列前茅。在 20 世纪 90 年代，美国的银行先后于 1991 年、1995 年和 1998 年掀起了三次合并浪潮，合并的规模一浪高过一浪。在由《欧洲货币》杂志按 1998 年年底股东权益（即股本）多少排名的世界最大 200 家银行的前 10 名中，美国的跨国银行共有 5 家，其中美洲银行位于第一位，花旗银行集团位于第二位。

受本国"泡沫经济"的严重影响和内部管理上存在不少深层次问题的日本银行，在 20 世纪 90 年代初就开始逐渐陷入困境，而且调整的行动迟缓，直到 20 世纪 90 年代末仍未摆脱困境。据美国《商业周刊》1997 年 2 月 4 日的一篇文章报道，在从 1990 年日本泡沫经济开始破灭算起的 5 年多的时间内，仅股票和房地产价格暴跌就使日本的银行形成了至少 3 500 亿美元的坏账。在 1995 年 8 月由国际上著名的金融评估机构之一穆迪公司公布的对日本 50 家银行的资信调查中，没有一家被评为"A"级，获得"B"级的仅有一家，其余的均在"B"级以下。从 20 世纪 90 年代中期起，日本银行业的丑闻也频频曝光。1995 年 8 月，日本大藏省对大部分贷款已成为银行呆账的 7 家住宅金融专业公司进行了调查，暴露出这些公司管理混乱，有的还存在与黑社会人物有密切联系，随意向这些人物提供贷款等严重问题。而这些公司的"母体银行"就是日本的一些大银行，如第一劝业、富士、三菱、住友和樱花等银行。1995 年 11 月 2 日，美国政府下令对因长期从事美国国债非法交易而损失约 11 亿美元并伪造账目的日本银行施以停止在美国的一切业务的处罚。1997 年 5 月，东京地方检察厅对第一劝业银行总部进行了突击搜查，以获取其向"特殊股东"提供大量非法资金的证据。1998 年 3 月 11 日，日本中央银行——日本银行营业局证券课课长吉泽保幸因涉嫌接受数家银行贿赂和泄露金融情报而被东京地方检察厅特别搜查部逮捕，中央银行总裁松下康雄引咎辞职。这些问题表明，日本的银行要在国际社会重建资信还有很长的路要走。1998 年秋，一些日本银行开始大规模地从海外市场撤退。在前述《欧洲货币》杂志按 1998 年年底股本大小排列的前 10 名银行中，日本银行已全部名落孙山。在 1996 年 3 月由日本银行两巨头——东京银行和三菱银行合并而成的东京三菱银行，虽然在 1998 年底的资产规模仍可排名世界第二位，但其股本只能排到第 12 位。

20 世纪 90 年代以来跨国银行业的调整和重组有着特定的时代背景。首先，欧美各国相继进入经济衰退，日本泡沫经济破裂，使西方银行业陷入经营效益滑坡的困境，银行业的盈利下降。如 1990 年英国仅七大银行的坏账准备金就高达 51 亿英镑，同年美国银行亏损 76 亿美元；1991 年美国商业银行的坏账达贷款总额的 5.6%，127 家银行宣告破产；1994 年日本 11 家主要银行的合并税前盈余降低 90%以上，众多银行的信用等级下降。其次，金融自由化加剧了跨国银行的竞争和风险。20 世纪 70 年代以来，国际金融业的发展呈现出日益自由化的趋向，主要西方国家以及一些新兴工业化国家逐步取消了利率管制；有些国家开始放宽业务领域的限制（如加拿大政府于 1987 年 6 月取消了银行、证券业务分离制）；越来越多的国家开放了本国的金融市场等。金融自由化一方面加剧了跨国银行之间及其与其他金融机构之间的竞争，另一方面加剧了跨国银行经营中的风险。近年来，国际金融市场一直动荡不安，不时出现区域性金融危机（如墨西哥金融危机、东南亚金融风暴等）。在上述形势下，各跨国银行力图通过调整与重组实现增强实力及抗风险能力、取得业务互补的竞争优势、降低经营成本等目标。事实上，这些举措已经显现出初步成果。例如，据国际清算银行（BIS）的 1995—1996 年度报告计算的 1995 年度全球银行资产回报率，美国由上一年的 1.81%上升为 1.87%，英国由 1.22%增加到 1.27%。只有日本由于国内泡沫经济破裂带来的不良债务等问题积重难返，银行业复苏乏力，当年 21 家大银行的资产回报率为-0.75%；其跨国银行的发展也出现停滞，如 1997 年其在瑞士营业的 28 家银行中有 5 家倒闭（5 家银行为 La New Japan Bank，OKASAN，Yasuda Trust，Takugin，Nippon Credit Bank）。

二、跨国银行母银行与其海外分支机构的组织结构关系包括哪些？

跨国银行的组织形式包括跨国银行母银行与其海外分支机构的组织结构关系及这些分支机构的具体形式。母银行与分支机构的组织结构关系有三种类型：分支行制、持股公司制和国际财团银行制。就这些海外分支机构的具体形式而言，又可分为代表处、代办处、分行、附属行或联属行等多种形式。

三、简述跨国银行组织形式选择的影响因素。

影响跨国银行组织形式选择的因素很多，具体如下：
（1）就跨国银行母银行与其分支机构的组织结构的形式选择而言，起决定作用的是其国内银行业的发展状态。例如大多数国家的跨国银行采取分支行制，是由于其在国内的发展形式即分支行制，因而自然地在银行跨国化过程中向海外延伸。而美国的国内银行业是从单一银行制度逐步发展为持股公司制的，其跨国银行采取持股公司制也就不足为奇了。此外，国际财团银行制的产生则是出于分散巨额业务风险的特殊目的。

（2）就跨国银行海外分支机构的具体形式选择而言，采取何种形式主要考虑其业务量的多少、经营成本和效益的高低、经营控制权和经营的灵活性、本身资本实力的大小以及东道国的法律规定等。现实生活中，东道国及母国的政策和法规限制会影响跨国银行的选择。例如，有的国家（主要是发展中东道国）禁止外国银行在本国设立分行乃至附属行、联属行，跨国银行便只能采取代表处等低级形式。又如，有的母国对不同类型海外分支机构采用不同的税收递延或抵免条款，从而也影响着跨国银行海外分支机构的类型选择。

（3）跨国银行即使在国外建立了广泛的分支机构，也不排斥在某些地方继续利用传统上开展国际银行业务所建立的国外代理行关系。但是代理行与委托行之间只是一种契约上的平等协作关系，而不是隶属关系，其所能代理的业务是比较简单的、有限的，对于一些开拓性的业务特别是与代理行本身利益有竞争关系的业务，是不可能委托代理行去完成的。

四、跨国银行的国外业务包括哪些?

跨国银行的国外业务首先是在国内业务的基础上发展起来的，因此，一般银行的国内业务活动也包括在跨国银行的业务范围之内。但是跨国银行还有广泛的国外业务活动，这些业务活动并不是国内业务活动在地理上的简单延伸。由于国外分支机构往往处于与母国极不相同的经营环境中，不同的东道国的经营环境可能也千差万别，所以从总体来看，跨国银行的业务活动一般都比国内的银行业务活动纷繁复杂得多，有些规模巨大的跨国银行，其业务范围甚至无所不包，从事所有的各种金融业务。尽管如此，我们仍可将跨国银行的海外业务划分为三大类，即跨国信用扩展业务（Transnational Credit Extension Activities）、跨国筹资业务（Transnational Funding Activities）和跨国的其他银行业务（Transnational Other Banking Activities）。

（一）跨国信用扩展业务

跨国信用扩展业务是跨国银行的资产业务，包括跨国放款和投资。它是跨国银行实现其盈利目标的关键环节，是最重要的业务活动。其重要性与工商企业的生产与营销活动类似。具体业务形式有：

（1）直接贷款（Direct Lending）。跨国银行直接贷款的典型是欧洲货币贷款，即银行分支机构所在国以外的货币贷款，其中以欧洲美元居多。

贷款对象主要是跨国公司和外国政府。这种贷款的特点是其用途不受限制，借款人可将所借款项用于任何目的。但收取的利息也较政府贷款、国际金融机构贷款和出口信贷等的利息高，且利率浮动，一般是随着国际金融市场的变动，每3个月、半年或1年进行一次调整。利率水平以伦敦银行同业拆放利率（LIBOR）作为基准利率，加上一定的差价（Spread）计算。1 年以内的短期贷款在欧洲货币贷款中所占的比重很小，这类贷款一般用于跨国公司或其他外国企业的流动资金周转调剂和外国政府弥补国际收支的暂时不平衡。欧洲货币贷款的大部分是中长期贷款。其期限一般短者 2~3 年，长者 10~15 年。每笔贷款的金额少者几千万美元，多者数亿美元甚至 10 亿美元以上。由于贷款的期限较长又金额巨大，故大多采取由多家银行共同组成的银团贷款方式进行，只有少数期限相对较短（5 年以下）且金额相对较小（1 亿美元以下）的中期贷款，才采取独家银行贷款的方式。跨国银行在银团贷款中，可依具体情况不同，分别担任牵头银行（Lead Bank）、经理银行（Mananging Bank）或参与银行（Participating Bank）。牵头银行在银团贷款中承担最多的贷款份额，它和由多家经理银行共同组成的经理集团一起承诺提供全部贷款，其中的一部分可销售给参与银行。银团贷款与单一银行贷款相比，对银行的好处是：它能够限制单个银行的贷款风险暴露，风险分散给多家银行承担，可以避免一家银行冒孤注一掷的危险；可以使不具备自行开辟业务条件的银行也能参与贷款；可以使新的贷款银行同借款者建立业务联系。

（2）银行同业放款（Inter-bank Loan）。这种业务主要由设在国际金融中心的分支机构进行，贷款的对象是其他银行。同业拆放的期限以从 1 天到 6 个月的居多，超过 6 个月的较少，这是一种交易频繁、金额巨大、毛利微薄的业务。每笔交易至少 10 万美元以上，典型的为 100 万美元以上，故称批发业务。伦敦银行同业拆放利率分为贷款利率（Offered Rate）和存款利率（Bid Rate）两种，二者之差为贷款银行的营业收入，差距在 0.25%~0.5% 之间。同业放款为尚未找到现成借款者的银行有效地处理暂时闲置的资金提供了方便的机会。

（3）东道国市场的当地放款（Local Lending）。这种放款主要以当地货币进行，并且通常是批发业务。在一些资金长期短缺、国内利率远高于国际金融市场利率的发展中国家，跨国银行以从国际金融市场或本银行系统其他机构取得的低成本资金，通过在这些东道国设立的分支机构贷放出去，是一项盈利颇为丰厚的业务。当然，如果利用外来的资金兑换成当地货币再贷放出去，必须同时考虑东道国货币可能贬值等因素带来的汇率风险。

（4）国际贸易融资（International Trade Financing）。这是传统的国际银行业务。短期贸易融资包括：允许出口商透支（英国和美国银行采用）、办理特种账户（法国和德国银行采用）、借用打包放款（亚洲一些发展中国家银行采用）等；对进口商提供承兑信用、透支和商品抵押放款等。由跨国银行出资或资助建立具有独立法人资格的财务公司或专门组织，为出口商承购应收账款（Factoring），也是跨国银行为国际贸易提供短期信贷的一种形式。

中长期贸易融资又称为出口信贷。第二次世界大战结束后，随着大型机械设备和成套设备在国际贸易中的比重增加，出口信贷得到了广泛发展。跨国银行提供的出口信贷利率一般低于相同条件下直接贷款的利率，利差由出口国政府补贴，风险由出口国政府的信贷保险机构担保。其出口信贷的主要形式有：①向出口商提供卖方信贷

（Supplier's Credit）；②向进口商或进口商的银行提供买方信贷（Buyer's Credit）；③购买出口商经进口商承兑的、一般期限半年以上到五六年的无追索权的远期汇票，即所谓"买单信贷"（Forfaiting，又译为"包买票据"，或音译为"福费廷"）；④卖方信贷或买方信贷与政府贷款相结合的混合信贷（Mixed Credit）。

跨国银行提供的国际贸易融资主要由设在"在岸银行业务市场"（Onshore Banking Market）的分支机构进行，但是设在"离岸银行业务市场"（Onshore Banking Market）的分支机构，也可以通过向设在那里的来自发展中国家的银行机构存入硬通货，再由后者把这些资金贷给本国进口商的方式，来间接地开展贸易融资业务。

（5）项目融资（Project Financing）。这种融资主要用于大型的、资本密集的开发建设项目，如能源、交通、农林业和制造业等的大型工程项目。项目融资的特点是：贷款人主要依项目经营所产生的收益（现金流量）来偿还贷款，而不是只注重项目主办人的资信。国际项目融资无论从融资的方式还是从融资的来源来讲，都是一种多元融资。从资金提供的方式来看，除项目主办单位和外国合伙人投入的股本外，还利用多种形式的贷款、发行债券等方式；就资金的供应者来看，可能包括世界银行和国际开发协会贷款、外国政府贷款以及供应商提供的信贷和债券购买人提供的资金等。跨国银行参与项目融资主要是以商业贷款和出口信贷方式提供资金。参与项目融资的商业贷款，除贷款必须用于指定的建设项目外，其余的条件与前述的直接贷款并无区别。例如，贷款可用于向任何国家或供应商购买资本货物、其他商品或劳务。

（6）国际证券投资（International Portfolio Investment）。跨国银行的国际证券投资活动包括：①购买跨国公司或外国公司在国际金融市场上市的股票，占有少数股权，对公司的经营管理活动没有控制权，只取得股息或股价变动的差价收益的投资（如果对发行股票的公司有经营管理上的控制权，则属于国际直接投资的范畴，不在本讨论之列）。这类投资，在跨国银行国际证券投资中所占的比重不大。②购买外国公司、外国金融机构、外国政府和国际组织发行的国际债券，包括由外国债务人在投资人所在国发行的、以投资国货币标价的外国债券（Foreign Bonds）和债务人在欧洲金融市场发行的、以销售国以外的货币标价的欧洲债券（Euro-bonds）。国际债券投资是跨国银行最主要的投资业务。特别是进入 20 世纪 80 年代以来，国际金融市场的证券化趋势显著加强，在跨国银行的资产业务中，以贷款形式持有的资产比重明显减少，而以债券等形式持有的资产比重则迅速增加。例如，在 1981 年总数为 1 415 亿美元的欧洲货币信用中，银团贷款为 965 亿美元，国际债券与票据为 440 亿美元；1985 年，这两种方式的信用分别为 216 亿美元和 1 628 亿美元；1988 年，分别为 1 200 亿美元和 2 400亿美元。近年来，一些发达国家的债权银行为摆脱在国际债务危机中的困境，还采取了将尚未收回的贷款转换为债券，然后按一定折扣价格在二级市场出售的方法，来挽回一部分可能出现的呆账损失，这进一步增加了银行证券资产的比重。

（二）跨国筹资业务

跨国筹资业务包括国外分支机构自有资本的筹集和负债业务，其主要目标是开辟比较稳定的、低成本的资金来源。总行（母银行）的股本投资、欧洲货币存款、东道国的当地存款、银行同业借款、本银行系统内部借款和在金融市场发行债券，构成了跨国银行国外分支机构的主要筹资来源。

（1）总行投资（Head Office Investment）。这是跨国银行国外分支机构得以建立的基础。国外分支机构要开展业务活动，首先必须要有一定数额的自有资本，用于购置营业场所、各种设备和办公用品等，并在公众中建立信誉，补偿可能发生的意外损失，保证经营活动的正常进行。这些自有资本，首先是由总行提供的。这也是通常所说的银行国外直接投资。

银行由于本身的特点，其自有资本与总资产的比率通常比工商企业小得多。例如，据美国参议院银行货币住宅委员会的调查资料，1974年美国30家最大跨国银行在国外的拥有多数股权的子银行，其股本投资共为9.06亿美元，仅占其总资产199.1亿美元的4.6%。至于代表处、经理处和分行等机构，由于是总行的派出机构，不具有独立的法人资格，其自有资本与资产的比例通常合并在总行的资产负债表中一并计算，实际比率会更低。银行降低资本与资产的比例，可以更多地获得利用"财务杠杆"的一些好处，但也降低了本身对风险的应变能力，从而对客户存款的安全性造成威胁。因此，一些东道国政府和有关的国际监管机构，对跨国银行及其分支机构的资本资产比例的最低要求做了一些规定。

当然，在跨国银行只拥有部分股权的分支机构中，另一部分股权资本是由其他合资者如跨国公司、东道国以及其他外国银行提供的。

（2）欧洲货币存款（Eurocurrency Deposits）。客户存款是跨国银行最廉价的筹资来源之一。银行通过吸收客户存款方式所筹集到的可运用资金越多，利润率也就越高。跨国银行所吸收的客户存款，大量的是欧洲货币存款，如欧洲美元、欧洲欧元、欧洲瑞士法郎、欧洲日元等。其主要存款者是跨国公司、外国政府和政府机构、外国中央银行和外国金融机构等。存款方式有：①固定利率的定期存款（Time Deposits，简称TDs），存款期一般较短，大多数为1周至6个月，少数为1年，不能转让，存款额以100万美元或100万美元以上为一个单位。②欧洲可转让存单（Euro Negotiable of Deposits，简称Euro CDs），利率固定，但存单可随市场利率的起伏以折价或溢价转让，有活跃的二级市场。发行办法采取随时供应和份额发行两种形式。采取前一种形式的称为随时可购存单（Tap CDs），面额在2.5万~500万美元之间。采取后一种形式的称为"份额存单"（Tranch CDs），面额以"万美元"为单位，每次发行额一般在1 500万~2 500万美元之间。③浮动利率存单（Floating Rate CDs，简称FRCDs），利率与市场利率相联系，可以变动。例如，伦敦的美元浮动利率存单以1万美元为单位计值，通常按6个月期的伦敦银行同业拆放利率再加上0.25%计算。

（3）当地货币存款（Local Currency Deposits）。在东道国吸收当地存款，是用于当地放款的最安全、最经济的筹资来源。因为这可以节省从东道国以外调入资金的汇兑费用，并可避免汇率变动可能造成的损失。但是，由于缺乏足够的当地业务来保障建立广泛的机构网络，或者受到东道国的法律限制，所以当地存款就成了跨国银行努力拓展的资金来源。跨国银行经常通过与东道国的中央银行或商业银行的货币互换安排（Swap Arrangements）来获得当地货币供当地放款之用。

（4）银行同业借款（Inter-bank Borrowings）。这是跨国银行重要的、有效的筹资来源。特别是那些在国外没有广泛存款基础的银行，利用同业拆入可以解其发放贷款所需资金不足的燃眉之急。但是，这类资金存在着变化无常、极不稳定的缺点，有时可能因对方一个电话或简短的书面通知就被提走，故有"通知放款"（Call Money）之称。市场利率的微小变动都会对同业资金往来的流向发生影响。

跨国银行的大部分银行同业借款由位于主要国际金融中心的国外分支机构来筹集。但在通信手段极为发达的今天，总行也可以借助现代化的通信设施来直接从国际金融中心的其他银行拆入资金，而不是非在那里设立分支机构不可。当然，更重要的是，在国际金融中心设置分支机构还可以获得其他多方面的好处。

（5）发行票据和债券。大量利用发行浮动利率票据（Floating Rate Notes，简称FRNs）来筹集资金，是进入 20 世纪 80 年代以来跨国银行负债业务发生变化的一个显著特征。例如，该种票据 1980 年的发行总额共有 23 亿美元，到 1986 年已猛增到468.8 亿美元。浮动利率票据比存单优越之处在于：它可以用来筹集期限较长的资金，偿还期限可达 5~15 年，有的甚至能达到 20 年，便于与长期贷款相匹配；在某些情况下，还可以与银行的债券一起，按一定的折算比例，计算为银行的"二级资本"，部分地弥补"一级资本"（即自有资本）的不足。

发行国际债券尤其是欧洲债券，在跨国银行筹资来源中的重要性也显著增加。在国际金融创新的浪潮中，欧洲债券的新品种也层出不穷。除了传统的以固定利率计算的普通债券（Straight Bonds）外，主要还有浮动利率债券（Floating Rate Bonds）、零息债券（Zero Coupon Bonds）、分期付款债券（Partly-paid Bonds）、自选到期日债券（Puttable Bonds）、附认股证债券（Bonds with Warrants）、可转股债券（Convertible Bonds）和双重货币债券（Dual-Currency Bonds）等。

跨国银行的负债业务由传统的依赖吸收存款逐步转向在长期资金市场增加票据和债券的发行，是国际金融市场证券化趋势的另一个重要方面。

（三）跨国的其他金融业务

跨国的其他金融业务是指跨国银行从事的除上述信贷扩展和筹资以外的各种业务。这些业务的目的或者是为了向客户提供有关服务而收取费用，或者是为了防范自身的经营风险。其中有许多业务不反映或者基本上不反映在银行资产负债表的变动上，故有表外业务（Off Balance Sheet Activities）之称。在国际金融创新浪潮和激烈的竞争中，表外业务不仅内容丰富，而且其重要性也显著增加了。表外业务不受有关当局对银行的资本资产比率监管的限制，也是其迅速发展的重要原因。银行业务表外化，是国际金融创新的主要趋势之一。

跨国银行的其他银行业务活动主要有：

（1）传统的国际银行业务主要指国际结算业务。这包括：①以航汇、电汇和国外汇票方式进行的国际汇票结算（International Remittance）；②代债权人向国外债务人收取款项的国际托收结算（International Collection）；③在国际贸易中，应买方要求开出证件，代表买方向卖方承担付款责任的信用证结算。

（2）外汇业务（Foreign Exchange Business）。规模较大的跨国银行通常从事四种基本的外汇业务：①为公众办理外币汇票的零售型业务；②为跨国公司或其他较大的有国际业务往来的外国公司进行多种货币之间的兑换，或为其资产、负债进行套期保值；③为其他银行代理外汇业务；④为本身的外汇风险暴露（Foreign Exchange Exposure）套期保值并维持其头寸而在银行同业市场进行的外汇交易。

当然，利用外汇交易进行投机谋利的也不乏其例，但这要冒较大的风险。

（3）担保或类似的或有债务（Guarantees and Similar Contingent Liabilities）。这是银行为交易活动的双方（如进口商与出口商）中的某一方的现行债务做担保，并承担现行风险，其中大多属于传统的表外业务，如为客户的债务出具担保函，发放跟单信用证和承兑票据等。也有一些是近年来创新的，如备用信用证（Standby Letter of Credit），它可以用来担保金融债务或银行客户的履约。

（4）承诺（Commitment）。这主要是由银行为未来的交易做出承诺。因此，它通常只会在未来的某个时候使银行面临信贷风险，这是与承担现行风险的"担保"不同之处。但近年来，承诺在许多方面也具有了类似担保的特点和形式。承诺的具体业务有：信贷限额（Credit Lines）、资产出售和回购协议（Asset Sale and Repurchase Agreements）以及票据发行便利（Note Issuance Facilities，简称 NIFs）等。其中票据发行便利是近年来广泛使用的金融创新工具，它是一项中期的具有法律约束力的承诺。根据这种承诺，借款人可以用自己的名义发行短期票据，而包销银行承诺购买借款人未能出售的任何票据或承担提供备用信贷的责任。包销承诺通常不列入资产负债表，但可收取服务费。

（5）各种远期、期货、期权和互换交易。这具体包括：远期外汇交易、远期利率协议、货币期货、利率期货、货币买卖期权、利率买卖期权、股票指数期货、股票指数买卖期权、货币互换和利率互换等。其中，远期利率协议是近年来发展最快的一种新的金融工具。它是一种合约，在合约中，双方商定某种利率，在将来特定的时候（指清算日），按特定的期限支付某一名义存款的利息。它与利率期货有某些相似之处。其主要不同点在于：它不是通过交易所而是在场外交易，方便、灵活、不需要保证金，但协议签订以后，不能再卖出，只能与另一笔远期利率调换。

（6）信托、咨询和管理业务（Fiduciary，Consultancy and Management）。如：为客户进行信托资金和投资组合管理（Trust Funds，Portfolio Management）；为客户提供国际商品市场和国际金融市场信息，以及代为了解和评介交易对手的财务资信；为企业的跨国兼并提供咨询；代客户保管证券；为跨国公司提供国际现金管理服务（International Money Management Service）等。跨国公司国际现金管理的目的在于恰当地保持流动余额，有效地控制应收应付账款，把多余的现金进行适当的投资。跨国银行利用自己广泛的机构网络和熟练的金融技巧，为公司的现金跨国流动和集中提供便利，为公司的短期剩余资金寻找投资机会提供咨询和帮助。

在银团贷款中充当代理人、牵头银行和经理银行，以收取代理费和管理费；在国际债券的发行中充当包销人以赚取佣金等，也属于跨国银行表外业务中的收费服务活动。

（7）国际租赁（International Lease）。跨国银行参与国际租赁业务的主要方式是自设或与企业联合设立租赁公司，提供融资租赁、杠杆租赁和售后租回（Sale and Lease-back）等业务。银行从事租赁业务的好处是可以部分地减少资产风险。

以上只是对跨国银行主要业务活动的综述。具体到每家跨国银行来说，其业务范围不尽相同。有些规模巨大的跨国银行试图从事所有上述业务，成为"全能银行"；而另外一些银行则认为，专门从事经过选择的某些业务更为有利。

五、跨国银行在国际投资中的作用主要有哪些？

作为金融类跨国企业，跨国银行在国际投资中的作用首先体现为设立海外分支机构而进行的国际直接投资。当前国际直接投资的行业趋势之一是服务业所占比重快速上升，其中便包括金融服务业。跨国银行在国外设立分支机构时购租场地、添置设备、雇用人员等投入都可视为其国际直接投资。其次，通过对跨国公司的股权参与，跨国银行还间接地介入了国际直接投资活动。如日本的第一劝业银行便持有包括食品、纤维、石油化工、钢铁、电机等多家大型跨国公司的股份。这种控股关系一般存在于跨国银行的总行与跨国公司的总公司之间，海外分支机构间的股权结合尚不多见。这种银行资本与工业资本在国际上的融合生长，体现了金融资本的国际化。最后，作为金融服务性部门，跨国银行在国际直接投资中发挥着中介枢纽的作用，这是跨国银行最为基本、最为重要的作用。这种作用主要体现在跨国银行对跨国公司等国际直接投资者的各种支持和服务方面。以下对此做一些简要阐述。

（一）跨国银行是国际直接投资者跨国融资的中介

跨国公司在进行国际直接投资时，往往会产生巨大的资金需求；同时，国际上又存在众多的间接投资者或短期信贷提供者，产生了巨大的资金供应。但资金需求与资金供应往往存在数额、期限、币种等方面的差异，这就需要跨国银行发挥信用中介作用予以调整。跨国银行可以通过汇集小额、短期的资金向资金需求者提供大额、长期的信贷，并且通过商业票据的承兑、贴现等为其创造出流动性。随着经济的发展，这种传统的信贷业务出现了证券化的趋势。如跨国银行在负债业务方面，凭借自身的声誉和资信优势，通过发行自己的债务凭证——银行债券等，能够以较低的成本聚集起大量资金；在资产业务方面，通过把对借款人的债权转化为股权或债券，增强了流动性，从而能够更好地发挥中介功能。

值得一提的是，随着跨国银行开始介入投资银行的传统业务——直接证券的发行和包销，其中介作用已扩展到直接融资领域。

（二）跨国银行是投资者跨国界支付的中介

由于跨国银行拥有分布广泛的海外分支机构和代理行网络，因而能为投资者在世界范围内办理转账结算和现金收付业务，充当其国际支付的中介。国内银行在执行国际支付中介职能时要通过与外国银行之间的代理行关系间接地进入对方的国内支付系统。而跨国银行则更多地通过海外分支机构直接进入东道国支付清算系统，然后通过母银行与分支机构及分支机构相互间的支付清算形成一个国际支付清算网络，如美国的银行间同业支付清算系统 CHIPS；或由多家跨国银行及其分支机构直接组成完全用于国际资金调拨的支付清算系统，如全球同业银行金融电讯协会 SWIFT、伦敦外汇清算组织 ECHO 等。SWIFT 向客户提供的是一种可任意选择的与双边差额结算服务相联系的电信服务。

（三）跨国银行是为跨国投资者提供信息、顾问服务的中介

由于跨国银行拥有覆盖全球范围的机构网络和广泛的客户及同业关系，因而掌握了大量的信息，承担起信息中介的作用。例如上述的融资中介行为，实际上就是在掌握众多的资金供求信息的基础上进行的。此外，由于跨国银行汇集了许多财务管理、投资分析方面的专家人才，因而可以向投资者提供多方面的咨询、顾问方面的服务，帮助公司把握风险，更为有效地拓展海外业务。这些服务在对跨国公司产生裨益的同时，也为跨国银行扩大了利润来源。在如今来自传统贷款业务收益不断降低的情况下，银行的收费性服务能够在无风险的基础上创造较高的收益。据美国纽约市第一曼哈顿咨询集团的一项调查报告，美国银行对大公司贷款的资本收益率仅为 5%～7%，而收费服务的资本收益率可达 40%～80%。

六、简述跨国投资银行的产生与发展。

（一）投资银行及其产生

投资银行是以证券承销、经纪为业务主体，并可同时从事兼并与收购策划、咨询顾问、基金管理等金融服务业务的金融机构。它在各国的名称各异，如在美国叫做投资银行（Investment Bank），在英国称为商人银行（Merchant Bank），在日本从事投资银行业务的是证券公司（Securities Firm）。此外，在法国称为实业银行，在澳大利亚称为货币市场公司，在我国的香港地区称有限制牌照银行，在印度尼西亚称投资金融公司等。虽然各国对投资银行的叫法并不一致，但其业务都源于政府或大企业、大公司筹集资金的需要和为投资者谋求投资机会的客观要求。

投资银行的起源，可追溯到 3000 多年前的美索不达米亚地区。当时一些富有的商人不仅向贵族、教会提供贷款，而且还为他们管理财产、制定理财策略，这非常类似于今天投资银行的基金管理、咨询服务等职能。现代意义上的投资银行是 18 世纪后在欧洲产生的，主要由众多的销售政府债券和贴现企业票据的商号演变而来。当时，以生产资料私有制为基础的资本主义生产关系已经确立，推进了以股份制为特征的企业制度的形成和发展。而政府为行使其政治统治和对外扩张等职能，也常常面临入不敷出的境地，需要发行债券予以弥补。这就在客观上产生了由专门机构来从事证券发行、推销的要求。而证券交易所的诞生和发展更为投资银行业注入了催化剂。1773 年在英国伦敦建立了伦敦证券交易所，1792 年美国成立了纽约证券交易所，1878 年日本成立了日本东京证券交易所。投资银行以证券承销、经纪为业务核心，逐步确立了在证券市场上的突出地位。此后，随着世界经济活动的日益丰富多彩，投资

银行不断发展起企业兼并重组、金融工程、基金管理、风险资本等新型业务。见图6-1。

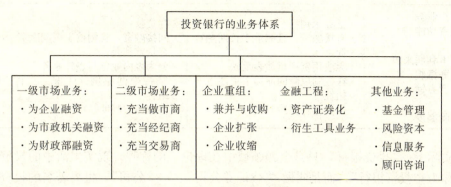

图 6-1　现代投资银行的体系

投资银行之所以被称为"银行"，除了本身是金融体系的重要组成部分外，还缘于历史上与商业银行业务融合给人们造成的认识习惯。在 1929 年之前的一段时期，世界经济的良好发展造就了世界证券市场的迅猛发展，在经济利益驱动下，投资银行大力开拓业务，发了大财。当时投资银行与商业银行并没有分离，商业银行凭借其雄厚的资金实力也频频涉足证券市场，与投资银行开展了激烈竞争。商业银行因为把大量的资金运用于证券投资，当周期性经济波动带来周期性货币需求变化时，商业银行便无法收回资金以满足支付需要而产生了信用危机，最终导致全国性的经济衰退。

1929—1933 年的世界性经济大危机之后，有关国家政府总结认为，这次危机的重要原因之一在于作为国民经济核心的商业银行卷入了风险较大的证券市场，而一旦其在股市崩溃引起的亏损影响下破产（1930—1933 年间美国有 7 763 家银行倒闭），便会不可避免地影响整个经济。因此，英、美等国政府颁布法令，将商业银行与投资银行业务截然分开，如美国的《格拉斯·斯蒂格尔法》（Glass Steagall Act）、日本的《证券交易法》等；① 但也有德国、瑞士等欧洲银行并没有实施这种分离，而继续实行"全能银行制度"（Universal Banking System）。

20 世纪 70 年代以来，由于金融业竞争加剧，分业经营制度下的商业银行面临不利的局面。在金融自由化、放松管制的强烈要求下，分业经营模式日益向混业经营模式靠拢，英、美等银行业务和证券业务的分界线逐渐被打破。不过，尽管投资银行与商业银行之间业务交叉与融合已发展到相当程度，但分别从其本源等实质性方面探析，两者之间还是存在一定差异的（见下表 6-2）。

---

① 这以后，商业银行以存放款为主要业务，投资银行以证券承销与证券经纪为主要业务，二者相互分离，真正意义上的商业银行和投资银行从此出现。证券推销商不再办理存贷款业务，但由于习惯，在投资银行的称谓中，仍保留了"银行"二字。

表 6-2	投资银行与商业银行的区别	
项目内容	投资银行	商业银行
1. 本源业务 2. 融资功能 3. 根本利润来源 4. 业务概貌 5. 经营方针 6. 保险制度	·证券承销 ·直接融资，且侧重于长期融资 ·佣金 ·无法用资产负债表反映 ·在控制风险的前提下更注重开拓性 ·投资银行保险制度	·存贷款 ·间接融资，且侧重于短期融资 ·存贷款利差 ·分为表内业务与表外业务 ·坚持稳健原则，注重"三性"① 的结合 ·存款保险制度

实际上，"投资银行"只是金融领域中在理论上的称呼，现实生活中的投资银行并不称为"投资银行"，而是叫做"××证券公司"、"××公司"。世界著名的投资银行有美林公司（Merrill Lynch）、高盛公司（Goldman Sachs）、摩根士丹利公司（Morgan Stanley）、所罗门兄弟公司（Salomon Brothers）、华宝（S. G. Warburg）、罗斯柴尔德（Rothschild）和施罗德（Schroders）等。

（二）跨国投资银行的发展

跨国投资银行是指在世界各地设立分支机构进行跨国经营的大型投资银行，是投资银行业在国际范围内的延伸。它不仅是国际证券市场的经营主体，而且其活动范围与影响已超出证券业，与跨国商业银行并列成为当代国际金融市场上的重要组成部分。

跨国投资银行的发展大致可分为三个主要阶段：

（1）萌芽阶段。在1960年之前，出现了投资银行开展跨国业务的萌芽。如英国巴林银行曾帮助许多铁路债券在伦敦上市。但这并不算形成了现代意义上的跨国投资银行。因为当时投资银行的国际业务主要通过其在国外的代理行进行，很少有投资银行在海外设立分支机构；其业务种类也较为单一，主要是进行外国债券的推销，并没有形成今天投资银行丰富多彩的业务体系；其开展业务的地区也还存在局限性，主要是在欧洲。

（2）起步发展阶段。20世纪60年代是跨国投资银行的起步发展阶段。在这一阶段，世界大型投资银行纷纷设立海外分支机构，纽约、伦敦、巴黎、东京、苏黎世等金融中心汇集了许多跨国投资银行的分支机构；其国际业务出现了综合化、一体化的趋向，并致力于开发欧洲债券业务和欧洲股票业务。如第一次典型的欧洲债券发行是1963年7月由英国的商人银行华宝银行（S. G. Warburg Bank）设计并主承销的。

（3）迅猛发展阶段。进入20世纪80年代以后，跨国投资银行进入前所未有的迅猛发展阶段。许多跨国投资银行已基本上在世界上所有的国际或区域金融中心设立了分支机构，建立并完善了其全球业务网络；其国际业务体系日益完善，不仅包括国际证券的承销、分销、代理买卖和自营买卖等传统业务，而且还包括全球范围内开展兼

---

① "三性"指收益性、安全性、流动性。

并（收购）、资产管理、财务咨询和风险控制等活动；其国际业务规模也急剧扩张，在各重要的国际金融市场上，许多跨国投资银行证券交易量已超过本地金融机构；此外，其国际业务管理机制不断完善，许多大型跨国投资银行建立了负责协调管理全球业务的专门机构，如美国摩根士丹利（Morgan Stanley）银行的"财务、管理和运行部"、高盛（Goldman Sachs）公司的"全球协调与管理委员会"等。

（三）近年来跨国投资银行业的格局特征

随着跨国投资银行业的欣欣向荣，其行业内的竞争也日趋激烈。考察其整个发展过程，20 世纪 60 年代英国商人银行独领风骚，在当时国际债券发行中担任主要角色；20 世纪 70 年代后，以华尔街为代表的美国投资银行业日益崛起，并夺取了在全球市场上的霸主地位；20 世纪 80 年代中期，日本投资银行业一度称雄，四大证券公司——野村（Nomura）、大和（Daiwa）、日兴（Nikko）、山一（Yamaachi）在 1988 年时共拥有分支机构 607 家。但随着 20 世纪 90 年代以来其国内泡沫经济破裂带来的金融动荡，日本投资银行的全球扩张陷入停滞（山一证券于 1997 年 11 月宣布破产）。当前国际上跨国投资银行业的格局特征是：美国依然保持着领先优势，而欧洲以伦敦为基地向其发起了强有力的挑战。

美国的投资银行体系由规模、分工各异的 6 类公司组成：超大型投资银行（Bulge-bracket Firms）、大型投资银行（Major Bracket Firms）、次大型投资银行（Sub-major Bracket Firms）、地区性投资银行（Regional Firms）、专业投资银行（Specialized Firms）、商人银行（Merchant Bank）。其中有能力在海外广设分支机构、成为重要的跨国投资银行的则只有六个超大型投资银行——美林集团（Merrill Lych）、摩根士丹利（Morgan Stanley）、所罗门兄弟（Salomon Brothers）、高盛（Gold Sachs）、雷曼兄弟（Lehman Brothers）和 CS 第一波士顿（CS First Boston，美国第一波士顿集团与瑞士苏黎世信贷银行合资公司）。美国的跨国投资银行在全球市场的优势地位主要体现在：第一，美国的跨国投资银行在各类业务市场上占有较大份额，积累了丰富的业务经验。例如其占有世界债券承购市场 70%以上的份额。尤其在一些金额巨大的证券发行和收购（兼并）业务方面，美国投资银行更是常令欧洲同行们望尘莫及。第二，美国的跨国投资银行长期以来已与一些客户建立起了牢固的业务关系。例如曾在墨西哥金融危机中有力地支持了墨西哥政府的美国摩根大通银行，在当地建立了良好的信誉，深得墨西哥政府的信任。第三，美国的跨国银行具有人才优势和新产品开发的巨大潜力。美国的华尔街汇集了各著名商学院最优秀的人才，尤其是一些开发金融衍生工具的专家，被人们称为"火箭科学家"（Rocket Scientists）、"金融工程师"（Financial Engineer）。因此，美国跨国投资银行在金融创新方面尚无对手能够与之抗衡。

欧洲的投资银行界以伦敦为基地向美国公司发起了挑战。伦敦投资银行业具有悠久的历史，但是一直受到资金实力等方面的限制。近期以来，情况大为改观，许多欧洲大银行把其投资银行业务向伦敦汇集。未来世界投资银行业的发展将继续在纽约和伦敦的竞争中不断发展前进。

七、跨国投资银行发展的原因是什么？

跨国投资银行的发展，既有投资银行自身的主观动因，又有国际经济发展所提供的客观条件。就主观上而言，不外是为了突破国内市场相对狭小的限制，在全球范围内追逐利润最大化目标，尤其是在亚洲新兴工业化地区等迅速发展的发展中国家市场可以获取超额的利润；同时，通过在世界不同地区进行业务投资组合，达到分散风险的目的。就客观上而言，大致存在如下条件：

第一，从 20 世纪 70 年代末起，各国相继在不同程度上拆除了金融壁垒，为跨国投资银行全面开拓国际市场提供了可能。如在 1979—1980 年间，英国及瑞典相继放弃了外汇管制；1980 年，日本修订了《外汇管制法》，并批准外国投资银行进入本国市场设立分支机构；1981 年德国取消了对非居民购买本国债券时征收的利息预提税等；尤其是 1986 年英国推出放松金融管制的"大爆炸"（Big Bang）举措，极大地推动了国际金融市场的自由化。

第二，世界经济的一体化进程促进了跨国投资银行的发展。全球国际贸易和国际投资的发展，为跨国投资银行提供了众多的业务机会。如国际直接投资的主要承担者——跨国公司在进行跨国经营时，必然需要跨国投资银行为其提供国际融资、财务分析、信息咨询等系列服务。

第三，国际证券业的发展也为跨国投资银行的扩张创造了契机。进入 20 世纪 80 年代以来，国际融资"非中介化"（Disintermediation）的趋势不断增强，越来越多的筹资者通过发行证券的手段进行直接融资。如 1980 年，国际信贷在整个国际融资总额中所占比例为 85%，而 1994 年下降到了仅占 38%；相反，国际证券融资所占比例不断上升，从 1980 年的 15%上升到了 1994 年的 62%。此外，国际证券市场也日益融为一体，例如 1980—1989 年，外国投资者对美、日、德的股票投资额分别增长了 9 倍、8.6 倍和 23 倍；同期三国的对外股票投资额则分别增长了 47 倍、20 倍和 5 倍。而各国证券交易市场业已由各个清算机构的国际合作联为一体。见表 6-3。

表 6-3　　　　　　　国际金融市场的结构变化（1980—1994）　　　　　单位:%

年份	1980 年	1985 年	1989 年	1990 年	1994 年
国际信贷市场所占的比重	85	44	39	74	38
国际证券市场所占的比重	15	56	61	26	62

［资料来源］经济研究参考，1995（159）。

八、国际投资银行的主要功能包括哪些？

国际投资银行的主要功能有：

（1）促进直接融资。投资银行与商业银行都是为了促进资金融通而存在的。其共同点在于它们都是资金供给者和资金需求者之间的中介：一方面使资金供给者能够充分利用多余资金获取收益；另一方面又帮助资金需求者获得所需资金以求发展。投资银行作为中介机构，帮助企业从资本市场筹集发展资金，尤其是期限较长和数额较大的资金。有些投资银行本身还直接投资于工业企业，这有力地推动了经济发展和企业尤其是大型企业的崛起，并促进了企业家精神的培养。由于投资银行与企业有着千丝万缕的联系，往往通过在证券发行中担任财务顾问、参与企业经营管理，或者通过并购等手段达到控制其持股公司的目的。投资银行通过这些活动对企业的参与程度越来越大，对企业的影响也越来越大。在市场经济体系中，必须有人愿意承担风险，愿意朝着不确定方向努力，以期使企业不断发展壮大，投资银行在此过程中起着润滑剂的作用，正是这些特点促进了企业和企业家的成长。

在发挥金融中介作用的过程中，投资银行的运作方式与商业银行有很大的不同。投资银行作为资金供需双方的中介，可以向投资者推荐拟发行股票或债券的筹资者，也可以为投资者寻找适合的投资机会。但在一般情况下，投资银行并不介入投资者和筹资者之间的权利和义务之中，投资者与筹资者直接拥有相应的权利和承担相应的义务。例如投资者通过认购企业股票投资于企业，这时投资者就直接与企业发生了财产权利与义务关系，但投资银行并不介入其中，因此这种融资方式被称为直接融资方式。而商业银行却不同，商业银行同时具有资金需求者和资金供给者的双重身份：对于存款人来说，它是资金的需求方，存款人是资金的供给者；而对于贷款人而言，银行是资金的供给方，贷款人是资金的需求者。在这种情况下，资金存款人与贷款人之间并不直接发生权利与义务关系，而是通过商业银行间接发生关系，双方不存在合同直接约束，因此，这种融资方式被称为间接融资方式。

（2）引导证券市场发展。在证券一级市场上，投资银行是证券发行者和证券投资者的中介人，一方面为资金供给者选择合适的投资机会，另一方面也为资金需求者找到资金来源，促进了资本形成，加快了资本运动，提高了资金运作效率。在证券二级市场上，投资银行既是主要中介人，也是主要参与者。投资银行在提高二级市场资金流动性和活跃二级市场交易等方面，发挥着不可替代的作用。投资银行在推动企业兼并（收购）和资产重组方面，更是运筹帷幄，得心应手，为企业提供多种金融中介服务，促进了存量资源的再配置，不仅提高了资本运营效率，而且对规范上市公司行为和加强竞争起到了积极作用。在资产管理方面，投资银行通过发起设立和管理投资基金，为投资人提供专业化的理财服务，既分散了投资风险，也起到了维护证券市场理性发展的作用。因此，从一定意义上讲，投资银行充当着证券市场的灵魂和引导者的角色，没有投资银行就不可能有高效率、低成本和规范化的证券市场。

第一，投资银行承担一级市场证券发行工作。证券发行是一项非常复杂的工作，必须准备各种资料，进行大量宣传，提供各种技术，办理复杂手续。证券发行者仅仅依靠自身力量直接向投资者发售证券，不仅成本很高，效果往往也很差，因此证券发行工作必须依靠投资银行才能顺利完成。

第二，投资银行以经纪商和自营商身份参与二级市场，发挥了重大作用。在证券承销完毕后，投资银行还在一定时期内作为做市商，维持证券市场价格稳定，以确保各方利益不受损失。在二级市场中，如果证券交易在证券持有者和购买者之间直接进行，必然造成交易活动混乱、效率低下和缺乏安全性，因此需要投资银行以经纪商身份接受顾客委托，进行证券买卖，提高交易效率，维持市场秩序。另外，投资银行以自营商身份活跃于二级市场，通过搜集市场信息，进行信息预测，吞吐大量证券，发挥了价格发现的职能。投资银行在证券交易中还方便了客户买卖，活跃了市场交易，保障了证券价格的连续性和稳定性。

第三，投资银行不断进行金融工具创新，开拓新的金融服务领域。通过远期、期货、期权、互换等金融衍生工具，投资银行不仅有效地控制了自身的风险，保障了自身收益的稳定，客观上还使证券市场得以在衍生工具的辅助下更加活跃。投资银行在企业并购市场、场外交易市场上十分活跃，促进了企业产权的合理流动，提高了市场运作效率。

第四，投资银行不仅仅是一个证券中介组织，而且还是一个重要的信息机构。通过搜集资料、调查研究、提供咨询、介入交易，投资银行极好地促进了各种有关信息在证券市场中的传递，使信息更迅捷、更客观地反映在交易活动之中，保障了证券市场信息的公开、公平和公正。

第五，投资银行开展各种中介服务，通过代理发放债息、股息、红利和代理偿还本金等业务，便利了投资者获取投资利益，一定程度上成为投资者与证券发行者沟通的渠道，降低了有关成本，提高了证券市场整体的运营效率。

（3）提高公司经营业绩。投资银行还能够通过其各项业务，帮助提高公司经营业绩：

第一，投资银行帮助企业改制上市，完成了企业的公司制度改造，实现了投资主体的多元化。对国有企业来说，意义更是重大。国有企业通过改制上市，不仅使产权得到明晰，同时引入了其他法人和社会公众投资者等非国有资本参加，从而真正形成了上市公司的法人财产权，为实现企业自主经营创造了条件。同时，国有企业通过上市，初步建立起企业法人治理结构，有助于转变企业经营机制。

第二，上市公司的信息披露制度和股票价格的变动有利于加强对企业经营管理者的监督。这一方面有利于保护公众投资者的利益，另一方面也是对上市公司管理层的有效外部监督，促使上市公司尽最大努力搞好经营。

第三，投资银行还通过帮助企业设计一套较为完善的内部激励制度，如股票期权制度等，充分调动企业管理层的经营积极性，从而促进企业业绩的提高。

第四，投资银行还为企业股权转让出谋划策，推动公司控制权的转移，有利于企业管理层不断改进经营管理，提高企业竞争力。

另外，投资银行在帮助企业改善经营管理、调整产品结构、进行技术改造和市场开拓以及资本运营等方面提供专业的顾问建议，从而提高企业的内在价值，完成其价值创造过程，使该企业股票在二级市场有一个好的表现，最终保护投资人的利益。

（4）推动产业结构升级。投资银行为企业提供各种金融中介服务，促进了生产的社会化和国家产业结构的优化与升级。投资银行可以多种方式促进产业资本与金融资本融合，在资本市场上，投资银行通过收购和兼并，不仅提高了产业集中程度，而且促进了工商企业和金融企业相互持股，使金融资本与产业资本相互渗透。

在企业并购过程中，投资银行发挥了重要作用。企业并购是一个技术性很强的工作，选择合适对象、时间、价格以及合理的财务安排等都需要投资银行提供专业知识和技术。第二次世界大战结束以后，大量企业并购通过二级市场进行，手续更加烦琐，要求更加严格，操作更为困难。如果没有投资银行作为顾问和代理人，企业并购几乎不可能进行。

另外，许多尚处于新生阶段和经营风险很大的新兴产业难以从商业银行获取贷款，往往只能通过投资银行设立创业基金来筹集资金求得发展。因此，从一定意义上讲，投资银行促进了资本集中和产业结构的调整与升级。

（5）促进国民经济增长。经验证明，投资银行作为现代证券市场中的一个重要金融中介机构，在优化资源配置和促进国民经济增长方面起着非常重要的作用。

一是投资银行通过资金媒介作用，使能获取较高收益的企业通过发行股票和债券等方式来获得资金，引导社会资金向效益好的部门流动，从而使国家整体经济效益和福利得到提高，促进了资源的合理配置。

二是投资银行便利了政府债券发行，使政府可以获得足够资金用于提供公共产品，加强基础设施建设，从而为经济长远发展奠定基础。同时，政府还可以通过买卖政府债券等方式，调节货币供应量和进行宏观调控，借以保障宏观经济稳定运行。

三是投资银行帮助企业发行股票和债券，不仅使企业获得发展和壮大所需的资金，并且将企业经营管理活动置于广大股东和债权人的监督之下，有利于建立科学的激励机制、约束机制和现代企业制度，从而促进企业效益提高并促进经济发展。

四是投资银行的兼并与收购业务促进了经营管理不善的企业被兼并或收购，经营状况良好的企业得以迅速发展壮大，实现规模经济效益。

五是投资银行为各类投资者创造了财富增长的机会，促进了全社会的收入增加，因此，反过来推动了全社会的消费和投资，从而推动国民经济快速增长。

（6）促进国际投资。投资银行能够促进国际投资，这可以从国际直接投资和国际间接投资两方面进行考察。在国际直接投资方面，跨国投资银行除了像跨国商业银行一样要在国外设立分支机构而进行直接投资外，其作用也突出地表现在对跨国公司跨国直接投资活动的支持和帮助上，如策划跨国收购与兼并，对跨国投资行为提供信息、咨询服务等。在国际间接投资方面，跨国投资银行发挥着营造国际证券一级市场，并积极参与二级市场的作用，如国际债券的发行承销和分销、金融衍生工具的创造和交易、国际证券自营买卖及基金管理等。具体有以下几方面：

第一，支持跨国兼并与收购（Merger& Acquisition）。跨国投资银行可以为跨国公司物色收购目标，并加以分析，帮助建立一个可行的资金财务计划，必要时可以通过发行债券等手段提供融资帮助，从而为完成兼并或收购活动服务。这能大大加快全球资产存量调整的步伐。

第二，对跨国投资的信息、咨询等服务。由于跨国投资银行拥有全球分支机构网络，掌握着一个巨大的信息资源库，同时，它还具有人才、技术方面的优势，因而可以为企业的跨国投资活动提供各种服务，如投资组合设计、现金管理、风险管理和财产估价等。

第三，国际证券的发行承销。如前所述，证券承销是投资银行最本源、最基础的业务，国际证券业务是其向国际范围的扩张和延伸。跨国投资银行不仅替各国企业和各国政府进行证券承销，同时，还替国际金融组织如世界银行、亚洲开发银行等承销证券。这些活动不仅营造了国际间接投资的一级市场，同时也推动了一级市场的发展。

第四，金融衍生工具的创造和交易。跨国投资银行是创造和交易金融衍生工具的重要机构。日新月异的金融衍生工具不仅为投资者提供了有效规避利率、汇率等金融风险的可能，而且推动了国际投资对象的创新和改革。

第五，国际证券的自营买卖及基金管理。跨国投资银行自身进行国际证券的自营买卖，以期获得价差收入，这是其参与国际间接投资的行为。同时，许多国际投资银行还管理着各种基金，代理基金进行国际证券二级市场的交易。这些活动推动了全球二级市场的深化和发展。

九、试简单介绍跨国投资银行的主要业务。

（一）证券发行

证券发行是指企业或政府为了筹集资金而向投资人出售有价证券的行为。从资金筹集者的角度看，是证券发行；从中介机构投资银行的角度看，是证券承销。证券一级市场的证券发行是投资银行最重要也是最主要的业务。现以企业股票发行为例，来说明投资银行从事证券发行业务的主要业务内容。

（1）制订并实施企业改制重组方案。原来不是股份制的企业，在发行股票上市之前，必须进行资产重组，一方面使自身的各项财务指标符合上市要求，增强对投资者的吸引力；另一方面真正转换经营机制，提高经营管理水平。因此，制订并实施企业改制重组方案是投资银行参与证券发行的第一步工作。

改制重组方案的制订必须考虑公司管理层、行政主管部门及主要股东的基本意见，使得重组方案的思路及重组方案中重点解决的主要问题，足以说明或符合上述意见。重组方案的制订，应尽量做到：发行主体明确，主营业务突出；资本债务结构得到优化；财务结构与同类上市企业比较，具有一定优越性；使每股税后利润较大，从而有利于企业筹集到尽可能多的资金；有利于企业发行上市后的增资扩股或开拓其他融资渠道；减少关联交易；避免同业竞争。

（2）发行上市前辅导。企业股票发行上市前，投资银行对拟上市公司进行必要的辅导是一种国际惯例，其目的在于让企业的管理决策层理解公司法等有关法律法规主要条文的含义，同时从企业内部机制包括组织机构、管理结构、财务制度、劳动人事制度和管理制度等诸多方面，按照上市公司的要求进行规范。此外，对企业进行辅导的过程，也是投资银行贯彻实施其发行上市方案的重要方式和手段，在一定程度上，辅导的效果直接体现在方案能否顺利实施之中。辅导以公司法和证券法等法规文件为依据，并结合企业实际情况进行，解决企业的实际问题。

（3）制定发行上市策略，选择发行上市时机。制定发行上市策略，选择发行上市时机，主要是帮助企业确定可以发行上市的交易所，评判在各交易所上市的优缺点，针对企业发行上市的具体情况进行分析，选择最佳发行上市地点和时间。在选择交易所时，主要是看发行上市的有关法律法规是否过于严格，发行上市条件是否宽松，筹资成本是否可以接受。发行上市时机的选择尤为重要，因为这直接决定发行的成本高低，甚至决定整个发行上市的成败。

（4）投资价值分析。投资银行在股票发行业务中，最重要的是将股票销售给投资者，因此，必须对企业所发行股票的价值进行深入分析，以便向投资者做出全面、准确、可信的介绍。企业股票投资价值分析，主要包括三个方面的内容：一是宏观分析。它又包括宏观经济形势分析、宏观经济政策分析和政治因素分析三个方面的内容。宏观经济形势分析包括对 GDP 增长率、经济周期、通货膨胀（通货紧缩）等的分析；宏观经济政策分析包括对财政政策和货币政策的分析；政治因素分析包括对证券市场有一定影响力的国际和国内政治活动、政治事件及政治风波的分析。二是产业分析，即对企业所在产业的分析。一般来说，在同一个产业内部单个企业的发展，与整个产业的发展具有一致性。在某种意义上，投资于某个企业，就等于投资于某个产业，因此，必须深入分析产业的生命周期、科技进步、产业政策、产业布局等因素。三是发行上市企业分析。对上市企业的分析可以分为质因分析和量因分析两个方面：前者分析企业发展的基本因素，如公司的发展态势、经营绩效、产品的销售及竞争能力等；后者通过对企业的财务状况的计算与对比，分析企业的各种能力及其增长潜力，以确定投资的重点。

（5）评估并确定股票发行价格。股票发行价格的确定是股票发行的关键环节。根据发行价与票面金额的不同，股票发行可以分为平价发行、溢价发行和折价发行。平价发行（At Par）指股票发行价格等于股票面值，溢价发行（Above Par）指股票发行价格超过股票的面值，折价发行（Below Par）指股票发行价格低于股票的面值。影响股票发行价格的因素一般包括：①净资产。由于股票代表着对净资产的所有权，因此，这是确定股票价格时最基本的依据。②盈利水平。企业税后利润水平直接反映了一个公司的经营能力和上市时的价值，税后利润越高，发行价格也越高。③发展潜力。公司经营的增长率（特别是盈利的增长率）和盈利预测直接决定着股东对企业未来的预期，因此，会直接影响股票价格。④发行数量。从供求角度来考虑，如果发行量较大，价格应定得稍低一些；如果发行量较小，价格可定得稍高一些。⑤行业特点。发行企业所处行业的发展前景会影响到公众对本企业发展前景的预期，同行业已经上市企业的股票价格水平，在经过一定调整后，也可以客观地反映本企业与其他企业相比的优劣程度。⑥股市状态。二级市场的股票价格水平直接关系到一级市场的发行价格。在制定发行价格时，要考虑到二级市场股票价格水平在发行期内的变动情况。若股市处于"熊市"，定价太高则无人问津，使股票销售困难，因此要定得低一些；若股市处于"牛市"，价格太低会使发行企业受损，因此可定得高一些。同时，发行价格的确定要给二级市场的运作留有余地，以免股票上市后二级市场的定位会发生困难，影响企业的声誉。

（6）确定承销方式。投资银行借助自己在证券市场上的信誉和营销渠道，在规定的发行有效期限内将证券销售出去的过程，称为承销。进行承销是投资银行证券发行业务的核心。根据投资银行在承销过程中承担的责任和风险的不同，承销又可分为代销和包销两种。

代销是指证券发行人委托承担承销业务的投资银行代为向投资者销售证券。投资银行按照规定的发行条件，在约定的期限内尽力推销。到销售截止日期，如果证券没有全部售出，那么未售出部分退还给发行人，投资银行不承担任何发行风险。在代销过程中，投资银行与发行人之间是代理—委托关系，投资银行不承担销售风险，因此代销的佣金很低。代销发行比较适合于那些信誉好、知名度高的大中型企业。它们的证券容易被社会公众接受，用代销方式可以降低发行成本。

包销是指发行人与投资银行签订合同，由投资银行买下全部或销售剩余部分的证券，承担全部销售风险。对发行人来说，包销不必承担证券销售不出去的风险，而且可以迅速筹集到资金，因而适用于那些资金需求量大、社会知名度低而且缺乏证券发行经验的企业。与代销相比，包销的成本也相应较高。

包销在实际操作中有全额包销和余额包销之分。全额包销是指发行人与投资银行签订承购合同，由投资银行按一定价格买下全部证券，并按合同规定的时间将价款一次性付给发行企业，然后投资银行以略高的价格向社会公众出售。在全额包销过程中，投资银行与证券发行人并非代理—委托关系，而是买卖关系，即投资银行将证券低价买进然后高价卖出，赚取中间的差额。对发行人来说，采用全额包销方式既能保证如期得到所需要的资金，又无需承担发行过程中价格变动的风险。因此，全额包销是西方成熟证券市场中最常见、使用最广泛的方式。

余额包销是指发行人委托投资银行在约定期限内发行证券，到销售截止日期，未售出的余额由投资银行按协议价格认购。余额包销实际上是先代理发行后全额包销，是代销和全额包销的结合。

对于一次发行量特别大的证券发行，一家投资银行往往不愿意或者没有能力单独承销发行风险，这时就会组织一个承销集团，由多家机构共同担任承销人，以减少每一家机构单独承销的风险。随着证券市场扩容速度加快，证券市场供求失衡有所增加，证券承销风险也就随之加大，因此，组织承销集团承销证券的形式越来越普遍。

（二）证券交易

证券交易业务是投资银行的传统业务之一，并已经成为跨国投资银行业利润的重要来源。如果说证券承销业务是投资银行的一项核心业务，那么证券交易业务则是投资银行之所以能够顺利开展承销业务的基础。

投资银行证券交易业务包括自营和经纪两个方面。

（1）自营业务。自营业务是指投资银行以投资者的身份在证券市场上为自己买卖证券，投资目的是在买卖中获取价差，实现投资利润。同时，投资银行在从事自营业务的时候，还能够起市场制造者的作用，即"做市"。

做市分为两种。一种是在证券发行以后，维持证券价格、保证发行成功的一种制度。在证券承销商将证券销售给投资公众以后，特别是在发行完以后的最初几天，承销者通常要"制造市场"，这种行为的目的是要让原始认购者相信在二级市场上，这一新的、尚不为人们熟悉的证券前景乐观。投资银行有义务对价格进行引导，特别是承销者的证券在交易中遇到重大障碍时，投资银行有稳定价格的义务。所谓稳定价格，是指以防止或者延缓证券在公开市场上价格下降为目的而购买证券，从而使其在证券出售时拥有便利条件的行为。由于这种所谓稳定价格的权利被滥用，且投资银行一旦停止买卖某种证券，可能造成证券价格下跌，为此证券监管机构要求证券承销商做出此行动时必须向其汇报，并规定：投资银行开始收购的价格不得高于稳定价格，以后购买价只能降低，不能升高；从开始承销前 10 天至承销结束，参与承销的人不得买卖。

另一种是在证券交易过程中，提高证券流动性的一种制度。这时的做市商是指在证券市场上，由具备一定实力和信誉的投资银行作为特许交易商，不断地向公众投资者报出某些特定证券的买卖价格（即双向报价），并在该价位上接受公众投资者的买卖要求，以其自有资金和证券与投资者进行证券交易。做市商通过这种不断买卖来维持市场的流动性，满足公众投资者的投资需求。做市商通过买卖报价的适当差额来补偿所提供服务的成本费用，并实现一定的利润。

做市商制度一般为柜台交易市场所采用，其中以美国纳斯达克市场（NASDAQ）最为著名和完善。全美证券商协会规定，证券商只有在该协会登记注册后才能成为 NASDAQ 市场的做市商；在 NASDAQ 市场上市的每只证券至少要有两家做市商做市（目前平均每只证券有 10 家做市商，一些交易活跃的股票有 40 家或更多的做市商）。在开市期间，做市商必须就其负责做市的证券一直保持双向买卖报价，即向投资者报告其愿意买进和卖出的证券数量和买卖价位。NASDAQ 市场的电子报价系统自动对每只证券全部做市商的报价进行收集、记录和排序，并随时将每只证券的最优买卖报价通过其显示系统报告给投资者。如果投资者愿意以做市商报出的价格买卖证券，做市商必须按其报价以自有证券和自有资金与投资者进行交易。

做市商制度的优点是能够保证证券市场的流动性，即投资者随时都可以按照做市商的报价买入或卖出证券，不会因为买卖双方不均衡（如只有买方或只有卖方）而无法交易。但是，由于做市商的利润来自其买卖报价之间的价差，在缺乏价格竞争的情况下，做市商可能会故意加大买卖价差，使投资者遭受损失。为此，全美证券商协会规定，做市商的买卖价差不能超过全美证券商协会定期决定和发布的最大买卖价差，并从 1997 年起引入投资者报价机制，以提高证券市场的公正性。

（2）经纪业务。经纪业务是指投资银行接受客户委托指令买卖有价证券，从而获取佣金（手续费）的一种业务。投资银行在从事经纪业务时被称为经纪商（Broker）。其主要作用是：①证券交易的中介人，为证券买卖双方搭桥挂钩，促进证券交易；

②买卖双方的参谋，为买卖双方提供信息和建议，以合理的价格进行交易；③买卖双方的保证人，经纪商对买卖双方有所了解，交易成交后，能够保证双方资金和证券的顺利清算交割；④组成金融市场信息网，每个经纪商通过在证券市场上的接触，自然地组成一个信息网络，促进证券市场的信息传播。

投资银行在从事经纪业务时，客户委托的方式主要有：

①限价委托（Limit Order）。客户向经纪商发出买卖某种股票的指令时，不仅提出买卖的数量，而且对买卖的价格做出限定，即在买入股票时，限定一个最高价，只允许经纪人按其规定的最高价或低于最高价的价格成交；在卖出股票时，限定一个最低价，只允许经纪人按其规定的最低价或高于最低价的价格成交。限价委托的一个最大特点是，股票的买卖可以按照投资人希望的价格或者更好的价格成交，有利于投资人实现预期投资计划，谋求最大利益。

②市价委托（Market Order）。市价委托只指定交易数量而不给出具体的交易价格，但要求按该委托进入交易大厅或交易撮合系统时以市场上最好的价格进行交易。市价委托的好处在于它能保证即时成交，相对于其他类别的委托报价方式而言，它消除了因价格限制不能成交时所产生的价格风险。

③定价即时交易委托（Immediate or Cancel）。客户根据市场上现行的价格水平，要求经纪人按照给定的委托价格立即到市场上进行交易。如委托进入市场时，市场上的价格正好是委托价格或比委托价格更好的价格，则可马上成交，否则其委托自动取消。这种委托价格方式与限价委托方式的主要区别是，它要求即时交易而不等待。

④定价全额即时委托（Fill or Kill）。客户根据市场上现行的价格水平，要求经纪人按照给定的委托价格和交易数量立即到市场上进行交易。如委托进入市场时，市场上的价格正好是委托价格或比委托价格更好的价格，同时又能全额满足，则可马上成交，否则其委托自动取消。与定价即时交易委托方式相比，定价全额即时委托要求必须是全额达成交易。

⑤止损委托（Stop Order）。这种委托要求经纪人在市场价格达到一定水平时，立即以市场价或以限价按客户指定的数量买进或卖出，目的在于保护客户已获得的利润或使损失最小。在实际操作中，限价委托和止损委托经常结合使用。

⑥开市和收市委托（Market at Open and Close）。开市和收市委托要求经纪人在开市或收市时按市价或限价委托方式买卖股票。与前五种委托报价方式相比，开市和收市委托的主要区别在于限定成交时间，而对具体的报价方式没有严格要求。

（三）基金管理

基金管理，是投资银行充分利用它在市场中的特殊地位，发挥它丰富的理财经验和专业知识的一个重要领域，也是投资银行的一项重要收入来源。

（1）投资基金的概念与种类。投资基金，是按照共同投资、共享收益、共担风险的基本原则和股份公司的某些原则，运用现代信托关系的机制，以基金方式将各个投资者彼此分散的资金集中起来，交由投资专家运作和管理，主要投资于证券等金融产品或其他产业部门，以实现预定的投资目的的投资组织制度。

投资基金按组织形态的不同，可以分为公司型基金和契约型基金两种。公司型基金是按照公司法（或商法）的规定设立的、具有独立法人资格并以盈利为目的的投资基金公司，而契约型基金则是按照一定的信托契约原则、通过发行受益凭证而形成的投资基金组织。与公司型基金的主要区别是，契约型基金在组织上不是一个独立的法人机构，没有自身的办事机构系统，而是委托基金经理机构来负责经营管理。

投资基金按投资计划所列之证券可否变更分为固定型基金、半固定型基金和融通型基金。固定型基金的投资完全按其投资计划进行，计划投资的证券资产编定后，除非发行公司合并或撤销，不得随意变更。这种基金有利于投资者了解投资情况，但管理与运用缺乏弹性。融通型基金则可根据市场情况，自由决定投资证券的对象。半固定型基金介于固定型与融通型之间，即证券资产编定后，可在一定条件下和一定范围内变更。

投资基金按受益凭证能否赎回或追加，可以分为开放型基金和封闭型基金。开放型基金的基金凭证数量是可以变动的，从而基金资本可因发行新的基金凭证或投资者赎回本金而变动，而封闭式基金的基金凭证预定数量一旦发行完毕，在规定的时间内，基金资本规模就不再增大或缩小。

（2）投资基金的设立。投资基金的设立一般包括以下四个步骤：

第一步，确定投资基金的性质。设立投资基金，首先要确定投资基金属于哪一种基本类型，即确定基金是公司型还是契约型，是封闭型还是开放型。契约型基金由一家基金经理公司设立，公司型基金本身就是一家股份有限公司。基金采用封闭型还是开放型，不同主体之间利益是不一样的。封闭型基金对于基金管理公司较为有利，因为它所经营管理的基金资产比较稳定，相应地，投资时的选择余地就要大一些。对投资者而言，封闭型基金可能会出现基金单位溢价的好处，但同时要承担基金单位折价的风险。开放型基金对基金管理公司不太有利，它所经营的基金资产不稳定，要随时准备资金满足投资者抽回投资的要求。对投资者而言，开放型基金流动性较强，而且不会出现受益凭证折价的风险。

第二步，制订基金文件，选择基金信托人或保管人。基金文件是构成基金组建计划的主要文件，如契约型基金的基金章程和信托契约，公司型基金的公司章程和所有重大协议。确定了基金的类型，制订了相应的文件，然后就是选择基金信托人或基金保管公司。该信托人或保管公司同意基金文件后，与基金经理人签订"信托契约"或"保管协议"，经主管机关审查通过后，二者共同发起设立基金。

第三步，发表基金公开说明书，准备发行受益凭证。基金受益凭证是无面额的有价证券，表明受益人依基金单位数比例分享本基金权益的资格以及享有其他有关权利，如本金受偿权、收益分配权、受益人大会表决权等。公开说明书也称募股章程，是基金的说明性文件，通过印制单行本或在报刊上登载从而向社会公告，以使投资者明确了解基金的性质、内容、投资政策等情况。

第四步，投资基金的发行与认购。投资基金受益凭证的发行与债券、股票的发行大致相似，可按发行对象与发行范围的不同分为私募发行和公募发行；按发行环节的不同，分为直接发行（不通过承销商而自己直接发行）与间接发行（通过承销商发行）。

（3）投资基金的经营。投资银行在经营一笔投资基金时，主要内容包括：

①投资目标。投资目标不同，具体的投资对象、策略也都各不相同。一般来说，在信托契约和基金章程中，对于投资目标都有比较详细的说明。投资基金的投资目标，大体上可以分为成长目标和收益目标两大类，以成长为投资目标的基金称为成长型基金，而以收益为投资目标的基金称为收益型基金。成长型基金重视资金的长期成长，投资对象主要是信誉好、长期有盈余的公司，或者有长期成长前景的公司。收益型基金的投资目标是获取最大的当期收入，一般投向利息较高的货币市场或债券及分配股利较多的股票，损失资本金的风险较低，但资本成长的潜力也很大。

②投资政策。投资政策是按照投资目标，对各类有价证券进行投资的选择方针。基金投资政策一般包括以下几个方面的内容：一是保持何种证券组合，如只包括普通股票，或只包括优先股票和债券，或平衡持有各种证券。二是证券分散化程度，即该基金所持证券的发行公司数以及基金的证券总值中不同发行公司和部门的分配比例，分散化程度越高，则基金所承受的风险越低。三是基金充分投资的程度，这主要反映基金资产的流动性。如果基金注重较高的收益或资本利得，往往把资产全部投资于股票或债券上，冒一定的流动性风险，而有的基金则将其资产在短期票据、债券和股票之间转移。四是偏重于经常收入的稳定性，还是偏重于证券买卖利差以及资本增值。如果偏重于前者，则采取防守性投资；如果偏重于后者，则采取进攻性投资。

③投资范围与投资限制。基金作为一种信托投资方式，具有特定的投资范围。根据各国和地区的基金管理办法，基金主要投资于证券市场的各类有价证券，包括上市公司的股票、股权凭证、新股认购权证、政府公债、政府担保公债、公司债、可转换公司债、金融债等。同时，基金还以一部分现金投资于金融机构或向短期票券商购入一部分商业票据，以保持资产的流动性。除了法定的基金投资范围以外，信托契约和基金章程往往对基金投资范围有详细的约定。此外，各种专业基金，如房地产基金、韩国基金等，从名称上已经规定了基金的投资范围。

对于基金投资的限制，各个国家和地区有不同规定，主要目的是为了保证基金投资者的利益以及限制基金在证券市场和公司决策中的影响力。一般而言，各国和地区对基金投资有下列限制：一是不得放款或以基金资产提供担保；二是不得从事证券信用交易；三是不得投资于其他基金的受益凭证；四是不得投资于与经理公司有利益关系的公司所发行的证券；五是除受益人请求赎回外，不得以基金资产购买本基金的受益凭证；六是投资于某一公司股票的总金额不得超过净资产值的10%，亦不得超过该公司发行在外股票总数的10%。

（4）投资基金的收益与利润分配

①投资基金的收益。不同种类的投资基金，其收益的来源和方式各不相同，主要有：一是利息收入，这部分收入主要来自于货币市场工具、商业票据、各种债券及部分银行存款所支付的利息；二是股利收入，主要是指购买优先股与普通股后，上市公

司分发的股息、红利；三是资本利得，即基金购买的证券在销售后所获得的本金增值部分；四是资本增值，即基金所投资的证券市值不断上升，超过购买时的成本，从而引起的基金净资产值的增加。

②投资基金的费用。投资基金的费用是在基金的运行过程中，进行投资的管理和操作而引起的。它包括四个部分：一是经理费，即基金经理公司和投资顾问为管理、操作基金而收取的手续费。经理费一般以基金资产值的一定比率，逐日累计，每月计提，按年收取。二是保管费，即保管公司因保管、处分基金资产而收取的手续费。三是操作费，即日常管理、交易中所需的费用，包括证券交易手续费、法律费、监督费、印刷费及其他杂项费用，所占比例较小。四是承销及分配费用，即基金受益凭证的销售和投资利润分配所涉及的费用。

③投资利润的分配。基金的投资收益扣除费用后，就是投资利润，应分配给投资者。在美国，有关法律规定，基金至少要把95%的投资利润分配给投资者，而很多基金把全部利润都分配给了投资者。投资利润分配的方式多种多样。货币市场基金的收入全部是利息，通常每月分配一次；债券类基金的收入主要是利息和资本利得，通常每月或每季分配一次；股票类基金的收入包括利息、股利和资本利得，每年分配一次。相应地，投资者领取利润的方式也有多种，可以领取资本利得，股利和利息再投资；或领取股利、利息，资本利得再投资；也可以把三部分全都用于再投资。投资者领取投资利润的方式，通常在填写基金认购书时即要声明，此后如欲更改，要提出书面申请。

（四）理财顾问

最近几十年，投资银行除了传统业务外，业务范围迅速扩展。这些新兴业务往往更依赖于投资银行自身拥有的智力和信息来提供支持，因而逐步形成了一项与其他业务联系密切，且日趋走向独立的新型创收业务——充当客户的理财顾问。理财顾问的对象主要有两大类：一类是资金筹集者，包括国内外工商企业和各级政府部门；另一类是投资者，包括中小投资者和机构投资者。为筹资者提供的顾问服务，通常称为财务顾问；而为投资者提供的顾问服务，通常称为投资顾问或者投资咨询。

投资银行利用自身优势为证券筹资者和证券投资者提供市场信息、解答金融难题、提出项目方案以及出具公证意见等活动，帮助客户进行投融资决策，并从中取得一定的报酬。由于资本市场的发展和金融工具的复杂化，客户对于专业化理财意见的需求日益增加，加之投资银行在人才、信息和技术等方面具有极大优势，因而顾问和咨询业务逐渐成为投资银行的重要创收业务。

财务顾问的业务范围包括为客户进行资产重组顾问、财务风险管理顾问和项目融资顾问等。投资顾问业务包括为客户进行宏观经济分析、行业分析、公司分析和市场分析，帮助投资项目策划和提供投资方案，与客户开立共同账户合作投资，接受全权委托代客理财等。随着投资银行所联系的客户群体不断增长，为客户提供投资咨询业务成为投资银行的必备功能之一。通常国际上大型投资银行均设立庞大的研究部门专门从事研究及咨询业务，例如日本野村证券设有独立的野村证券综合研究所，该研究所在全球财经界颇有盛名。研究涉及的内容包括：宏观经济及其相关政策、重点行业及其上市公司、证券市场基本趋势及短期波动、金融工具创新等。另外，由于大型投资银行在全球范围内从事证券投资及资产管理业务，因此这些投资银行非常重视对世界经济及各主要国家的经济增长、国际收支及其财政金融政策的研究，并且把这种宏观经济研究作为公司在全球范围内分配资金和制定资产组合投资战略的基础。

投资咨询工作的具体组织视不同客户以及开展业务的需要而定。越来越多的研究部门已与销售和交易部门及其他部门的创收活动融为一体。由于研究的目的是为了向投资银行其他领域的创收活动提供支持，因此，研究起初被看成是投资银行的辅助活动。由于投资咨询业务的开展，研究对一些投资银行而言已变为一项重要的收益活动。这些投资银行向经纪交易商或大型机构客户出售研究成果，比如投资公司、共同基金、保险基金等，或根据某些机构客户的特定需要，提供专项研究咨询。

理财顾问业务有两种表现方式：一种是独立收费方式，即投资银行接受客户委托为客户提供种类独立的顾问服务，顾问费用由双方商定，也可由投资银行根据该项目所耗费的时间和人工确定。另一种是非独立收费方式，投资银行提供的顾问服务包括在其他业务当中，如证券承销、企业并购和风险管理等，在这种情况下，顾问报酬也就列入其他业务当中计算。值得注意的是，上述两种方式划分的区别仅在于顾问项目是否单独计费，而顾问业务的标的则往往不是完全独立的，它总是或多或少地与其他业务相关联。过去，人们往往认为理财顾问业务不是投资银行主要的、稳定的收入来源，提供顾问服务的主要功能在于加强与客户的关系。固然，投资银行提供高质量顾问服务是发展公共关系的极好方式，但目前的发展趋势是顾问业务逐步单独收费，而且顾问业务收入在投资银行整体收入中所占比重正呈上升趋势。

（五）企业并购服务

第二次世界大战结束以后，企业兼并（收购）日益成为投资银行的核心业务之一。企业兼并（Merger）是指两家或更多的独立的企业合并组成一家企业，通常由一家优势企业吸收一家或更多的企业。企业兼并的方法包括用现金或有价证券购买其他企业资产、股票或股份以及股权置换等。兼并形式有：一是横向兼并，双方企业处于同一市场，且产品相同；二是纵向兼并，被兼并企业是兼并企业的原材料供应者或产品消费者；三是扩大市场式兼并，被兼并企业为不同市场，但生产相同产品；四是互补性兼并，即虽然双方业务无关、行业不同，但存在某种互补性。企业收购（Acquisition）是指一家企业在证券市场上用现金、股票或债券购买另一家企业的股票或资产，以获得对该企业的控制权，而该企业的法人地位并不消失。

投资银行参与企业并购，主要是为并购双方（或多方）中的一方提供咨询服务，促成并购的实现，并保护自己所代表的一方的利益。投资银行在并购中的具体活动主要包括帮助分析并购目的、寻找并购对象（包括评估对象的价值）、确定并购方式和拟订并购方案，并且在需要的时候帮助处理其他的一些问题，如反收购、帮助融资等。兼并与收购有很多相似的地方，而且相对来看，收购比兼并更为复杂，投资银行参与收购也要更多更深一些。因此，下面主要以收购为例来说明投资银行在并购过程中所提供的主要服务。

（1）分析并购目的。分析企业并购的目的，是投资银行参与并购业务的第一步。只有真实、全面地了解了企业并购的目的，才有可能充分发挥自己的专长，为企业提供适用的建议。企业并购的目的，从最根本上来说，是追求利润的最大化。但具体来看，企业并购的目的大致可以分为四大类：一是追求协同效应。所谓协同效应，是指并购后企业的总体效益大于并购前两个独立企业效益的算术和，即 1+1>2。期待产生协同效应，是多数商业并购的基本目的。协同效应又可以分为经营协同效应、财务协同效应和税收协同效应三种。经营协同效应，是指并购后新企业的生产经营能力大于原来两个企业之和，这是合并后企业价值增加的长期主要来源。经营协同效应主要来自企业并购后取得了规模经济效益，以及被收购公司经营管理水平的提高。财务协同效应，是指并购后公司资产负债结构得到调整，从而提高公司的融资能力。税收上的协同效应，是指并购后的公司，利用税法中的有利规定，如关于亏损处理等，达到合理避税或者获得税收优惠的目的。二是提高市场控制能力。前面提到的横向并购、纵向并购、扩大市场式并购都可以从不同角度提高企业对市场的控制能力。横向并购通过实现规模经济和提高行业集中程度，减少了竞争者的数量；纵向并购通过控制某个部分或行业的供产销全过程，从而获得一体化效益；而扩大市场式并购，或者扩大了经营范围，或者扩大了占领区域，都直接提高了市场控制能力。三是避免投资新建的弊端。并购可以省掉投资新建所需要的时间与技术，能够迅速获得现成的人员与设备，获得现成的供销渠道，同时也降低了经营风险。四是进入新市场。通过并购方式，能够直接运用现有企业已经建立起来的市场、信誉、品牌、技术、设备等，从而能够克服进入壁垒，顺利进入新市场。

（2）选择目标公司。投资银行准确了解客户的收购目的以后，下一步就是选择合适的目标公司。目标公司选择是否得当，是整个收购活动成败的关键。选择目标公司时，主要需要注意三个方面的问题：一是目标公司应该符合收购目的的要求。如果收购的目的是为了追求协同效应和提高市场控制能力，那么目标公司应该与客户具有互补性；如果收购的目的是为了避免投资新建的弊端和进入新市场，那么目标公司应该与公司的发展目标相吻合。二是要考虑到收购公司自身的财务能力。收购从本质上来看，是一种扩张行为，它要以自己的资本实力和融资能力为基础，财务能力的大小决定了目标公司规模的大小。三是要准确评估目标公司的价值。对目标公司的资产价值的估价，是公司收购或谈判协商报价时的重要依据。

（3）选择收购方式。按收购手段来划分，收购方式可以分为现金收购、股份收购和债转股收购三类。现金收购是收购公司以现金购买目标公司的股份所实现的收购，其优点在于支付方式清楚、迅速，但对于收购方而言，资金压力往往太大，而对于目标公司而言，股东现时收益较高，需要承担相当大的税负。股份收购是收购公司通过将自己的股份置换成目标公司的股份所实现的收购。债转股收购是收购公司通过将所持有的目标公司的债权转换成目标公司的股份所实现的收购。

按收购后控制目标公司的股份比例，收购方式可以分为参股收购、控股收购和完全收购三类。参股收购是收购公司通过持有目标公司部分股份所实现的收购；控股收购是收购公司通过持有目标公司股份达到控股程度所实现的收购；完全收购是收购公司通过持有目标公司全部股份所实现的收购。对这三类方式如何选择，主要取决于收购公司自己的财务能力和目标公司的规模。

按收购是否公开，收购方式可分为公开收购和非公开收购两类。公开收购亦称标购，指收购公司通过向目标公司的全体股东发出公开收购股份的要约并收购其股份所实现的收购；非公开收购是收购公司通过直接与目标公司及其股东谈判、收购其股份所实现的收购。

（4）安排收购融资。收购公司如果有足够富余的自有资本金，就可以直接收购。但是，这一方面限制了收购的规模，另一方面也不能充分发挥自有资本金的杠杆效应。因此，通过各种融资渠道，筹集更多的资金用于收购，是收购公司的需要，也是投资银行能够大有作为的重要方面之一。前面提到的股份收购方式，实际上就是通过发行股票、筹集资金进行收购的一种方式。除此之外，收购公司还可以通过发行公司债券、向银行举借贷款和争取政府财政资金等方式筹集资金，用于收购。

（5）恶意收购与反收购。收购可以分为善意收购和恶意收购两类。善意收购是经目标公司董事会同意而采取的收购行动。对公开收购，目标公司甚至还会劝告本公司股东接受公开出价收购要约。收购后，目标公司管理层通常被保留下来。恶意收购，是不受目标公司管理层和董事会欢迎，在遭其抵抗后依然强行实施的收购，或不与目标公司协商，在其全然不知的情况下突然进行公开收购的行为。

反收购，是目标公司管理层为使收购公司对本公司的收购难度增加或不成功而采取的行动。反收购的目的主要有两个：一个是通过反收购迫使收购方修改收购条件，提高收购价格，或引入竞争性出价，使公司股东在收购中尽可能多地获利；一个是通过反收购行为，挫败收购方的收购企图，保持公司的独立性，保留现有管理层。前者侧重于维护股东利益，后者则为了保护现有管理层的利益。反收购的具体手段包括：一是调整战术。如目标公司在面临收购威胁时，通过增加股利分配、重新评估资产、公布秘密研究成果等手段来抬高公司股价，增加收购难度。二是法律手段。目标公司以收购方违反法令的名义提出诉讼，如指控收购方收购手续不齐全、公开的内容不充分、违反《反托拉斯法》等。三是劝说股东。如劝说股东使其相信收购方低估了目标公司的真实价值，向股东宣传公司未来的发展计划等。

一般来说，投资银行为了维护自己的声誉，是不会参加恶意收购的，而反收购则是投资银行经常参与的一种活动，这不仅是客户的需要，而且也是发挥投资银行特有优势和挣取手续费的一种业务。

（六）项目融资服务

（1）项目融资的概念。项目融资是一种无追索权或有有限追索权的融资或贷款，它一般具备以下一些基本特征：①至少有项目发起方、项目公司和贷款方三方参与；②项目发起方以股东身份组建项目公司，该项目公司为独立法人，从法律上与股东分离；③贷款银行为项目公司提供贷款。贷款银行主要依靠项目本身的资产和未来的现金流量作为贷款偿还保证，而原则上对项目公司之外的资产没有追索权或仅有有限追索权。也就是说，如果项目公司将来无力偿还贷款，则贷款银行只能获得项目本身的收入与资产，但对项目发起方的资产基本上没有请求权。

项目融资的上述特点，使这种融资方式一般只用于大型基础设施项目，具有期限长、金额大的特点。由于项目融资的复杂性，在项目融资所涉及的各方中，融资顾问扮演着一个极为重要的角色，在某种程度上可以说是决定项目融资能否成功的关键。担任融资顾问的条件包括能够准确地了解项目投资者的目标和具体要求，熟悉项目所在国的政治与经济结构、投资环境、法律和税务，对项目本身以及项目所属工业部门的技术发展趋势、成本结构及投资费用有清楚的认识和分析，掌握当前金融市场的变化动向和各种新的融资手段，与主要银行和金融机构有良好的关系，具有丰富的谈判经验和技巧等方面。投资银行由于其所具有的专门人才和经验，是项目融资顾问的首选机构。投资银行参与项目融资，受项目发起方的聘请，承担着分析是否使用项目融资方式筹集资金、进行可行性研究和风险分析、设计项目融资结构以及准备并参与融资谈判等工作。

（2）项目融资利弊分析。帮助客户认清项目融资的特点、了解项目融资的利弊，是投资银行的重要职责之一，也是投资银行作为融资顾问工作的起点。

项目融资对于资金的需求者即项目主办方来说，具有如下几方面的好处：①获得资金。项目融资的金额一般都高达十几亿美元、几十亿美元甚至上百亿美元，发展中国家政府一般拿不出这么多资金，同时，发展中国家的企业或项目实体国际信用等级一般不高，不易从国际金融市场直接借入。而项目融资可以把项目同项目发起方分离开来，银行可以根据项目的收益状况判断和决定是否予以贷款，从而使项目的建立获得所需的资金。②资产负债表外的会计处理。项目融资中，银行贷款通常没有追索权，或者即使有有限的追索权，也是通过合同安排加在项目公司身上的，这都不会影响项目主办方本身的资产负债表，主办方的债权和债务不会因为项目融资而改变，因此，也不会影响它的债务与权益的比例及各种财务比率指标，不会像直接从银行借入贷款那样恶化资产负债表。③分散风险。由于项目融资中偿还贷款的来源主要是项目本身的收入，因此相对来说，主办方的风险要比以自己的特定资产或不特定资产为担保从银行直接借入资金低得多。同时，贷款方也可以通过组建贷款银团、要求项目所在国政府提供担保或承诺、向跨国保险公司投保等方式分散风险，从而保证所涉及各机构的风险能够得到有效分散。④不受项目主办方资产规模限制。对大型项目来说，单凭主办方自己的财务能力是不可能的，项目融资方式使项目的规模并不受主办方资产规模的限制，从而保证了项目能够实施。

项目融资最为明显的弊端：一是成本高。由于在项目融资中，贷款银行承担了较大的风险，因此希望得到的收益也高，相应的，贷款利率也比普通贷款高。同时，项目融资要求繁多的担保与抵押，每一道担保或抵押都要收取较高的手续费，从而提高了项目融资的直接费用。另外，评估费、财务顾问费、法律顾问费、审计费以及名目众多的管理费等，都会极大地增加项目融资的间接费用，从而使其成本很高。二是耗时长。由于项目各方要在项目融资过程中经过分担风险的谈判才能签署合同和协议，而这种谈判往往因各方利益不一致而陷入僵局。另外，复杂的项目融资结构也使有关各方不能很快达成协议，从而使一个项目可能拖上好几年的时间。这不仅提高了直接成本，还错过了市场和其他机会，由此而造成的间接成本往往更大。

（3）审查可行性研究。详细的可行性研究一般由项目主办人另外聘请专门机构进行。但是，由于投资银行作为项目融资顾问，需要拟订向潜在融资各方寄发的可行性研究报告，并需签署自己的意见，因此，投资银行需要对项目可行性研究进行比较深入的审查。审查的主要内容一般包括如下五个方面：一是技术可行性研究审查。主要审查设计是否合理、工程技术的处理是否得当。二是财务可行性研究审查。这是投资银行审查的重点，除了必须对项目主办人提供的可行性研究报告中的数字、资料进行检查，在确定其真实性、准确性、完整性和假设的科学性以外，还必须运用自己的专业知识，进行更为深入的技术性分析，全面准确地了解项目的收益能力和融资成本承受能力。三是经济可行性研究审查。主要是审查这方面的研究是否充分考虑到项目可能对宏观经济的影响，这是获得东道国政府、其他国家政府和国际金融组织的各种行政支持、法律支持和资金支持的重要依据。四是组织可行性研究审查。项目融资可行性研究中必须包括组织可行性研究的内容，这是因为一个国家的组织机构、人事制度、工资待遇、管理体制等都对项目计划的制订和执行有着决定性的影响。五是社会可行性研究审查。社会可行性研究主要应考查一国政治体制、经济结构、宗教信仰、传统习俗等方面的因素，这往往也是国外投资者非常关心的问题，而且对项目本身的成功与否也有着很大的影响。

（4）项目融资模式设计。项目融资金额巨大、期限长，因此，需要投资银行对融资模式、融资计划进行详细设计，在保证资金足额、按时到位的同时，尽可能地降低融资成本。这就要求投资银行在设计方案时，尽可能充分利用各种可能的资金来源。项目融资的资金来源主要有国际金融机构、各国政府出口信贷机构、项目所在国政府、国际商业银行、机构投资者、租赁公司、原材料供应商、项目产品或服务的购买者、承包商、项目发起方等。

严格地讲，任何两个项目融资的模式都不可能完全一样，不同项目的工业性质、投资结构及投资者对项目的信用支持和融资战略都各不相同，这就决定了项目融资的模式也必然各不相同。一般来说，主要有三种融资模式：一是产品支付融资模式。在这种融资模式中，借款方在项目投产后，不以项目产品的销售收入偿还债务，而是直接以项目产品来还本付息。在贷款得到偿还前，贷款方拥有项目部分或全部产品的所有权。这种方式，限制了借款人的责任，从而实现了转移风险的目的，同时还可以避免产品价格大幅度波动所带来的较大风险。二是融资租赁模式。租赁公司以自己的信用向银行取得贷款，购买厂房及设备，然后出租给项目公司。项目公司在项目运营期间，以运营收入向租赁公司支付租金，租赁公司以其收到的租金通过担保信托向贷款银行偿本付息。融资租赁可以通过厂房和设备的折旧为项目发起方带来资本让税，从而降低了项目总成本。同时，在为法律尚不健全的国家担保购置资产的项目进行融资时，采用租赁的方式时，由于租赁资产的所有权没有发生转移，仍在贷款人的掌握之中，因此，债权人对租赁资产比较放心，使贷款风险较低，从而能够降低融资成本。三是 BOT 融资模式。BOT 是 Build（建设）、Operate（经营）和 Transfer（转让）三个英文单词第一个字母的缩写，代表着一个完整的项目融资模式。它是由项目所在国政府或所属机构为项目的建设和经营提供一种特许权协议，作为项目融资的基础，由本国公司或者外国公司作为项目的投资者和经营者安排融资，承担风险，开发建设项目并在有限的时间内经营项目获取商业利润，最后根据协议将该项目转让给相应的政府机构。BOT 模式是一种新型的项目融资模式，已显示出无限的发展潜力，但涉及方面多，结构复杂，而且前期成本非常高。

投资银行在选定融资模式后，还要根据项目具体情况，拟订融资计划。融资计划包括：融资总额；建设期、生产期提供资金的时间表；担保安排；各种资金来源安排计划；各种可用资金的币种、提款期、宽限期、还款期、利率、各种费用等。

（5）准备并参与融资谈判。投资银行在拟订好融资计划后，就需要准备项目介绍资料和有关文件，然后与投资银行认为可能对参与项目融资有兴趣的各方进行联系。在联系的过程中，准备各种文件，为达成最终协议的谈判打下基础。

与项目融资有关的文件，种类非常之多，一般包括基本文件和融资文件两类。基本文件包括政府的项目特许制经营协议和其他许可证；承建商和分包商的担保及预付款保函；项目投保合同；原材料供应协议；能源供应协议；产品购买协议；项目经营协议。融资文件包括贷款协议、担保文件和支持性文件。准备好文件之后，就开始与有关各方进行谈判。这时，投资银行作为融资顾问，主要是利用自己的专业知识，发现谈判双方矛盾的焦点，提出解决方案，力促谈判早日达成协议。

十、如何有效防范投资银行的风险？

金融风险日益增加已是铁的事实，任何国家一旦放松金融监管都会产生意想不到的严重后果。从世界各国防范金融风险的实践经验看，主要有以下措施：

（1）对投资银行的审核制度。目前主要分为注册制和特许制两种形式。以美国为代表的注册制，主要通过市场机制和证券交易席位限额，限制券商数量，对证券从业人员资历与最低资本额度都做了详细规定。以日本为代表的特许制规定，凡是经营证券业务的金融机构，必须先向大藏省提出申请，经审核，根据不同的证券业务种类授予不同的特许权，这就形成了各证券公司业务侧重点不同的特点。英国《1986 年金融服务法》规定，设立证券公司必须满足该法案规定的条件，经过证券投资委员会直接批准方可经营投资业务。证券投资委员会有权制定各种规章制度，并按照规定对批准从事证券投资业务者加以管理，有权限制证券投资企业的业务种类。对违反禁令和限制条件的投资企业，可向金融服务法庭起诉，要求其对受损投资者予以经济赔偿。

（2）对投资银行经营行为的监管。一是实行经营报告制度。投资银行要将所有经营活动按统一格式和内容，分为年报、季报和月报上交证券交易委员会以备查核。二是建立纯资本比例制度，规定纯资本（即由现金和随时可变现的自有资本构成）与负债比例最低不得低于1：15，以此要求投资银行在经营中保持足够的现金资产，将其经营风险控制在一定范围内。三是经营收费标准限制。为防止收费过高，人为提高社会筹资成本，降低市场运营效率，一般经纪业务的佣金不得超过委托交易额的一定比例；包销、代销证券等收费最高不得超过该项交易额的一定比例。四是违法活动的处罚制度。对投资银行在经营报告中有虚报、漏报、隐瞒经营情况，违反经营收费标准，违反纯资本比例制度，从事违反"反垄断条款"、"反假冒"、"反内部沟通条款"的非法投机活动进行处罚。包括：下令停止证券商的资格，拒绝、停止或撤销证券商的注册等。我国台湾地区规定，主管机关发现证券商的董事、监察人、经理人及其他直接有关人员有违法行为，足以影响证券业务正常执行的，应随时命令投资银行解除其职务，并随即申报主管机关。五是投资银行必须取得经营证券业务许可。投资银行违规交易，除依照法律规定给予处罚外，主管机关视情节轻重，给予警告、停业6个月以内或撤销证券营业特许权等处罚。

（3）对投资银行的财务监管。为保证投资银行能合理履行其职责，不致因财力不足而使投资者受损，各国对投资银行的财务责任都有所规定。主要方式有：一是提存备付金。各国（地区）要求提存备付金数额不一。我国台湾省规定，自营商按开业时的实收资本额提存2%，专业经纪商按实收资本额的15%提存，可以用公债抵充。二是规定最低资本额。美国规定证券自营商要拥有专为自营买卖准备的25万美元以上的资本金。三是规定最低流动比率。法国规定为100%，且代客户保管的资产金额必须以流动资产方式保存。四是保险。美国规定最为严格，由法律直接规定。英国规定如有保险，则可降低流动比率要求。五是设立赔偿基金。1970年美国颁布了《证券投资保护法》，并据此建立了"证券投资者保护公司"，规定在证券交易委员会注册的经纪人或交易商都必须作为该公司的会员，每个会员定期向该公司缴纳一定份额资金以建立一项基金，在经纪人倒闭时，其客户损失可得到10万美元以下的赔偿。

（4）证券承销业务的风险监管。证券承销分为代销、余额包销和全额包销三种方式，对后两种包销方式，承销商会承担销售不出去或者销售价格下降等方面的风险。考虑到这些风险，投资银行会降低它们的报价以抵御由价格不确定性带来的经济损失，但这会导致在承销竞争投标中其竞争地位下降。为了规避风险，一般采取以下措施：一是允许投资银行运用金融期货工具，采用某种风险控制工具如利率或股票指数期货以降低投资银行在承销过程中的价格风险，即通过在债券或股票实际发行前卖出相应期货的方式为它们购入的证券套期保值。在债券承销中也可以采用类似方法对承销债券做相应的套期保值。但是由于在西方证券市场中债券期货大多是国库券品种，所以当投资银行为公司承销债券时，就必须使用一种交叉技术，即采用国库券期货对其他短期金融工具进行套期保值。二是运用期权工具。由于采用公开竞价方式报价，投资银行报出一个价格但并不能肯定承担证券销售工作，金融期货只能使投资银行降低价格风险，却没有考虑到承销过程中竞价的结果。这时允许投资银行购买一份看跌期权就可以满足在此情况下的风险管理需要。如果承销资格在公开竞价后没有争取到，那么投资银行就是不执行看跌期权合同，其损失也仅限于购买这份看跌期权的价格即期权费。如果争取到承销资格，这项看跌期权也可以防范价格风险，因为一旦承销证券价格下跌，看跌期权合同允许投资银行以较高价格卖出该证券。如果该证券价格上升，投资银行可不执行该期权合同，虽然付出了一笔期权费，但在承销市场上能够获得收益。

（5）做市商业务的风险监管。做市商在一定程度上承担了维护二级市场价格稳定和增加二级市场流动性的功能。在某一时点或时段上，做市商因为要不断买进卖出，其头寸就会发生变化，为这些净增加和净减少的头寸承担价格风险。一般来说，系统性风险可以根据做市商所做股票的贝塔系数来确定应该进行风险抵补的头寸金额，然后买卖相应数量股指期货或期权予以对冲。非系统性风险可以依靠多种证券形成的投资组合使各个证券的非系统性风险互相抵消。如某做市商被迫隔夜持有大量敞口头寸，通过出售一份指数期货合同，就可以为其持有的敞口头寸非预期的价格下跌保值。一旦价格真的下跌，可以通过期货市场的收益抵补现货头寸的损失。有时做市商卖空某一证券，在该证券被买进之前，可以通过买入指数期货合约来预防证券价格上涨。

（6）证券经纪业务的风险监管。它主要包括以下内容：①财务要求。一是证券经纪商注册资本必须在一定限额以上；二是证券经纪商资本负债比率不得超过一定标准，净运营资本必须在一定标准以上，保证具有足够流动性；三是证券经纪商在注册登记后，应向证监会指定银行存入一定数额营业保证金；四是证券经纪商应从其营业收入中提取一定比例，建立违约损失准备，以用于弥补代理证券交易违约发生的损失。②业务限制。首先，证券自营业务与证券经纪业务应严格分开，以避免业务之间相互影响，避免客户与证券商之间利益冲突和内幕交易。其次，应将投资者账户的证券与自有证券分开保管，将投资者资金账户的资金专项存入中央银行指定的银行，不得挪用于证券经纪商的其他业务，严禁将风险转嫁到投资者身上。③定期报告制度。证券经纪商应定期向证监会和证券交易所报送规定的财务报告，由月报、季报、年报及其他定期报告组成，其中年报应经证监会认可的审计机构审计，并出具经审计的证券经纪商的所有账目和记录等资料。④建立赔偿基金。其主要用途在于补偿因经纪人过失而给投资者造成的损失。资金来源一部分由交易所从每个会计年度的净收入中按比例提取，另一部分则由各经纪商按规定数额一次性支付。

（7）完善信息网络。为提高网络系统运行效率，减少信息网络负面影响，一些国家开始完善各种信息系统和网络系统相关法规，涉及证券业数据库管理，证券业网络管理，证券业发行系统、交易系统、清算系统和证券业资讯系统管理等内容，着力营造一个公开、公平、公正、高效和灵活的市场环境。

十一、简述证券监管的国际合作。

近年来，随着投资银行业务的国际化、投资银行机构的巨型化、投资银行产品的创新化、投资银行活动的日益网络化和金融风险因素的不断增加，国际投资银行的发展给政府监管部门带来了巨大挑战。当今世界，金融风险正严重威胁着国际金融体系的正常运作和国际经济的健康发展，加强金融监管单靠某个国家或某几个国家的努力已经力不从心，必须加强各国金融监管部门之间的合作。

1997年底英国证券及投资协会主席、金融服务管理局主席霍华德·戴维斯专门撰文，阐述了英国设立综合性金融监管机构的必要性，并呼吁加强全球金融监管合作。戴维斯指出，由于各国金融市场联系越来越紧密，国际金融中心证券交易的相互影响越来越大，因此，国际金融机构将风险管理统一集中起来就显得非常迫切了。他说，只要各个金融中心能及时准确反映某一金融机构的交易情况，那么它的整体风险状况就能清晰真实地显现出来。既然金融机构统一管理其国际化经营活动所产生的风险已成为一种趋势，那么施行统一集中的监管也应该是理所当然的事。在国际金融体系中，只有各国监管部门通力合作，才能对银行、证券公司、保险公司等金融机构的安全性做出全面综合的评价。

有关证券监管的国际合作，早在20世纪60年代初就已经有所尝试。1961年10月，国际证券交易所联合会（FIBV）成立，其宗旨是发展、支持和推广有组织和规范的证券市场，以满足所有使用市场人士的利益和国际资本市场的需求。截至1995年年底有正式会员37名，副会员11名。1997年的年会在香港召开，有来自全世界48个交易所的150名代表参加了会议。

1983年又成立了证监会国际组织（International Organization of Securities Commissions，简称IOSCO）。这是一个常设机构，总部设在加拿大蒙特利尔市（现在西班牙马德里市）。IOSCO的前身是1974年成立的证监会美洲协会，共有81个正式会员、10个联系会员和45个附属会员。其宗旨是通过交流信息，促进全球证券市场的健康发展，各成员组织协同规定共同的准则，建立国际证券业的有效监管机制，以保证证券市场的公正有效。其组织结构包括：主席委员会、4个地区常设委员会（亚太、欧洲、美洲和非洲/中东地区委员会）、执行委员会（下设技术市场委员会和新兴市场委员会）、秘书长和咨询委员会。其中执行委员会是其日常管理机构，有19名成员，任期两年。咨询委员会由全部37个附属会员组成，多为各重要的证券交易所、金融机构或金融公司。我国的上海证券交易所、深圳证券交易所于1996年9月加入其咨询委员会。

经中国国务院批准，中国证券监督管理委员会在IOSCO1995年巴黎年会上加入该组织，成为其正式会员。按地区划分，中国证监会属于亚太地区委员会正式成员。按市场发展状况划分，中国证监会是新兴市场委员会的正式成员。中国台北证券暨期货管理委员会（原名证券管理委员会）于1986年成为IOSCO的正式成员，其英文名称原为"TAIPEI-CHINA"。在中国证监会及有关部门的要求下，其英文名称改为"CHINESE TAIPEI"。

除了国际证券交易所联合会和证监会国际组织以外，还有多种国际机构甚至一些高级别的国际政治组织都不同程度地关注投资银行与证券市场监管的国际合作问题。1985年9月成立的西方七国首脑会议，宗旨之一就是协调工业大国之间的货币政策，以国际汇率为核心，稳定国际汇率，防止通过汇率波动转移国际货币财富和造成国际

国际投资学学习指导

金融市场大动荡，从而产生金融危机及影响国际经济贸易的正常发展。在过去多次举行的西方七国首脑会议中，都呼吁各国金融监管当局对国际金融业务实施严格监管，特别提出要用统一的标准和技术手段来判断国际金融机构资本充足率，金融监管合作问题受到了国际社会的高度重视。在证券业监管方面，各国证券监管机构在其国际组织的指导下，制定了一系列国际性准则，同时银行业和证券业监管机构也已开始建立合作关系，最典型的就是英格兰银行和美国证券交易委员会签署了合作备忘录。1999年2月，证监会国际组织与巴塞尔银行委员会联合发布了《对金融集团的监管》和《对银行、证券公司交易以及衍生金融工具公开披露的建议》。鉴于美国长期资本管理公司对国际金融秩序造成的严重冲击，巴塞尔银行委员会将相当的注意力投入到对高杠杆融资金融机构的监管上。国际货币基金组织始终把监督国际金融风险、防范金融危机作为一项重要工作内容，在1996年召开的基金组织年会上，国际货币基金组织提出了十几项监督内容作为国际金融合作的指导性文件，要求各成员国建立稳健的财政货币政策，公开报告金融信息，强化对金融业的监管。1998年9月，联合国贸发会议在发表的《1998年贸易与发展报告》中建议设立金融保障机制。在这种背景下，一些地区性金融合作组织开始建立，以协调政策、互相支持和强化金融监管。

欧洲共同体（现欧盟）金融合作是最早开始并且是比较成熟的，欧洲货币联盟经过多年运作，于1999年已如期实现了欧元体制。20世纪80年代欧共体颁布的有关证券发行与交易的一系列指令，为欧洲投资银行业务一体化发展创造了有利条件。1995年12月31日起，欧洲联盟开始执行新颁布的两个指令，即《投资服务指令》（The Investment Services Directive，简称ISD）和《资本充足率指令》（The Capital Adequacy Directive，简称CAD）。《投资服务指令》是指导欧洲单一市场投资银行业的框架指令，因此有"欧洲护照"之称，欧盟所有成员国自此开始相互承认投资银行资格认定。《资本充足率指令》补充了《投资服务指令》，规定投资银行必须达到最低自有资本率。国际证券市场协会（The International Securities Market Association，简称ISMA）作为国际证券市场自律组织负责监督有关欧洲单一市场指令的执行。

亚洲地区金融合作也初步形成，六个国家（或地区）的金融合作会议于1997年在东京召开首次会议。基于亚洲经济发展，金融业务量已占全球1/3，外汇储备占全球40%，国际资本流量加大，加之亚洲各国金融管理机制尚不成熟以及泰国、韩国和日本等国发生金融动荡情况，加强亚洲地区金融合作已成为国际社会关注的焦点。在北美地区金融合作由美国唱主角，并以美元为地区核心货币。1995年墨西哥金融危机曾使美国坐立不安。墨西哥一度作为美国自由经济的示范区，发生严重金融危机之后，美国动用了200多亿美元紧急救援，强迫国际货币基金组织也拿出200多亿美元，才平息了危机。但目前北美地区尚没有成立地区金融合作组织。

十二、对冲基金具有哪些特征？

对冲基金具有如下几方面特征：

（1）对冲基金比其他机构投资者受到较少的管制。由于对冲基金都是不到100人组成的私人公司,① 而且往往在境外注册,从而能够逃避管制。例如其不必向股东报告财务状况和交易行为。这使得对冲基金经理在报告运作上拥有很大的自由度,可以灵活地安排其投资品种组合、期限组合、地区结构组合及资金结构组合等,而共同基金在这些方面往往受到较严格的限制。对冲基金运作中的主要约束因素在于自身的风险管理行为。

（2）对冲基金的投资者多为高收入者,对风险具有较高的承受力。美国的对冲基金一般要求其股东拥有 100 万美元以上的净财产,或前一年收入在 25 万美元以上。绝大多数对冲基金都有最低入股额要求,一般在 35 万美元到 1 000 万美元之间不等。因此,对冲基金可以较为大胆地承担较高的市场风险以博取更高的回报率。事实上,近十年来对冲基金的经营业绩在大多数情况下都要高于其他机构投资者。下表 6-4 反映了 1987—1993 年期间美国对冲基金与其他机构投资者的收益率差别。

表 6-4　　　　　　　　对冲基金与其他投资机构收益率的比较　　　　　　　单位:%

年份	1987 年	1988 年	1989 年	1990 年	1991 年	1992 年	1993 年
对冲基金	14.5	22.9	24.9	10.9	25.4	15.8	23.2
共同基金	5.2	16.5	31.6	-3.1	30.4	7.7	10.1
标准普尔 500	1.0	15.8	28.5	-3.8	36.1	6.8	14.3

[资料来源] 联邦纽约证券 1994 年 1 月 6 日。

而且,世界各主要对冲基金在 1997 年再度取得了高额的收益率（见下表 6-5）。只是在 1998 年,由于在东亚、俄罗斯等地区的投机失败,许多对冲基金遭受了巨大损失。如量子基金、老虎基金、奥马加基金等都出现了巨额亏损,而美国长期资本管理公司（一家大型对冲基金公司）更险遭破产之灾。

表 6-5　　　　　　　　1997 年业绩最为突出的一些对冲基金

（截至 1997 年 10 月 31 日）

基金名称	基金管理公司	资产总值（百万美元）	1997 年以来的收益（%）
Spectrum-lancer Voyage	Magnum Fund Management	13.4	107.89
Prenhm Emerging Market	Oppenheimer&Co. Inc.	451.6	79.00
Magnum Opportunity	Magnum Fund Management Ltd.	2.8	57.62
Acm us Gr Strait	—	76.0	43.26
Acm us Gr Strait Ⅱ	Allance Cap. Global Derivalies	1.4	41.43
Everest Cap Frontier Ⅱ	Allance Cap. Global Derivalies	62.0	40.28

---

① 按美国 1940 年公司法规定,不足 100 人的私人基金不必遵守 SEC 关于信息披露和注册的要求。

表6-5(续)

基金名称	基金管理公司	资产总值（百万美元）	1997年以来的收益（%）
Everest Cap Frontier	Everest Capital Ltd.	490.0	40.01
Regent Pacific Hedge	Regent Pacific Ltd.	69.0	40.00

［资料来源］中国证券报，1997年12月1日。

（3）对冲基金往往大规模地使用财务杠杆，从而大大增强了其市场影响力。据统计，对冲基金资本的杠杆率在5~20倍之间，它采用的手段主要是通过抵押借款在回购市场上投资于政府债券。正是因为对冲基金的高杠杆运作，使得它能够在短时间内聚集巨额资金操纵市场，甚至能够与某些国家的官方对抗。从这种意义上说，对冲基金的投资行为具有一定的投机性，因而常常造成国际金融市场的动荡。有人认为1992—1993年欧洲货币风暴、1995年墨西哥金融危机、1997东南亚金融危机，都与对冲基金的操纵有关。对冲基金的高财务杠杆比率可能会带来的另一个问题是信贷风险。对冲基金的贷款者多为大银行或大证券公司，因此一旦基金受到巨额损失而无法清偿债务，就会影响整个国民经济。

（4）对冲基金的收益分配机制更具有激励性，从而汇集了投资界许多尖端人才。一般的共同基金中，经理人的收入主要来自根据交易规模固定比例收取的管理费用。但对冲基金在固定比例管理费的基础上，常常要把基金净投资收益的一定比例作为激励费支付给经理人员。这种分红有时可高达数亿美元。对冲基金行业中汇集了众多的金融人才，甚至包括诺贝尔经济学奖的某些得主。

十三、官方国际投资的特点是什么？

官方国际投资的特点是：

（1）官方国际投资带有鲜明的国家色彩。这种政府行为不同于单纯追求盈利的企业行为，而是更多地体现了国家的全局利益。政府贷款的一个重要目的是加强与他国的联系，提高本国政治地位；官方国际储备运营是为了在保证本国国际储备的流动性、安全性的同时，保证一定的盈利性；而出口信贷的主要目的是促进本国大型机器设备出口。从历史来看，第二次世界大战期间的双边援助以战争借债和宗主国给予殖民地附属国的援助形式出现。第二次世界大战结束后初期，美、苏两个超级大国是最主要的资本输出国，以后的国际援助则呈现出多样化的格局。从现实来看，一国外汇资产的投放也反映出该国的国际关系导向，交往密切国家的货币通常在储备资产中占有一席之地；不同国家对于最关键的储备货币——美元的投放也因政治关系不同而各异，如第二次世界大战后苏联的美元储备为防止被美国冻结而存放于伦敦，成为欧洲美元（Euro Dollar）的重要来源。

（2）官方国际投资具有低货币盈利的特点。政府行为在总体上追求国家利益的最大化，然而，政府行为所追求的国别利益往往又是无法以货币来计量的，比如出于外交和外贸的原因，政府中长期贷款、出口信贷往往带有优惠性质（如政府贷款依照国际惯例需要不少于25%的赠与成分），这时以货币计量的盈利是没有或很低的，但有可能给国家带来巨大的利益。同样地，官方国际储备的运营也主要是为了保持国际储备流动性与安全性，因而盈利性也处于一种相对次要的位置。

（3）官方国际投资具有期限相对较长的特点。政府贷款、出口信贷都属于中长期贷款，一般均有5年以上。外汇资产的组合投资则是在确定了一级储备和二级储备之后才能进行长期性投资。这是由于外汇储备资产的功能不同于政府贷款和出口信贷资金，它要保证流动性。

（4）官方国际投资具有直接投资和间接投资的双重性。政府贷款和出口信贷都是带有限制性用途的贷款，资本贷出国政府企图以此带动本国资本、生产性货物的出口。政府贷款国对于所援助的受信国国内的项目和企业往往能产生一定程度的影响，实质上对生产经营活动有所控制，无疑具有生产性国际投资的性质。然而，中长期贷款与跨国界购买债券的行为并无实质上的区别，只是这种"债券"的利率较低而已，因此政府贷款、出口信贷也具有国际间接投资的部分性质，逐渐形成的贷款证券化的趋势也说明了两者在投资上具有共通性。至于国际储备运营虽不同于一般证券投资，但仍具有国际间接投资的特性。

十四、政府贷款的性质与特点各是什么？

政府贷款首先是国家财政资本的输出。因为政府贷款的资金纯粹来源于国家财政收入资金，即使有些实行赤字财政政策的国家，只要它对外提供政府贷款，这种贷款依然是国家财政收入的资金。其次，政府贷款具有经济发展援助[①]的性质。至今，政府贷款的重点对象，主要是发展中国家。一般来说，不管它具有多强的政治色彩，附加有多少的政治或经济等方面的条件，政府贷款条件较其他贷款总是有些优惠，客观上有利于受援国的经济发展。

政府贷款的性质决定了它具有以下特点：第一，立法性。政府贷款的能力和规模受制于资本输出国的国民经济状况、财政状况和国际收支状况，每笔数额较大的贷款都需要经过国家立法机构批准通过，完成必须具备的法定批准程序。第二，政治性。带有双边援助性质的政府贷款是在两国政治、外交、经济关系良好的情况下进行的，通常是为一定的政治目的服务的。第三，优惠性。政府贷款是期限长、利率低的优惠性贷款，宽限期通常可达5~10年。贷款期最长可达30年以上。按照国际惯例，优惠性贷款必须含有25%以上的赠与成分（Grant Element，简称GE）。赠与成分是贷款中

---

① 政府贷款具有"官方发展援助"的性质（Official Development Assistance，简称ODA），因而是一种软贷款。"官方发展援助"，最初出现于1965年OECD下属的发展援助委员会文件中，1972年该委员会规定了ODA的三个条件：第一，它包括中央和地方的政府部门及执行机构向发展中国家或国际金融机构提供的援助；第二，它以推动发展中国家的经济和社会发展为主要目的；第三，赠与成分在25%以上。早在20世纪70年代初，联合国大会曾经议定先进工业国援助总额应达到国民生产总值的1%。其中ODA要达到0.7%。

的赠送部分，是根据贷款的利率、偿还期限、宽限期和收益率等数据计算出的衡量贷款优惠程度的综合性指标。赠与部分无需付息和还本，是国际间资金的单方面转移。国际通用的计算赠与成分百分比的公式为：

$$GE = 100 \times \left(1 - \frac{r/a}{d} \right) \left[1 - \frac{\dfrac{1}{(1+d)^{aG}} - \dfrac{1}{(1+d)^{aM}}}{d(aM - aG)} \right]$$

上式中：

GE——赠与成分，即按贷款面值赠与因素所占百分比；

r——年利率；

a——每年偿付次数；

d——贷款期内贴现率，一般按综合年利率10%计算（是OECD在长期内的惯例）[①]；

G——宽限期；

M——偿还期。

政府贷款的执行机构大致由贷款国的财政部或政府授权的经济部、外交部主管，多数设有官方机构负责对外贷款和援助工作。例如，日本海外经济协作基金（Overseas Economic Coperation Fund，简称OECF）隶属于日本政府经济企划厅。美国国际开发署（Agency for International Development，简称AID）是隶属于美国国务院的半独立机构。这种机构具体执行政府间的双边贷款协议，根据具体的贷款合同对贷款的使用进行审批和管理。因这种机构不具有金融职能，所以贷款资金的操作和支付、计息等通常以借贷两国指定的外汇银行作为代理行，通过代理行进行资金的划拨清算。

十五、政府贷款的作用是什么？

政府贷款对于提供贷款和接受贷款的国家都具有积极的意义：

（1）对提供贷款的国家而言，政府贷款往往可以作为其实现一定政治目的的信贷工具。贷款国经常利用贷款或多或少地控制和干涉借款国的内部事务，以利于自己推行经济与政治上的扩张政策。从经济方面来看，政府贷款是提供贷款国促进资本输出和商品输出的有效手段，是稳定贷款国经济、促进其经济发展的重要因素。第一，政府贷款扩大了提供贷款国的商品输出。商品贷款和与项目结合的贷款在支付贷款时通常规定了接受借款国必须购买提供贷款国的商品和劳务，从而扩大提供贷款国商品尤其是机电设备等资本货物的出口。第二，政府贷款带动了贷款国的资本输出。20世纪80年代以来，政府贷款常以混合贷款的形式出现，从而带动了出口信贷的发展。通过

---

① 自1987年7月起实行区别贴现率（DDR），1988年7月起计算DDR的方法改为从固定10%的贴现率减去商业参考利率（CIRR）除以4，然后再加上商业参考利率。即：$DDR = \dfrac{10\% - CIRR}{4} + CIRR$。

受信国政府或其指定的转贷机构，将贷款转贷给受信国企业作为股本，贷款国企业可再投入一定比例资本合资兴建项目；或者直接将优惠贷款转贷于当地注册的合资企业，这些方式无疑也促进了贷款国的对外直接投资，带动了非官方资产的输出。目前，政府贷款日益增多地与出口信贷结合在一起使用，其目的在于利用政府贷款的优惠条件来增强本国商品出口的竞争能力。各国政府在争夺资本商品出口，开拓海外市场方面竞争十分激烈。政府贷款的发展可以有效地促进本国的对外资本输出，带动各类商品、技术和劳务的出口。这对于刺激经济、稳定经济和发展经济有十分重要的作用。

（2）对接受贷款国家而言，政府贷款的显著作用是促进了借款国的经济开发，尤其是推动了发展中国家民族经济的发展。无论是西欧、日本还是亚洲"四小龙"的起飞，大多离不开政府贷款的"输血"。调查证实，如果受信国有着良好的政策导向，经济援助将促进其经济增长，已成为一项有效的投资，成为经济中有效的漏入量。因为政府贷款是低息的、长期性的、优惠的软贷款，借款成本低，对于借款国的资源开发、基础设施建设、扩大出口创汇规模，乃至促进国民经的发展都具有一定的意义。

总体而言，政府贷款对于国际社会调节利益、协调关系以及促进各国在平等互利的基础上发展互助合作关系有着重要的作用。和平与发展是当代社会的两大主题，在这个历史的进程中，政府贷款是一个非常积极的因素，以政府贷款作为中介，借贷双方发展经济与货币关系，将有利于彼此之间消除矛盾，增进了解，促进繁荣与利益互补，从而有利于国际社会的稳定与发展。

十六、政府贷款的主要种类有哪些？

政府贷款可以按不同标准进行分类：

第一，按是否计算与支付利息划分，政府贷款可分为无息贷款与计息贷款。无息贷款是政府贷款最优惠的贷款，它不必计算和支付利息，但是要收取一定的手续费，其费率一般不超过1%。计息贷款则是必须计算和支付利息的贷款，但其利率较低，年利率一般在1%~3%之间，此外，还需向贷款国支付手续费，费率一般为1%以下。

第二，按照贷款支付的标准不同，政府贷款可分为现汇贷款、商品贷款和项目贷款。现汇贷款，一般指贷款国政府以可兑换货币现汇支付的贷款。它可以由借款国政府任意使用，但还本计息与支付均以可兑换货币支付。商品贷款，是指贷款国按双方协议折成现汇额的物化的贷款。至于该项贷款是以实物形式偿还还是以货币形式偿还，则由双方政府具体协商确定。项目贷款，是指贷款国政府按双方协议规定的向借款国政府提供成套设备所必需的实物、技术与劳务而折算成货币金额的贷款。至于项目贷款的偿还形式，也是由借贷双方根据实际需要与可能协商一致决定的。

第三，按贷款是否与其他贷款结合使用划分，政府贷款可分为纯政府贷款与混合贷款。纯政府贷款是指不与其他贷款结合使用的政府贷款，它是独立使用的。而混合贷款是政府贷款与出口信贷、银行贷款结合使用的贷款。这种贷款不是纯粹的政府贷款，一般政府贷款占的比例较大，通常为50%~90%。这是国际市场竞争日趋激烈、贸易保护主义盛行的结果。因为政府贷款与出口信贷相结合，既可以降低贷款国出口信贷的利率，又可以增加产品出口，缓解贷款国自身的经济困难，发展对外经济合作关系。

十七、政府贷款的机构、条件及程序各是什么？

第一，政府贷款的机构。政府贷款机构是指各国贷出或借入政府贷款的法人，一般是指政府的财政部或者政府授权的经济部门，多数设有官方机构负责对外贷款和援助工作。例如，美国的国际开发署，隶属于美国国务院，是代表美国政府专门负责对外开发援助和政府贷款的独立机构。又如日本的海外经济协作基金，是专门负责日本政府向发展中国家提供双边援助和双边政府贷款的机构。日本政府主管对外经济援助的部门有外务省、大藏省、通商产业省和经济企划厅。对外经济援助的政策和重要项目，必须在内阁会议上共同协商确定。

第二，政府贷款的条件。政府贷款的条件主要有五项：①政府贷款的标的，通常是以贷款国货币表示的货币金额，以示政府贷款的规模，有时也可用第三国货币。但实际支付的标的则可采取不同方式，如商品及其计价总值、建设项目及资金规模等。②政府贷款的利息和利率，计息政府贷款的年利率一般为1%~3%。③政府贷款的费用，主要有两种，即承担费和手续费，各国做法不一，但费率都较其他贷款为低。无息或低息贷款有时需支付一定比例的手续费（或称管理费），按贷款总额计算在规定时间内一次性支付。对于计息的政府贷款，有的需缴纳一定百分比的承担费，其费率一般为年率0.125%~0.25%，一般每半年支付一次。多数国家不收费。④政府贷款的期限，可具体划分为用款期、宽限期和偿还期。政府贷款属于中长期贷款，偿还期平均在20~30年之间，有的长达50年之久；宽限期则一般规定5~7年，最长可达10年。⑤政府贷款的采购限制。商品贷款或与项目结合的贷款通常规定限制条件，即借款国的贷款必须购买贷款国的资本货物或某些商品，或用于支付贷款国提供技术或劳务的费用；或者要求贷款国以国际招标方式，或在"合格资源国"进行采购等更具竞争性的条件。前一种在贷出国内采购的限制最为严格，盛行于20世纪60~70年代，自20世纪80年代开始逐渐放松而采用规定采购方式的条件即后者，下表6-6列举了1992年与1993年发达国家政府贷款的财政条件。

表6-6 发达国家政府贷款的财政条件

国别	赠与成分		偿还期（年）		宽限期（年）		利率（%）	
	1992年	1993年	1992年	1993年	1992年	1993年	1992年	1993年
奥地利	59.7	52.5	26	23	8	7	2.3	2.8
比利时	82.7	83.8	30	30	11	11	——	——
加拿大	84.2	84.5	39	38	11	11	0.4	0.3
芬兰	46.5	44.6	55	16	3	10	4.8	5.3

表6-6(续)

国别	赠与成分		偿还期（年）		宽限期（年）		利率（%）	
	1992 年	1993 年	1992 年	1993 年	1992 年	1993 年	1992 年	1993 年
法国	49.0	44.6	55	16	3	10	4.8	5.3
德国	62.5	64	28	28	10	12	2.0	2.0
意大利	61.8	58.8	21	21	9	7	1.6	1.7
日本	59.9	57.1	29	28	9	9	2.6	2.7
荷兰	50.8	——	20	——	7		2.7	——
挪威	27.4	26.7	10	9	3	2	3.8	3.1
葡萄牙	40.8	——	15	——	10	——	4.0	
西班牙	66.2	65.3	29	27	10	9	1.8	1.7
英国	53.4	53.4	10	10	8	8	0.8	0.8
美国	58.6	——	29	30	6	7	2.7	2.7
平均	59.7	57.6	27	27	9	10	2.4	2.7

注：不包括债务重新安排。

[资料来源] 经济合作与发展组织. 1994 年发展与合作报告［R］.

第三，政府贷款的程序。政府贷款较一般贷款优惠，也正是由于其优惠性，它的申请与取得也是各类贷款中较为复杂的。一般的贷款程序可简述如下：

（1）提出申请。即借款国政府向贷款国政府提出申请，申请必须提供有关本国的经济形势、财政金融、外贸、国际收支以及外债等方面的情况资料。

（2）审查评估。借款国提出申请后，贷款国政府即委托有关机构进行审查，并进行实地考察，了解申请国的经济结构、发展前景、受援项目对申请国经济发展的作用等问题。审查结束后，由主管机构向政府提出报告和具体意见，再由政府进一步提交立法机构审议。

（3）承诺换文。贷款国立法机构批准后，政府同意贷款项目立项，随即进行贷款国与借款国双方政府之间的洽谈，并签订意向书，确定贷款项目的具体内容。

（4）签订贷款协议。贷款国政府批准贷款项目意向书后，即由政府贷款机构与借款国专门机构签订项目正式协议。

（5）支付贷款。当项目物资或劳务出口商发货交单后，即由政府贷款机构支付贷款，并由它们负责对赠款或贷款的专款专用以及对整个贷款的使用过程、项目实施过程进行监督。

（6）还本付息。按贷款协议，在一定时期中由借款国政府负责偿还政府贷款本息。

十八、国际储备的构成是什么？

按照 IMF 的计算口径，国际储备包括：第一，黄金储备，即一国官方所持有的黄金。第二，外汇储备，即一国官方所持有的可兑换的外汇资产。第三，在国际货币基金组织的储备头寸，即一国在 IMF 的储备头寸加上债权头寸。第四，特别提款权（SDRs），即 IMF 创设的用于补充原储备资产的一种国际支付手段。

十九、国际储备运营的必要性是什么？

在当前的国际货币体系下，各国货币当局必须对其国际储备进行运营。这是因为：第一，对占国际储备的主要比重的外汇储备而言，在浮动汇率制下，国际外汇市场很不稳定，各主要外汇储备货币汇率变化很大，汇率风险增大，与金本位制相比，储备资产管理上稍有疏忽便有可能导致巨额外汇损失，在对外投资等活动中处于被动地位。第二，各国利率水平差别也不小，不同货币的储备资产收益也不一样。而且各国利率、汇率的变化，又会影响到国际资本的流动，因此，预测各国利率及通货膨胀的变化趋势，采取措施调整储备货币结构，方能保证储备资产的安全性和盈利性。第三，对黄金储备而言，黄金储备虽然占国际储备比重不大，也不像其他储备资产可以供投资、生息，但金价上涨时可获利，下跌时则有损失，因而也有很大风险。而且金价变化较大，因此，对黄金进行运营也是必要的。

二十、国际储备运营的原则是什么？

国际储备运营的原则为储备资产的流动性、安全性和盈利性。

第一，储备资产的流动性，即储备资产能随时兑现，灵活调拨。它主要是对外汇储备而言，包含双重含义：首先，外汇储备本身都是具有高度流动性的，以各种可兑换货币计值的外汇资金，随时可以用于国际支付。其次，外汇储备如果不予以适当运营，必然导致大量外汇利息的损失。但在运营时，不论投向何处，要求这种投资具有高度流动性，在需要时，可以随时变现。流动性为国际储备的首要原则。

第二，储备资产的安全性，即储备资产存放可靠。安全性对外汇储备特别重要，各货币当局储备外汇资产时，必须考虑各主要可兑换货币发行国的外汇管制情况和金融机构的信用等级，以决定将其外汇储备存放在哪些国家的哪些银行。安全性原则还贯穿于外汇储备多元化的实施过程中。

第三，盈利性，即储备资产在保值的基础上有一定的收益。

资产的安全性与流动性越强，资产的风险就越小；但风险小，盈利率也低。在实际管理中，这三个原则往往相互排斥、相互矛盾，一种管理措施往往有利于某一项原则，同时又有损于另一项原则。当然，也应看到，这三项原则也有一致的一面。就安全性和盈利性而言，资金的安全离不开资金的盈利。资金的风险是不可避免的，要保证资金完好无损，资金就必须要有盈利，只有盈利才是弥补资金风险损失的真正来源。由此可见，对国际储备管理来说，在保证流动性和安全性的前提下，要尽可能追求盈利性。如果这三项原则互相之间发生矛盾，只能做出最优选择，而储备资产的流动性常常被放在首位。

二十一、国际储备管理包括哪些方面？

国际储备管理的前提是确定最适度的国际储备规模。最适度国际储备规模与一国的经济实力、对外开放程度、进出口贸易情况、对外借债能力有关。最适度国际储备规模下的国际储备运营是对国际储备的结构安排尤其是外汇资产在币种资产形态上的安排以及黄金储备与其他国际储备的结构安排。

第一，外汇储备的运营。外汇储备运营包括外汇资产的币种结构以及同一货币的资产组合。外汇储备资产的币种结构包括币种的选择及在储备资产中的比重。随着美国和其他国家经济的相对变化，世界经济的多元化格局使储备货币呈现多元化趋势，因此储备的币种结构安排日益重要。币种结构安排取决于很多因素，主要有：一国对外投资、贸易和其他金融性资产支付所使用的币种，进出口商品的支付习惯；一国外债的币种结构，包括引进外资的来源、流向、数量和偿付要求；国际货币体系中主要货币的地位以及资本市场的深度；一国的经济政策及外交特点；储备货币的汇率、利率所导致的收益率的变动及其对外汇资产保值和增值的影响。因为储备资产是在保证安全性、流动性的前提下兼顾盈利性的，所以币种问题实质上是一个投资问题。

在同一货币储备中，现金和票据又应根据风险—收益考察法（the Risk-Return Approach）确定适当的比例，以把资产合理地分散在多种资产上。当储备存量一定时，在流动性和盈利性之间就有一个权衡依据问题，系统地积累资料和分析长、中、短期各种资产及投资方式的风险和收益，外汇资产的流动性和盈利性可用下图 6-2 表示，X 和 Y 的组合轨迹表示了盈利性和流动性的负相关关系。在这条轨道上选择何种组合要参照具体情况而定，如该国生产季节性出口、证券市场的发达程度、证券投资的对象、该国的资信度等。

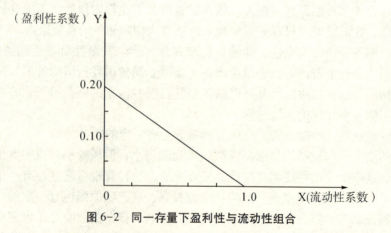

图 6-2 同一存量下盈利性与流动性组合

所以，按流动性的大小通常可将外汇资产分成三部分：第一，一级储备，指现金或准备金，如活期存款、短期国库券、商业票据（CPs）。这类储备流动性最高，但收益率最低。第二，二级储备，指投资收益率高于一级储备而变现能力也较强的资产，如中期债券。第三，三级储备，指长期投资工具，这类资产高风险高收益，但流动性较差。由于外汇储备的主要职能是维护国际收支的平衡，因此，中央银行一般是在确定了一级储备和二级储备之后，才将多余外汇用于长期性投资。许多国家都尽可能选择信誉度高的政府债券和欧洲债券为投资对象，而对高风险的公司债券和有国家风险的债券几乎不予考虑，这是储备资产管理不同于一般证券投资管理之处。许多国家的中央银行利用美国商业银行和投资银行买卖美国政府债券，一些发展中国家甚至雇用西方商业银行和投资银行管理它们的部分储备。典型的情况是：委托银行管理的投资数量每 6 个月分派一次，管理量相当于所托资产的 0.05%~0.01%。

第二，黄金储备的运营。黄金储备运营主要是对黄金储备比重的确定，即在黄金储备与其他形式储备之间进行选择。黄金储备有其内在优点：黄金是唯一具有内在价值的储备资产，而且一国的黄金储备完全属于国家主权范围，可以自由支配，不受任何外国或超国家权力的干预。而其他储备资产本质上都是一种对外债权，其用于国际支付时须受债务国或负债的金融机构的信用和偿付能力的影响。但同时，黄金不便于用作日常的结算支付手段，用黄金结算时要发生输送或拍卖问题，而且黄金不能获取利息并要支付保管费。对黄金的运营主要应考虑黄金的优缺点与金价的变化趋势，以及与其他国际储备资产进行转换的需求。

二十二、出口信贷的特点是什么？

出口信贷有以下几个特点：

第一，出口信贷是一种专款专用的限制性贷款。这种贷款有指定的用途。它只准购买与出口项目相联系的出口国商品（一般为大型设备）。第二，出口信贷利率一般低于相同条件资金贷放的市场利率，利差由国家补贴。因为大型机械制造业在国民经济中占重要地位，其产品价值高、金额大，加强这些资本货物的出口对国内生产和就业影响甚大。所以为扩大销路，官方资金支持竞相以低于市场的利率对外国进口商或本国出口商提供贷款。第三，作为官方资助的政策性贷款，许多国家设有专门的出口信贷机构，负责经营和管理该项业务。有些国家虽没有出口信贷机构，但设有专门的政府部门，对商业银行的出口信贷予以资助。美国的官方资助的主要机构是进出口银行，其次是海外私人投资公司、商品信贷公司。法国则为法兰西银行和半政府机构法兰西外贸银行（BFCE），BFCE 提供 7 年以上到期日的出口信贷。德国则是通过出口信贷有限公司（AKA）和复兴信贷银行（KFW）两家机构执行。日本政府通过日本输出入银行，提供 6 个月以上直接出口信贷，并与私人商业银行合作贷款。第四，出口信贷期限较长，一般为 5~8 年，但最长不超过 10 年。这远远长于一般的对外贸易融资。第五，出口信贷与信贷保险相结合，并由国家担保。出口信贷由于偿还期长、金额大，发放贷款的银行面临较大的风险。为了解除出口国银行发放出口信贷的后顾之忧，出口国一般设有国家信贷保险机构，对银行发放的出口贷款给予担保。在国际政治与经济和货币信用动荡的形势下，政府直接出面成立国家保险机构或指定原私人保险公司代理国家经营，其一切亏损均由国家负担。1919 年英国官方首先成立了出口信贷担保部（Export Credit Guarantee Department，简称 ECGD），直属于英国商务部。此后主要西方国家先后建立了国家信贷保险机构，如 1934 年瑞典政府的"出口风险保险部"，1949 年联邦德国重建海尔梅斯出口信贷保险公司，1946 年法国成立法国外贸保险公司等，美国则由进出口银行承担该项业务。

国际出口信贷市场是资本市场的一个重要组成部分。20 世纪 80 年代初中期，由于拉美等国的严重债务危机，包括出口信贷在内的大量债务重议和拖欠使出口信贷市场持续收缩，1988 年度新增贷款为 240 亿美元，仅为 1982 年的 42%。进入 20 世纪 90年代后，国际出口信贷业务开始活跃，出口信贷总额逐年增加，这些资金主要流向发展中国家和经济转型国家，以支持这些国家调整产业结构、发展国民经济。随着国际资本市场利率水平的下降、贷款条件的放宽以及出口信贷机构建立起的一套较完善的评估风险和分散风险的办法，出口信贷更灵活地适应了国际资本市场的需要，对企业投融资更具有吸引力。

二十三、简述半官方机构的产生及其组织机构。

第一次世界大战和 1929—1933 年的世界经济危机后，国际金本位制度彻底崩溃，形成了英镑区、美元区、法郎区三个相互对立的货币集团。第二次世界大战以后，美国经济实力迅速上升，其工业制成品占世界工业制成品总额的一半，对外贸易占世界的 1/3 以上，黄金储备约占资本主义世界总额的 59%。而英国在第二次世界大战爆发前一直保有着世界经济的主导权，第二次世界大战结束后英镑地位虽有所下降，但仍是重要的国际货币。国际货币基金组织和世界银行事实上便是在英、美的斗争中产生的。早在 20 世纪 40 年代初，英、美两国政府按各自利益筹划战后的国际金融关系时，英国财政部名誉顾问凯恩斯提出了凯恩斯计划，美国财政部副部长怀特则草拟了怀特计划，两者就计划进行了针锋相对的讨论。美国凭借其经济实力，最终于 1944年 7 月在美国新罕布什尔州布雷顿森林华盛顿山大旅社召开国际金融会议即布雷顿森林会议，通过《联合国货币金融会议最后决议书》和以怀特计划为基础的《国际货币基金协定》、《国际复兴开发银行协定》两个附件，确立了以美元为中心的国际货币体系，并由此建立国际货币基金组织和国际复兴开发银行。1956 年和 1959 年，国际金融公司和国际开发协会作为世界银行的补充相继成立，因此合称这三个机构为世界银行集团（World Bank Group）。多边投资担保机构作为世界银行的一个附属机构则成立于 1988 年。

区域性金融机构的建立也是第二次世界大战结束后国民经济、政治形势发展的产物。20 世纪 60 年代以后，殖民地国家纷纷独立，迫切需要资金发展技术和国民经济，而发达国家则正处于资本输出时期和技术更新换代期。为了改善融资环境，增加国际投资，建立国家间、政府间的区域性组织已成为当务之急。同时，由于多边性的全球性机构因成员众多而难以满足不同区域国家不同的资金需求，因此区域性金融机构作为全球性金融机构的重要补充，在国际关系演变的过程中形成。从 20 世纪 50 年代末开始，欧洲投资银行（1958 年）、泛美开发银行（1959 年）、非洲开发银行（1964年）、亚洲开发银行（1966 年）等区域性银行相继成立。其发展目标一般以促进所处地区的社会经济发展为基础，针对相关地区制定特殊政策。

二十四、半官方机构采取什么组织形式？

半官方机构一般采取会员入股的组织形式，由决策机构和行政管理机构两部分构成。

（1）决策机构。理事会是国际性金融机构的最高权力机构，由每一成员委派理事和副理事各一名组成。各种半官方机构的成员资格不尽相同，世界银行规定成员资格以只加入国标货币基金组织为前提，而国际开发协会和国际金融公司的成员资格又以世界银行会员资格为前提。那些区域性组织在各自章程中也各有规定，如亚行的成员资格是"不负责处理自己的国际关系的联合国亚洲及远东经济委员会的联系会员，其加入亚行的申请由负责其国际关系的亚行成员提出……"，因此目前亚行的成员包括少数非主权地区。作为最高权力机构，理事会拥有若干特定权力，包括接纳新会员、决定份额、决定会员资格的停止等。理事通常由成员的财政部长或中央银行行长等高级官员担任，其投票权分配与各国所缴股份有一定关系。

在理事会闭会期间，一般由执行董事会负责日常事务。执行董事会负责对行长提议的信贷进行审议并做出决定；负责在理事会的年会上提出年度决策、行政预算、有关该机构的业务和政策的年报，以及其他需提交审议的事项。世界银行的执行董事有21 人，5 人由持股最多的美、英、德、法、日 5 国委派，其余 16 人由其他成员推选。

（2）行政管理机构。半官方机构的行政管理机构由行长（总裁）、副行长（副总裁）以及内部机构组成。行长（总裁）是最高行政负责人，为机构的合法代表，其职权是在执行董事会的指导下处理机构的日常事务；负责工作人员的组织、任命等。行长（总裁）的产生方法各异，如国际货币基金组织和世界银行首脑均由执行董事会选举，亚洲开发银行的行长则由理事会选举。行长（总裁）一般兼任执行董事会主席，但不具备执行董事的投票权。副行长（副总裁）一般由执行董事会或行长（总裁）推荐产生。各种半官方机构的内部机构各有差异，内部机构一般设有地区部门、职能部门和提供特殊服务的部门等，各司其职、相互配合。此外还可在不同地区或国家设立办事处或代表处，如世界银行就设有欧洲、伦敦、日内瓦、纽约、东京等代表处。地区代表处的主要任务是帮助本地区各国选定和准备使用世界银行贷款的项目。亚洲开发银行则在一些借款较多的国家和地区设立常驻代表处。

二十五、半官方机构的资金来源渠道有哪些？

虽然各个半官方机构的资金来源并不完全一致，但主要渠道有五条：

（1）会员缴纳的股份。这部分资金构成了半官方机构的自有资本，如世界银行最初核定资本为 100 亿美元（按 1994 年美元的含金量与成色计算），每股 10 万美元，分为 10 万股由会员认缴，以后几次增资。亚洲开发银行法定资本为 10 亿美元，其中美国和日本各承担 2 亿美元。会员的份额确定一般包括人口、税收、出口额、GDP 等各种因素。可分为实缴股金和待缴股金，股份缴纳时一般可使用黄金、SDRs、可兑换货币和会员本国（本地区）货币等。

（2）借款。一般借款渠道为两条：一是从官方机构借款，如从会员财政部和中央银行借款；二是从私人渠道借款，如向国际商业银行筹资。由于半官方机构实为政府组成的机构，具有高度的国际资信，故能以较低的融资成本方便地取得商业银行的借款资金。

（3）发行债券。发行债券的方式也主要为两种：一是直接向会员政府机构或中央银行出售债券；二是通过投资银行、商业银行包销出售，这种方式已成为半官方国际机构的主要融资方式，其国际证券的发行也是国际间接投资的一大客体，见下表 6-7。

表 6-7　　　　　　　　　国际证券发行的主要结构（变化量）　　　　　　　单位：亿美元

年份	1995 年	1996 年	1996 年 1~3 月	1996 年 4~6 月	1996 年 7~9 月	1996 年 10~12 月
净发行量	3 130	5 124	1 094	1 384	1 010	1 636
国际机构	158	260	30	83	34	114

［资料来源］国际金融研究，1997 年第 6 期。

（4）会员捐赠。对于半官方机构而言，该方式无疑为最理想的筹资方式。国际开发协会的资金来源主要是第一类会员（较发达国家或收入较高国家）政府定期提供的捐赠以及世界银行每年从盈余中拨出的款项。

（5）业务经营的盈余。虽然半官方机构的首要宗旨并非营利，但也讲究投资项目的效益，其贷款的利息、承诺费和手续费在客观上形成机构的收入。

二十六、半官方机构的功能有哪些？

半官方机构作为政府间的组织日益发挥着其特有功能：①半官方机构是国际信用中介机构，可促进资本的国际流动，其组织的项目贷款、开发援助等使官方资金转移至发展中国家和迫切需要资金的地区，是多边开发的主要组织者。②可以调整经济结构，实质上是将国际资本包括生产和金融资本在国际范围内重新配置的过程，因此能在国际、国内的范围内调整经济。③协调国际经济关系，成为会员的国际讲台，促进相互沟通。

可以看出，半官方机构的属性有：第一，组织形式的企业性，即以股份公司形式组成，具有明显的企业特征；第二，国际性，表现在成员众多以及资金来源和投放的国际性。第三，政策性，把该类机构定为半官方便源于此。半官方机构的业务具有显著的政策倾向，资金投放的开发性质、经营目标的非营利性都说明了这一点。第四，超国家性，表现为不受任何国家管辖的无国籍性以及不应对成员内部政治事务进行干预。

二十七、世界银行的资金来源渠道有哪些？

世界银行的资金来源主要有四个：第一，会员缴纳的股金。这是世界银行的主要资金来源，但由于实际缴付额大大小于应缴额（约 80% 为待缴股金），虽然待缴股份在世界银行需要时可补缴，但实际执行时也会遇到矛盾。第二，借款。向国际金融市场借款是世界银行资金来源的重要方面。世界银行的资信等级是国际金融市场上最高的，因此它可以以较低的成本筹措资金。第三，世界银行通过将贷出款项的债权转让给私人投资者（主要是商业银行），收回一部分资金，以扩大银行的资金力量。第四，经营利润。虽然世界银行不以营利为目的，但由于世界银行筹资成本低，经营管理水平高，所以它每年的利润仍然相当可观。

二十八、半官方国际投资的特点是什么？

半官方国际投资的特点是：

（1）半官方国际投资不以追求利润最大化为目的。半官方国际组织建立的基本目的是为了促进国际合作，协调国际关系，加快落后国家的经济发展等。因此它们进行的国际投资是为了达到上述目的，在此基础上再讲求利润。

（2）半官方国际投资主要以贷款方式进行。各个国际金融组织业务活动主要以贷款形式展开。在提供贷款的同时，国际金融组织通常提供管理、技术、人员培训等其他服务，以利于贷款更好地发生作用。世界银行在这一方面起了一个很好的表率作用。

（3）半官方国际投资具有很大的优惠性。与一般的贷款相比，国际组织的贷款往往具有利率低、期限长的特点，特别是在国际开发协会的贷款中还带有很大赠与成分。

（4）半官方国际投资的筹资方式多样化。半官方国际投资的筹资方式主要渠道有五条，除会员缴纳的资金（股份）、自身业务经营获得的利润和会员捐赠外，国际金融组织往往依靠自己良好的信誉在国际金融市场上以借款、发债券等形式筹措成本较低的资金。这样，其筹措到成本较低的资金，即可再将其贷与需要资金但因自身信誉较低因而筹资成本较高的国家或地区。

第七章　国际证券投资

复习思考题

一、国际证券投资是如何产生的？

国际证券投资是随着商品经济的发展和国际化而产生的。商品经济的发展既导致了资本证券化，又导致了资本国际化，从而使国际证券投资获得了迅速产生和发展。

随着商品生产的发展，生产商品的企业规模也相应地扩大。现代化的企业要求集中巨额的资金，这是仅仅依靠一个人或少数几个人很难提供的，需要广泛地从社会上吸收资金。资本证券化把企业或政府所需的巨额资本以虚拟资本的形式分割成为许多社会成员可以买得起的细小部分，并以商品的形式向他们出售，这样就可迅速地把零散的社会资金集中起来，满足企业扩大经营规模的需要。政府需要的巨额资金，也可以通过同样的方式解决。

商品经济的发展要求生产和经营商品的企业较长期地、较稳定地存在和发展下去。现代化的建筑物和机器设备等，不仅投资额巨大，而且使用时间长，必要时还需及时更新，这就需要长期占用一部分资金。但许多社会成员的零星资金不可能长期被这些企业占用或者被政府用于长期目的，他们要求必要时能够迅速变现。证券的二级市场交易方便了证券的买卖转让，解决了这一矛盾。

证券化的资本当然首先是在国内市场进行交易，但随着商品经济国际化的发展，国际贸易、国际金融和国际投资活动日益增多，原来只是在国内交易的证券也必然会跨越国界。例如，当一家公司由原来只在国内经营发展为跨国经营时，它的股票也会由只在国内交易所挂牌买卖发展为在国外交易所挂牌买卖。

在国内证券向国际化发展的同时，一部分原来的国际信贷融资也被国际证券融资取代。例如，1980—1989 年，国际银行净贷款额从 1 600 亿美元下降为 970 亿美元，而国际债券的发行净额却从 280 亿美元增加到 2 500 亿美元。20 世纪 80 年代爆发的国际债务危机还促使了一部分未偿还的国际贷款转化为国际证券投资。例如，1985 年初，墨西哥政府在美国摩根信托银行的协助下，以美国财政部的零息债券为担保，发行一种为期 20 年的债券，将所欠美国跨国银行 36 亿美元的未偿付债务转换为 25 亿美元的新债券，然后由银行以折扣价格在证券市场上出售，以减少银行的呆账损失。这一案例也显示了证券融资的优点。根据英国《银行家》杂志 1990 年进行的一项统计，在国际资本市场上，证券交易以及与证券市场有关的融资手段（包括债券融资）已占到国际金融市场融资总额的 85%。

二、国际证券投资与国际直接投资和国内证券投资具有哪些特点？

国际证券投资与国际直接投资和国内证券投资具有不同的特点，以下我们分别介绍。

（一）与国际直接投资相比较

与国际直接投资相比较，国际证券投资除了对筹资者的经营活动没有控制权这一根本特点外，还与此联系产生出下列特点：

（1）直接投资必须参与企业经营，资本投入后要经过一个较长的周期才能回收，投资活动从开始到终止往往也需要经过较复杂的手续和法律程序。因此，投资过程所需的时间较长。证券投资的期限则可长可短。如购买股票谋求长期收取股息，或购买偿还期很长的债券谋求取得利息和到期收回本金，都属于长期投资。但投资者也可以将所投资的证券在二级市场上随时转让给他人，尤其是证券市场价格波动频繁剧烈之时，投资者买入和卖出同一种证券的过程，有时在分秒之间就可完成。

（2）直接投资是运用现实资本从事经营活动，盈利或亏损的变化比较缓慢，且投资者可以在不转移资本所有权的情况下通过改善经营管理、提高生产技术水平进行调整，因而具有较强的相对稳定性。证券投资运用的是虚拟资本，投资者虽然可以在事前预测其收益和风险，进行投资选择，但在购买证券之后，对该证券的收益或亏损都无法进行直接调整，只有通过适时转让所有权，买进或卖出不同的证券来调整投资收益，因而具有较强的投机性。在这个领域，投资与投机的界限有时很难划分。

（二）与国内证券投资相比较

与国内证券投资相比较，国际证券投资具有如下特点：

（1）可供选择的取得较高投资收益的机会较多。例如，购买某经营有方、利润丰厚的外国公司或跨国公司的股票，可能会比购买国内公司的股票取得更高的收益；购买某外国公司或政府发行的债券，如果该国的实际利率（名义利率减通货膨胀率）较高，或币值与本国货币相比呈上升趋势，也可获得较购买本国债券更高的收益。

（2）与可能取得较高的收益相联系，国际证券投资比国内证券投资也面临着更多的风险。其中最突出的风险是投资者本国货币与证券发行国货币之间汇率变动的风险，以及证券发行国政治、经济形势变动引起的国别风险或称政治风险。

三、国际债券有哪些分类？

债券是筹资者（债务人）向投资者（债权人）借款而公开发行并保证按期还本付息的一种凭证。国际债券是指各种国际机构、各国政府以及企（事）业法人遵循一定的程序在国际金融市场上以外国货币为面值发行的债券。世界债券市场上的债券发行人主要包括四大类，即金融机构、跨国公司、各国政府和国际机构（如世界银行、亚洲开发银行等）。

国际债券可按发行人、工具和发行币种构成来分类。按发行人分类，分为公共部门、公司和金融机构债券。按工具分类分为固定利率债券、浮动利率债券和股权相关的债券。固定利率债券一直是国际债券市场上的主力。由于近期金融自由化趋势不断强化，使得利率水平趋低，固定利率债券比浮动利率债券更受投资者欢迎。与股权相关的债券，是指向投资者允诺按约定条件可换成某些股权或其他证券，包括可转换债券和有股票担保的债券。按发行币种分类分为美元、欧元、日元和其他货币债券。国际债券就其种类还可分为外国债券、欧洲债券和全球债券三种。

（1）外国债券。外国债券是指外国筹资者发行的以发行地货币为计价单位的债券。有些外国债券获得了一些俗称。例如：外国筹资者在美国发行的以美元计值的债券称为"扬基债券"（Yankee Bonds，又称美国佬债券）；外国筹资者在日本发行的以日元计值的债券为"武士债券"（Samurai Bonds）；外国筹资者在英国发行的以英镑计值的债券称为"斗牛犬"债券（Bulldog Bonds）。

（2）欧洲债券。欧洲债券是指筹资者在本国以外的资本市场上发行，又不以资本市场所在国的货币为面值，而是以第三国货币计值的债券。例如，一家日本公司在欧洲某国发行以美元为计值的债券，便属于这种债券。由于以这种方式发行的债券最初出现在欧洲市场上，故称为欧洲债券。但后来以类似方式在欧洲以外其他国家发行的债券，也都被称为欧洲债券。欧洲债券的发行者大多为跨国公司、国际金融机构和某些国家的政府，发行时一般由国际银团承销，通常是同时在几个国家发行。欧洲债券市场的特点为：①债券币种的选择以美元为主，其他多种货币为辅。②欧洲债券种类趋于多样化。③欧洲债券市场投资的风险逐渐提高。④欧洲债券市场监管相对较松。

（3）全球债券。全球债券是在 20 世纪 80 年代末产生的一种新型的投资工具。由于法律上的和地理范围上的分离，使债券市场分为国际债券市场和国内债券市场，筹资者通常会选择一个具体的市场发行债券，但这种法律上的和地理上的分割使得投资者的选择受到限制，于是世界银行在 1989 年首创了这种全球债券，即可在世界各地金融中心同时发行（通常在欧洲、美国、日本等地同时发行），并可在不同国家管辖区内自由流动的债券。世界银行在这种债券的发行上一直占主导地位，其发行货币主要有美元、日元和欧元。

四、进行国际债券投资可能面临哪些风险？

在现实中，债券投资面临着各种不确定性，这种不确定性可能会给投资者带来损失，如利息不能按期或如数得到支付，本金不能按期或如数收回等。这就是债券投资的风险。这些风险大体上可以分为：

（1）信用风险。信用风险是指由于债券发行者的经营状况恶化，财务状况欠佳甚至破产，因而拖欠应支付的利息和偿还本金，或者只能按一定的折扣甚至根本无力支付利息和偿还本金。企业在激烈的市场竞争中，成败兴衰的变化可能性很大，如遇其经营失利，偿债能力必然下降，违约拖欠、拒付的情况就很可能发生。因此，投资于公司债券的风险虽然低于投资于普通股票（因企业对股金无偿还义务），即使在破产清理时，对普通股的清偿顺序也是在债券之后，但风险仍高于政府债券。政府由于拥有一定的征税权，特别是中央政府还拥有发钞权，在必要时可以通过增加税收或增发货币来保证债券本息的偿付，因而造成信用风险的可能性较小，但也不能得出购买政府债券没有信用风险的结论。国际收支的严重逆差或政府的更迭，导致某些国家政府的外债拖欠或拒付的情况，在历史上也曾经发生过。

（2）市场风险。市场风险是指证券市场或整个经济受各种宏观因素和市场机制的影响，造成债券交易活动衰退，债券价格下降，给投资者造成损失的风险。例如，在经济周期处于危机阶段，债券的交易也会普遍比较萧条，即使债券发行者的偿付能力并未降低，其发行的债券也难免受到影响。

（3）利率风险。利率风险是指固定利率债券由于市场利率变动，因而债券价格下降的风险。在这种情况下，原有的债券持有者便会遭受损失。例如，某公司发行面额为 1 000 美元的债券，债券年利率为 7%，每年利息收入为 70 元。如果债券利率与市场利率相同，均为 7%时，债券的价格与面值相等。但若市场利率上升到 8%，则 5 年到期的债券价格就会下降为 960.5 美元。债券的市场价格与市场利率之间的关系可以用如下公式表示：

$$P = \frac{a}{(1+r)} + \frac{a}{(1+r)^2} + \frac{a}{(1+r)^3} + \cdots + \frac{a}{(1+r)^n} + \frac{M_n}{(1+r)^n}$$

上式中，P=债券的市场价格，a=债券每年的利息收入，r=市场利率（%），n=债券到期的年数，M_n=期满时还本的面额。

（4）通货膨胀风险。通货膨胀风险又称购买力风险。如果某国的货币发行过多而导致货币贬值，即使以该种货币计值的债券的还本付息均未减少，投资者获得的本息以货币购买力来衡量仍会受到损失。当通货膨胀率高于债券利率时，投资者所得到的"利率"，实际上变成了负数，负利率会使投资者得不偿失，严重的通货膨胀甚至会使本金几乎化为乌有。

（5）期限风险。债券的到期时间越长，债券的持有者面临的各种不稳定因素也就越多，遭受意外损失的可能性也就越大。前述的利率风险或通货膨胀风险，即使在变动幅度相同的情况下，长期债券和短期债券相比，所造成的影响也较大。例如，当面值为 1 000 美元、票面利率为 7%的 5 年到期债券遇到市场利率为 8%时，其价格下降为 960.5 美元，但如果是 3 年到期的，其价格只下降为 974 美元，显然债券投资风险的大小与其期限的长短成正比。正因为如此，较长期的债券要以较高的利率来对其风险进行补偿。

（6）外汇风险。投资者在国际市场上购买以外币计值的债券，其收回的利息和本金最终仍要折算成本国货币来衡量。如果该种外币与本国货币相比，其汇率变化较大，投资者就要承受汇兑的损益。因此，购买外币债券必须在考虑其利率的同时，还要考虑其货币汇价的走势。这与需同时考虑其通货膨胀率是同样的道理。

五、在国际证券市场上，股票价格的变动受哪些因素的影响？

由于股票市价（有时简称股价）的变动对于投资者至关重要，分析它变动的趋势和幅度也就成了股票投资者注意的焦点。这首先要求投资者了解影响股价变动的主要因素，然后才能根据所获得的信息做出正确判断。

从理论上说，股价的变动是由每股的股息和银行利率的关系决定的，用公式表示为：

$$P_m = \frac{D}{I}$$

上式中，P_m 表示股票市价，D 表示预期的每股股息额，I 表示银行利息率。

这表明凡是影响企业分派股息和影响银行利息率的各种因素都会引起股价的变动，再加上供求关系和投机因素等影响，要准确地预测股价几乎是不可能的。但是正确的方法和知识、较准确的信息，可以使分析比较接近于实际。

影响股价变动的主要因素有：

（一）公司内部因素

（1）公司的经营状况。股票可获得股息的多少，首先取决于发行股票的公司盈利多少，因此，企业经营成本的高低、销售额的大小等都通过盈利水平影响到股息。其次，盈利以何种形态存在也影响到可用于股息分配的数额。如果资产负债表所显示的盈利虽然很多，但公司持有的现金、银行存款等速动资产很少，资金被固定资产、原材料或未售出的成品所占用，股息的分配就会受到限制。

（2）公司的股息政策。公司要获得发展就必须将一部分收益用于积累，而不能将利润全部作为股息分光，因此，公司所提取的公积金等在盈利中占多大的比例，也直接影响可用于股息分配的多少，并进而影响股票的市价。如果公司采取"以丰补歉"的股息分配政策，调整盈利中用于股息分配的比例以保持股息稳定，该公司的股价起落的幅度也就较小。

（二）宏观经济因素

宏观经济因素既影响公司的股息分配，又影响银行利率的高低，从而对股价产生直接或间接的影响。这些因素主要有：

（1）经济周期的变动。在市场机制的作用下，经济发展出现周期性的起伏是一种必然现象。经济周期几乎对各种经济活动都具有广泛的影响，而且在国际市场形成以后，其影响还通过这一市场在国际上传递。

在经济周期的高涨阶段，消费高涨、投资高涨和出口高涨都会从不同的渠道推动企业的销售量扩大、产品价格上涨、收益增加，从而使股息提高；与此同时，投资者的资金来源也比较充裕，又会从对股票的需求方面推动股价上升。

在经济周期处于衰退或危机阶段，情况就恰恰相反。这时不仅企业的收益下降，而且由于居民的就业率和工资等收入水平较低，对股票的需求也会减少，卖出股票的人却会增多，从而导致股价大幅度下跌。

（2）政府的宏观经济政策。在现代社会，即使市场经济最发达的国家，政府也运用多种手段对本国的经济进行干预和调控，并调整与其他有关国家的经济关系。在多数情况下，政府的经济政策是为了减小经济的波动幅度，以求得经济的稳步发展，但

国际投资学学习指导

有时也为了其他的目的。政府的宏观经济政策可分为如下几种：

一是财政支出政策。政府采取扩张性财政政策刺激经济时，各种财政支出会大量增加。例如，扩大军事订货、增加道路和港口等工程建设等，这对增加社会就业和企业的经济效益都有一定的促进作用；扩张性财政政策常常会使财政赤字扩大，通货膨胀加剧。在这种情况下，人们在银行储蓄或购买债券的实际利率下降，为减少通货膨胀带来的损失，许多投资者会转而购买股票。与此同时，股票的名义收益和股价也会上升。在本国货币可以自由兑换成外汇、资本的跨国流动不受限制的情况下，本国的高通货膨胀率会造成资本外逃，流向那些通货膨胀率较低、币值比较坚挺的国家，购买那些国家的股票。

如果政府采取紧缩性的财政政策，如减少政府的订货、压缩公共工程支出等，对股价就会产生与前述作用相反的影响。

二是税收政策。在企业经营状况稳定的情况下，税收的高低与企业的净收益成反比。有些税收（如商品进口税）的提高会增加有关企业的经营成本，有些税收（如所得税的提高）则从企业的收益中直接扣除，从而会降低股息和股价。减税则作用相反。

三是金融政策。在市场经济条件下，政府的金融政策主要通过中央银行的再贴现率、银行存款准备金率和公开市场业务来实现。如果中央银行通过提高再贴现率、提高银行存款准备金率或在公开市场出售证券（主要是国库券）来紧缩银根，股票的价格就会下降；如果以相反的方式放松银根，股价就会上升。在资本自由流动的情况下，一国的利率变动会波及另一国证券市场的股价。例如，德国中央银行降低贴现率，可能会引起法国证券市场的股价上升。

在有些国家，允许投资者在购买股票时只缴纳一定比例的保证金，其差额部分由证券商垫付。这实际上是提供贷款来增加购买股票的资金来源。通过中央银行调整所规定的保证金的比例，对股票的需求会产生明显的影响。当保证金的比例提高到100%时，就等于取消了购买股票的信用扩张。

四是产业政策。产业政策只是间接地最终影响整个经济的发展。但更重要的是，政府通过减免税收、低息贷款或价格较高的订货等政策倾斜，将会使一些优先发展的产业直接受益，这些产业的企业的股票价格有可能迅速上升，而某些受到政府限制发展的产业的情况则相反。

（三）其他因素

还有一些因素对股价会产生微妙的影响。例如，国内外政治局势的变动（包括国家政权的更迭、政府首脑易人、战争和其他军事行动、外交关系的变化等）；少数人对股市的操纵或舞弊行为；公众对股市的心理预期；与股息分配时间有关的季节性变动等。不过这些因素对股价的影响或者比较间接，或者比较短暂，一般称为非基本因素。

上述各种因素对股价的影响是错综复杂的，有的作用的方向相反，有的作用的力度不同，这就会形成千差万别的变化和结果。要准确地预测股价变动的走势，除了要掌握一些有关的知识和科学的分析方法外，还要求掌握较全面而准确的信息。

六、目前国际上著名的股票指数有哪些？

目前国际上著名的股价指数有：

（一）国内股价指数

国内股价指数编制所选用的股票均属于一国范围之内，但参加交易的可以包括外国投资者。

（1）道琼斯股价平均指数（Dow Jones Averages），简称道琼斯平均指数，由美国《华尔街日报》的出版者道琼斯公司编制。现在采用的股价指数共分为4组：①30家工业公司股价平均指数；②20家运输公司股价平均指数；③15家公用事业公司股价平均指数；④前3组共65种股价的平均指数。

道琼斯股价平均指数所选用的股票全部都是在纽约证券交易所上市的。其中道琼斯工业股价平均指数（即30家工业公司股价平均指数）被认为是这4组中最具代表性的1组。报刊上经常采用的就是这组平均指数。

现在采用的道琼斯股价平均指数是以1928年10月1日为基期，将选用的各种股票价格用简单算术平均法求得平均指数，定为100。然后以同样的方法计算出比较期的平均指数，再与基期相比较，计算出的百分数即为比较期的股价平均指数。例如，如果2015年7月1日的股价平均指数为17 619.51，即表示该日的股价平均指数为1928年10月1日的约176倍。对于因公司合并与兼并或对股票进行拆股等原因而并非股价的实际涨落引起的股价变动，则以数学方法加以折算，以反映价格变动的真正情况。

道琼斯股价平均指数是美国各种股价指数中历史最悠久（1889年开始编制）、最著名的一种，在国际上的影响也很大。但编制该指数的公司拒绝以此作为股价指数期货交易的工具。

（2）标准普尔股价综合指数（Standard & Poor´s Composite Index），由美国最大的证券研究机构标准普尔公司从1928年开始编制。现行指数以1941—1943年为基期，由500种股票价格构成，其中工业股票400种、运输业股票20种、公用事业股票40种、金融业股票40种，以每种股票的价格乘已经出售的股票数加权平均计算。由于选用的股票种数较多，行业也较广泛，加权平均法比算术平均法又更科学，其计算出的结果更能反映股市行情的变化，因此，美国联邦储备银行和商务部都曾采用过这一指数，但仍未取代道琼斯股价平均指数在证券行情中的地位。

标准普尔股价综合指数期货在美国芝加哥商人交易所进行交易，合同价格以指数乘以500美元计算。

（3）纽约证券交易所股价综合指数（New York Stock Exchange Composite Index），由该交易所自己编制和公布，包括在该交易所上市的全部股票，以各种股票的交易额为权数，采用加权平均法计算，以1965年12月31日为基期。当时该交易所上市的股票平均价格为每股53.33美元。为了与这一价格接近，该指数不是以100为基期，而是以 50 为基期。以后各期的加权平均股价与基期相比较，便求得指数。该综合指数也分为工业、运输业、公用事业和金融业 4 组。

纽约证券交易所股票综合指数期货在纽约期货交易所进行交易，每份合同金额也以指数乘以 500 美元计算。

（4）英国《金融时报》股价指数（UK Financial Times Index），由英国金融界著名的金融时报社编制，以 1935 年为基期，并以 100 为基期指数。这一指数包括三种：第一种为 30 个有代表性的工业和商业企业股票价格指数；第二种为 100 种股票价格指数；第三种为 500 种股票价格指数。均以加权平均法计算。该指数在伦敦证券交易所公布，在营业时每小时发表一次。通常使用较多的是第一种，但用于指数期货交易的是第二种，即 100 种股票价格的指数，在伦敦国际金融期货交易所进行交易。每份合同金额为指数乘以 25 英镑。

（5）日经道琼斯股价平均指数（Nikkei—Dow Jones Osaka and SIMEX）。日本东京证券交易所于 1950 年模仿美国道琼斯股价平均指数的计算方法，以在该交易所上市的 225 种股票为基础编制。1975 年 5 月由日本经济新闻社向美国道琼斯公司买进商标，定为现名。该种指数的期货在东京证券交易所交易，每份合同金额以指数乘以 1 000 日元。

（6）东京证券交易所股价指数（Tokyo Stock Exchange，即 TOPIX）。它是根据在东京证券交易所上市的日本股票价格以加权平均方法计算编制的指数，基期为 1968 年 1 月 4 日，基期指数为 100。其指数期货在东京证券交易所交易，每份合同价格为指数乘以 10 000 日元。

（7）恒生指数（Hang Seng Index）。它由香港恒生银行选用在香港证券市场上市的 33 种有代表性的股票价格编制，分为 4 类，其中金融业 4 种、公用事业 6 种、房地产 9 种、其他工商及运输业 14 种，以 1964 年 7 月 31 日为基期，基期指数定为 100。该指数的期货交易在香港期货交易所进行，每份合同的金额为指数乘以 50 港元。由于中国大陆股票的注入，恒生指数的结构发生了很大变化，而且指数大幅度上升，由 1993 年年初的 5 400 点上升到 1993 年年底的 11 888 点。后来受东南亚金融危机的影响，恒生指数一度下挫，但不久又迅速回升。2015 年 7 月 1 日，恒生指数为 26 250.03 点。

（8）纳斯达克综合指数（NASDAQ Composite Index），设立于 1971 年 2 月 5 日，基期数为 100。该指数 2015 年 7 月 1 日为 4 986.87 点。它包括所有的在纳斯达克股票市场上市的国内和国外普通股的市值的变动。纳斯达克综合指数的广泛性超过任何其他股票指数。每种股票的市值作为该市场总市值的一部分，其价格变动都会影响到该指数的升降。其市值等于最新的交易价格乘以总股数，这种计算在整个交易日内不间断地进行。

（二）国际股价指数

国际股价指数是选用许多国家在其交易所上市的股票价格编制而成的，供国际投资者和从事国际金融的经理人员进行资产配置决策和操作参考，但其影响有限，至今尚没有任何一种指数可作为证券市场的期货交易工具。

目前几种主要国际股价指数有：

（1）摩根士丹利资本国际咨询研究所指数（Morgan Stanley Capital International Indexes，即 MSCI Indexes）。摩根士丹利资本国际咨询研究所从 1970 年开始公布根据 22 个国家约 1 500 种股票的国内市值以加权平均法编制的指数。这些股票的总值约占每个市场资本总额的 60%，称为世界指数。该研究所还编制和公布一些区域性股价指数，如选用约 600 种股票价格编制的欧洲指数，选用约 1 000 种股票价格编制的欧洲、澳大利亚和远东指数等。

（2）《金融时报》股价登记世界指数（FT-Actuaries World Index），由英国金融时报社从 1987 年开始编制并公布。该指数选用了约 2 400 种股票的价格，这些股票的市值约占每个市场资本总额的 70%，因而比前一种指数更具有代表性。此外，该报还提供欧洲股价指数和太平洋地区股价指数以及欧洲和太平洋股价指数等。

七、股票交易的主要国际市场有哪些？

（一）纽约证券交易所

纽约证券交易所于 1792 年创立，1963 年采用这一名称。该交易所实行会员制，有 1 366 个正式席位，由董事会进行管理。董事会现设专职主席 1 人，董事 24 人，其中 12 人代表会员，12 人代表公众。交易所的活动受美国政府机构证券交易委员会的监督。在纽约证券交易所中，只有取得会员资格、拥有席位者才能进入大厅进行交易。场内从事交易活动的会员分为下列几类：

（1）佣金经纪商（Commission Broker）。这类会员是会员中数目最多的一种，其任务是专门接受非会员客户的委托买卖证券，向客户收取佣金。1975 年起，取消了原来实行的固定佣金制，允许各经纪人公司在佣金收取标准上自由竞争。近年来的收费标准大体是：交易额在 5 000 美元以下的，佣金占交易额的 2%～10%；5 000～20 000 美元之间的，佣金占 1.5%～2%；20 000 美元以上的，佣金占 1.5% 以下。

（2）场内自营商（Floor Trader or Floor Dealer）。这类会员在交易所内为自身目的进行证券买卖，从股价波动中赚取差价收益。因其本身既熟悉行情，又无需支付佣金，从而在交易中处于有利地位。证券主管机构对其活动规定有较严格的限制。

（3）专业股票商（Specialist）。这类会员专门经营若干种股票。他们既可以以经纪商身份又可以以自营商身份参加交易。但在同一笔交易中，不能同时兼具两种身份。

（4）场内经纪人（Floor Broker），又称两美元经纪人（Two Dollar Broker）。这类会员主要协助佣金经纪人进行交易以赚取佣金。在佣金经纪人受顾客委托的交易笔数太多而无法全部执行或不愿接受时，便转交给场内经纪人代为执行。

（5）零股交易商（Odds-Lot Dealer）。纽约证券交易所的股票买卖，一般以 100 股为交易单位，称为整数交易（Round-lot）。凡佣金经纪人接到客户的零股订单时，零股交易商即以自备资金进行零股的买卖。

纽约证券交易所对在该所上市的股票有严格的要求。例如,股票上市的公司最近1年的纳税前所得不少于250万美元;公众持股不少于110万股,其中至少要有2 000名投资者每人拥有100股以上的股票;公司普通股的市值不少于4 000万美元;有形资产净值不少于4 000万美元;股票上市的公司必须财务公开,如按月公布营业额、按季公布损益表等。

纽约证券交易所还有对已上市的股票取消上市资格的一些规定。如由于情况变化,某种股票持有100股以上股票的股东少于1 200人、公众持股不足600 000股、股票市值低于500万美元等,该种股票的上市资格即被取消。

(二) 东京证券交易所

东京证券交易所的前身名为东京证券株式会社,成立于1878年(明治十一年)。1941年合并了9家证券交易所,成为官商合办的证券交易所。1946年在美军占领下一度解散。1949年美国以实行"三原则"(市场集中交易原则,时间、价格优先原则和现货交易原则)为条件,同意东京证券交易所重新开业。

东京证券交易所现在实行会员制,会员均由证券公司组成。会员主要有三种:①正式会员。他们在交易所内既可以接受客户委托进行证券买卖,也可以用自己的资本进行证券买卖。现有正式会员114名,其中外国正式会员22名。②经纪会员,又称媒介会员。其业务是为正式会员之间的证券成交起媒介作用。现有经纪会员12名。③特别会员。他们专门从事接受非会员证券公司委托的业务,在交易所里进行证券买卖。现有特别会员144名。

会员大会及理事会是交易所的决策机构。会员大会相当于股份公司中的股东大会,是最高权力机构,决定交易所的重大问题。每个正式会员不论其规模大小,都有相等的表决权。经纪会员则除了参加解散交易所的决议外,只对变更与其利益有重大关系的决议有表决权。理事会为常设机构,商定为执行会员大会决定的基本方针所必需的具体方法,制定各种规章制度。

东京证券交易所的上市股票交易分为一部和二部。新证券上市时,首先在二部交易,待达到一定的交易量标准时,再在一部上市。1980年在二部上市的股票标准量是:①上市股数及资本额。东京附近的公司股份须在1 000万股以上,资本额5亿日元以上;东京附近以外的公司股份须在2 000万股以上,资本额10亿日元以上。②持有500~50 000股之间的中小股东须在2 000人以上。③公司开设年限在5年以上。④资本净值在15亿日元以上,每股在100日元以上。⑤最近前3年税前纯利润为:第1年2亿日元以上,第2年3亿日元以上,第3年4亿日元以上。⑥最近3年每年每股分配的股息在5日元以上,上市后预期仍可维持这一水平。

由于20世纪70年代以来日本在世界经济中的地位迅速上升,东京证券交易所的业务也随之扩大,其国际化的程度也在提高。特别是20世纪80年代的后半期,由于日元对美元的比价大幅度升值,其年交易额在1988年曾达到21 810亿美元,一度跃居该年的世界第一位,为纽约证券交易所年交易额13 560亿美元的1.61倍。1989年,有125家外国公司的证券在该交易所上市。但进入20世纪90年代后,日本的经济泡沫破灭，东京证券交易所也呈不景气状态，有些外国公司也随之退出。

（三）伦敦证券交易所

伦敦证券交易所成立于 1773 年，但其历史可以追溯到 1698 年，是世界上最早的证券交易所。现在的全称为大不列颠及爱尔兰证券交易所。交易所实行股份制，股东即为交易所成员，共有股东 4 600 名。交易所的最高领导机构是理事会，由股东选举产生，每年改选其中的 1/3。其中 1 名理事系英格兰银行的代表，作为英国政府的代理人，为当然理事，但没有投票权。

伦敦证券交易所成员分为两大类：一类是经纪商。只代顾客和所属公司进行股票买卖，收取佣金。经纪商不能直接对公众进行交易，只能代公众与证券商交易。另一类是自营商。他们持有相当数量的多种股票，既买进，又卖出，以赚取差价收益。但只能以交易主体的身份与场内经纪人交易。

英国伦敦证券交易所曾经有许多过于严格的限制，如经纪商与自营商的业务不能兼营；实行固定佣金制和最低佣金规定；限制非交易所成员收购交易所成员的股权；禁止银行、保险公司、投资公司及外国人介入证券交易等。这些过严的限制，使它在国际竞争中处于不利地位。为适应客观形势，交易所于 1986 年 10 月 27 日宣布实行改革，取消了上述限制，被西方报刊称为"大爆炸"（Big Bang）。此后该交易所的面貌大为改观。

上述三家证券交易所分布在美洲、亚洲和欧洲，对全球股票交易起着举足轻重的作用。1985 年 6 月 30 日，纽约证券交易所把原来由上午 10 时到下午 4 时的营业时间改为从上午 6 时半到下午 4 时。由于伦敦与纽约之间的时差为 5 个小时，改动后的营业时间使两地重叠的交易时间增加到 1 小时。这就使以纽约、伦敦、东京三大交易所为中心的国际证券市场可以实现每天 24 小时连续作业。

（四）香港联合证券交易所

香港联合证券交易所有限公司于 1980 年 7 月正式注册成立。它由原来在香港的 4 家证券交易所合并、改组而成。这 4 家交易所是：1891 年成立的香港证券交易所，合并前规模居第二位；1969 年成立的远东证券交易所，合并前规模居第一位；1971 年成立的金银证券交易所，合并前规模居第三位；1972 年成立的九龙证券交易所，合并前规模居第四位。均实行会员制，合并后共有会员 1 081 名。

在香港联合证券交易所上市的股票，原来主要由金融和房地产、酒店等服务行业的企业所发行，制造业所占的比重很小。股市资金中，外资所占比例很大，英国资本的公司发行的股票占重要地位。中国大陆经济改革的深化和对外开放的扩大，为香港股市注入了新的血液，使股市结构得到优化。由中国大陆企业控股达 35% 以上的在香港注册的公司，其股票在香港联交所上市的，在当地被称为"红筹股"，到 1998 年 9 月，红筹股公司共 64 家。在中国大陆注册的公司，经中国证监会批准后，申请在香港联交所上市的股票，被称为"H 股"，到 1999 年 8 月，先后有 4 批共 41 家中国大陆的公司在香港上市了 H 股。许多国家的投资基金和其他机构投资者，对香港股市表现出了浓厚的兴趣。

（五）纳斯达克股票市场

纳斯达克是美国"全国证券协会自动报价系统"（National Association of Securities Dealers Automated Quotations System）英文缩写 NASDAQ 的音译。该系统建立于 1971 年，目的在于为全国各地从事股票柜台交易（Over the Counter）的经纪人及交易商提供全国电脑联网的统一报价。由于在柜台交易的一般是未达到在交易所上市标准的中小公司的股票，这一系统的建立为中小公司在全国范围内发行股票筹集资金以及为中小投资者买卖股票提供了极大的便利，因而交易十分活跃，迅速发展成为在交易所场外进行交易的全国性的股票市场（后被俗称为二板市场）。

现在的纳斯达克市场体系由两部分组成：全国市场（National Market）和小额资本市场（Small Cap Market）。前者的上市标准高于后者。1997 年 8 月修订后的纳斯达克市场上市标准比原先略有提高。在全国市场上市的公司可有两种不同的选择：一种是正在运营中的有盈利的公司，净有形资产达到 600 万美元，最近 1 年或前 3 年中有 2 年税前收益达到 100 万美元，公众持股量达到 110 万股，公众股的市值达到 800 万美元，每人持有 100 股以上的股东达到 400 人，每股发行价在 5 美元以上，即可上市；另一种选择适合于尚处在研究或开发阶段的公司，公司成立满 2 年，即使尚未盈利，只要有形资产净值达到 1 800 万美元，公众持股量达到 110 万股，公众股的市值也达到 1 800 万美元，每人持有 100 股以上的股东达到 400 人，每股发行价在 5 美元以上，也可以上市。在小额资本市场上市的条件是：公司全部资产达到 400 万美元（或者资本市值达到 5 000 万美元，或最近一个财政年度或近 3 年中有 2 年的年净利润达到 75 万美元），公众持股量达 100 万股，公众股的市值达到 500 万美元，每人持有 100 股以上的股东达到 300 人，每股发行价在 4 美元以上，公司有一年以上的经营历史，就可以上市。

纳斯达克还在英国伦敦设立了国际有限公司（NASDAQ International Ltd）以便利非美国的公司直接通过"美国存托凭证"（American Depositary Receipts ADRs）在纳斯达克市场上市交易。到 1999 年年底，在纳斯达克市场上市的公司达 4 829 家，其中外国公司 429 家。全部上市公司的总市值达 5.2 万亿美元。通过国际电脑网络在该市场进行交易的国家有 50 多个。纳斯达克市场相对宽松和灵活的上市和交易条件，受到为数众多的正在成长中的公司尤其是高科技公司的青睐。著名的美国微软公司、英特尔公司和苹果电脑公司等的股票，最初都是在该市场上市的，并且至今仍留在该市场进行交易。

八、期权交易相比于期货交易有哪些特点？

期权交易相比于期货交易，其特点为：

（1）交易对象是一种权利。它的买卖对象不是实质的证券而是权利，投资者与交易商通过签订期权合约，有权在规定的限期里按约定的价格买入或卖出一定数量的证券，并为此种权利支付一定数量的期权费。

（2）买方与卖方存在非对称权利。期权交易的买方以支付一定数量的期权费为代价，拥有在一定期限内以一定价格购买或出售一定数量商品或金融资产的权利，而不必承担必须卖出或买入的义务。期权的卖方没有要求买方履行买卖的权利。如期权买方提出履约的要求，则卖方必须满足买方的要求。

（3）权利时效的自动性。期权是一种权利合约，存在着时效性，一般为 3 个月至 12 个月。如果期权合约的持有人在规定的时间内不行使此权利，一旦期满，则此种权利便自动消失，而不需办理特别手续。根据期权执行时效的不同，又可分为：欧式期权（European Style），即只允许在到期日行使权利；美式期权（American Style），即允许在期权有效期内任意一天行使权利。

九、全球衍生证券市场有哪三大发展趋势？

全球衍生证券市场有三大发展趋势：

（一）场外衍生证券市场越来越成为衍生交易的中心

在 1987 年，场外利率和货币掉期的总名义本金比全球交易所市场多 44%，1990 年场外市场的飞速发展将这数字推至 51%，1995 年又达到 65%。1995 年，北美、欧洲和亚太主要衍生交易所的实际交易量有所下降，但场外交易活动却上升了 40%。场外市场占优势的原因有：首先是场外市场灵活、个性化的特点符合顾客的需求。其次，场外市场也采取交易所市场的一些有价值的做法。例如，掉期市场的 11 家大户于 1996 年 10 月建立了一家名为芝加哥商品托收和信托公司的掉期担保机构，以便使抵押品的管理程序标准化和自动化，并管理支付的扎差、交易的评估和管理以及在全球范围内向从事场外市场的交易商提供报告。最后，场外市场比交易所市场在监管上有优势。如 1997 年年初的立法规定，在交易所外进行的外国货币期权不受商品期货交易委员会（CFTC）的管理。

（二）衍生市场全球一体化

在场外市场，这种集中规模已经很大。例如，1998 年年底，美国的商业银行账面衍生产品名义本金达 24 万亿美元，其中 8 家银行占了 94%，前 25 家银行占了 98%。美国衍生业务集中于少数几个机构的情况说明全球衍生市场正在形成。在衍生市场交易所，各地交易所之间以及小交易所之间的交易联系在不断扩大。例如，1996 年，芝加哥商品交易所就和法国 MATIF、伦敦国际金融期货交易所（LIFFE）以及德国 DTB 这三个欧洲主要的衍生产品交易所建立了联系。在欧洲内部，交易所联系的扩大表现为交易所的兼并和关闭，反映了各交易所都企图在欧元启动之前扩张市场份额，因而它们之间的竞争加剧。例如，瑞士交易所（SOFFEX）和德国交易所（DTB）于 1996 年年底宣布进行战略性联合，为衍生工具交易创造共同的技术平台，并将它们的结算和清算系统结合在一起。在英国，伦敦国际金融期货交易所（LIFFE）收购了伦敦商品交易所，大大增加了交易产品的种类。

（三）商品化

衍生市场日趋商品化是由于市场的参与者熟悉了市场交易的产品，市场也向易于被大家理解和标准化的交易工具集中。数年前，金融和非金融机构持有的衍生头寸造成了巨额损失，如橙县、宝洁公司、MG 公司以及巴林银行事件，促使人们对衍生产品的目的和风险进行再认识和评估。结果，人们对于新奇和高负债的结构需求下降，转向更为了解和熟悉的工具，特别是在货币和利率掉期上。

十、20 世纪 80 年代以来国际证券投资的发展背景是什么？

20 世纪 80 年代以来国际证券投资的发展背景是：1929 年的大股灾之后，西方各国政府纷纷加强了对国际资本流动的管理，国际证券投资活动进入了一个低谷时期。在 20 世纪 70 年代，商业银行贷款在国际资本市场上占主导地位，而债券投资活动只相当于商业银行贷款的 50%；进入 20 世纪 80 年代，随着资本国际化发展不断得到加强，客观的经济环境导致了国际证券投资的迅速发展，证券投资活动走向全球化、一体化。主要表现在：

（一）世界经济的发展

首先是西方主要工业国家经济复苏并保持较快速度增长。以美、日、德、英、法五国为例，其国民生产总值合计由 1982 年的 66 453 亿美元上升到 1990 年的 109 249 亿美元，年递增达 6.4%（见下表 7-1）。不断增长的经济规模，为主要工业国聚集了大量的财富，同时也为国际投资活动提供了丰富的资金来源。

表 7-1　　　　　　　　西方五国国民生产总值增长情况　　　　　　　单位：亿美元

国家	1982 年	1990 年	年增长率（%）
美国	35 126	46 124	3.5
日本	12 128	30 096	12.0
德国	7 251	14 430	9.0
英国	5 224	7 968	5.4
法国	6 724	10 631	3.9
合计	66 453	10 249	6.4

其次，新兴市场的兴起。20 世纪 90 年代以来，发展中国家经济增长速度明显高于工业化国家（见下表 7-2），这极大地吸引着工业化国家的资本

表 7-2　　　　　　　主要新兴市场国家和工业化国家 GDP 增长比较　　　　　单位:%

国家	中国	泰国	巴西	韩国	埃及	美国	日本	德国	英国	法国
1993	13.5	8.3	4.2	5.8	2.9	2.2	0.1	−1.2	2.1	−1.3
1994	12.6	8.8	5.7	8.6	3.9	3.5	0.5	2.9	3.8	2.8
1995	10.5	8.6	4.2	9.0	4.6	2.0	0.9	1.9	2.5	2.2
1996	9.7	8.3	2.5	7.1	4.2	2.4	3.6	1.4	2.1	1.2

去追逐新兴市场上高额的投资回报率。流入新兴市场证券投资的增长，是由于 20 世纪 90 年代多数新兴市场国家的经济基础较 20 世纪 70 年代有了很大的改善。在 20 世纪 70 年代，许多新兴市场国家遵循的是进口替代战略，用流入的资本弥补巨额财政赤字和冲抵资本外逃的不利影响。而在 20 世纪 90 年代，许多新兴市场国家遵循的战略是，开放国际贸易和资本市场，稳定财政，实施大量旨在提高经济总体效率的结构性改革。稳定的宏观环境吸引着国际证券投资的进入，新兴市场成为国际证券市场的主要参与者（见下表 7-3），同时从另一侧面也反映出国际证券市场正在走向全球化和一体化。但 1995 年发生的墨西哥金融危机和 1997 年 7 月泰国所引发的东南亚金融危机提醒我们，新兴市场国家自身市场结构存在缺陷，这给国际游资以可乘之机。对各国政府而言，改革的道路任重而道远，但国际证券投资活动的全球化趋势不但没有削弱反而愈演愈烈。

表 7-3　　　　　　　　　新兴市场国际债券发行量、股票发行量　　　　　单位：百万美元

年份	1990 年	1991 年	1992 年	1993 年	1994 年	1995 年	1996 年	1997 年一季度
债券发行量	7 789	13 945	24 394	62 672	56 540	57 619	101 926	7 723
股票发行量	1 166	5 574	7 247	11 915	18 038	11 193	16 414	3 203

［资料来源］ Capital Data Bondware and Loanware.

（二）金融环境的变化

首先，国际金融再次进入调低利率时代。20 世纪 80 年代上半期曾是国际金融的高利率时代。以 1981 年为例，3 月期存款 LIBOR（伦敦银行同业拆息）利率，英镑为 14.32%、美元为 16.8%，法国法郎则高达 18.16%。直至 1985 年，美、日、英、德、法五国财长会议签订了"广场饭店协议"，各国联手逐步降低利率。到 1992 年，3 月期存款的 LIBOR 利率降低为英镑为 7.17%、美元为 3.63%、日元为 3.18%。利率的大幅度降低，使得工业化国家的投资者降低了对投资信用等级的要求，在全球市场上寻找更高的投资收益率，从而促进了国际证券投资活动的兴起。

其次，资本管制自由化趋势。进入 20 世纪 80 年代以来，国际金融领域的竞争日益激烈，为增强本国金融机构实力，提高经营效益，许多工业化国家放松了对资本的管制。例如，放宽对进入本国证券市场的限制，包括允许外国居民自由购买本国的债券和股票；取消对证券投资者征收的利息税；放宽对证券发行条件（包括发行数额、发行者信用等级、发行包销机构等）的规定，简化发行手续。又如，放宽对银行、其他各类金融机构业务的限制，允许银行从事证券买卖业务，允许外国金融机构进入本国市场和本国银行进入国际资本市场，鼓励扩大各类金融业务，提供各项服务。再如，放宽或解除外汇管制，让外汇资金出入有较大或完全的自由，这样有利于消除海外投资者的心理障碍。同时，新兴市场国家也相当广泛地开放了本国的资本市场。

（三）新技术革命

新技术革命尤其是在计算机和通信业方面的发展，为国际证券投资活动的发展提

供了必要的物质条件。通信技术的改进使计算机技术的应用趋于完善，从而使信息可以更迅速地跨国界、跨市场传递，实现证券市场全球化，在纽约—东京—香港—伦敦—纽约形成 24 小时连续交易，同时便于对分散于各地的证券交易进行管理。技术的进步提高了全球证券市场在操作和管理债券与股票发行、流通上的效率，促使证券投资进一步国际化。

第八章　国际投资法规

复习思考题

一、国际投资法的主要内容与特点是什么？

国际投资法是指调整国际私人直接投资关系的国内法规范与国际法规范的总和。其主要内容包括：国际投资的内容、效力，对外国投资的保护、鼓励与限制，关于解决投资争议的程序和规则以及对外投资保险，等等。其中，用法律手段创造较好的投资环境，对外资进行有效的鼓励和保护，同时对外资进行必要的监督和控制，以使其既能促进国际投资合作和往来，又能将其纳入各国经济发展的轨道，这是国际投资法的核心内容。

国际投资法具有以下特点：

第一，调整国际私人投资关系。国际投资既包括官方投资，即外国政府、国际金融机构进行的投资；也包括私人投资，即外国自然人、法人及其他民间组织、企业团体进行的投资。国际投资法的调整对象，仅限于国际私人投资，不包括政府间或国际金融机构间或政府与国际金融机构间的资金融通关系。

第二，调整私人直接投资关系。私人投资具有直接投资与间接投资两种形式。所谓直接投资，是指外国投资者在国外经营企业的投资，投资者对企业享有较大的控制权。简而言之，直接投资是指伴有企业经营控制权的资本移动。间接投资，又称证券投资，主要指仅以取得收入为目的而持有证券的投资，并不参与企业经营，并不享有控制权或支配权。国际投资法的调整对象，限于私人直接投资。但其中有一个关键问题，即投资者对境外经营的企业或其资产，基于所拥有的一定数量的股份，能够对企业行使一定的支配和控制的权利。但究竟拥有多少股份权，就可认为达到了"有控制权"，各国解释和立法不同。如美国规定，凡一个外国人拥有企业表决权股份达到了25%者，就可认为享有控制权，其投资属于直接投资。另外，以参与企业经营为附加条件的长期贷款，也应视为属于直接投资的范畴（如母公司对子公司的贷款等）。

第三，国际投资法包括国内立法和国际法规范。国际投资法所调整的关系，不仅限于外国私人投资者同东道国及其法人、个人间以及同本国政府间的关系（外国投资关系和投资保险关系），还包括为了相互保护外国私人直接投资的两个或多个政府间的关系（双边或多边投资保护条约）。前者为国内法关系，后者为国际法关系。

二、国际投资法与其他国际性法律的关系是什么？

（一）国际投资法与国际公法的关系

国际投资法与国际公法的关系既密切又有显著的区别。一方面，国际投资法与国际公法具有密切的联系：国际投资法与国际公法有共同的法律原则。相互尊重领土完整和主权、互不侵犯、互不干涉内政、平等互利、和平共处是国际公法的基本原则，也是国际投资关系应当遵守的基本原则。不仅如此，国际投资法还要借助国际公法上的若干制度与规范，如国际投资保护协定要遵循国际公法关于国际条约的制度和规范。

同时，国际投资法与国际公法的关系又有显著的区别：①二者的主体不同。国际公法的主体基本或主要是国家，国际投资法的主体除国家之外还有自然人、法人和国际经济组织。②二者调整的关系不同。国际公法调整的是国家之间不包括民事法律在内的"公法关系"；而国际投资法调整的是超越一国范围的投资法律关系，其中主要的是国际投资流转关系，此外，还包括管制与管理国际投资活动的关系。

（二）国际投资法与国际私法的关系

国际投资法与国际私法的关系也可以被区分为两个方面。一方面，它们具有共同点：①主体相同，都以自然人、法人和国家作为主体；②调整的对象有相同之处，都是主要涉及国际民事流转关系；③在规范表现形式上也比较近似，它们在很大程度上表现为国内立法，同时又表现为国际条约与惯例。另一方面，它们又具有区别：①调整的方法不同。国际投资法运用直接调整方法调整国际投资法律关系，国际私法通过间接调整方法调整国际民事法律关系。②规范不同。国际私法规范基本上是"冲突规范"，国际投资法则是实体规范。

（三）国际投资法与国际贸易法

国际投资法与国际贸易法都是国际经济法的部门法，是国际经济法的组成部分，它们的关系是平等的横向关系。在过去，国际贸易法在国际经济法中占有很大的比重。现在，国际投资法在国际经济法中占的比重越来越大，也越来越重要。国际投资法还包括国际信贷法、国际技术转化法、国际税法、外汇管制法等多个法律。

三、外国投资法的基本内容是什么？

各国外国投资法的具体规定，会因各国经济和社会政治情况的不同而不同，而且规定的内容、尺度掌握的宽严也不一样。但各国外国投资法的基本内容仍有不少共同之处，大体包括以下几个基本方面：

（1）外国资本的定义与资本构成。外资立法中的外国资本，一般是指从国外输入的任何形式的资本，如外币现金、机器、设备及其他物资、工业所有权、技术诀窍（Know-how）等。资本构成一般除包括现金、设备、机器、土地、厂房、交通运输工具等有形资产外，还包括专利权、商标（Trademark）、技术资料、专有技术和劳务等无形资产。

发展中国家的合营企业，一般规定外国资本以现金、设备、专利权、商标权、技术资料、专有技术等入股；而东道国一方，则以资金、土地、辅助设备、现有厂房、劳务等入股。各国外资法关于资本构成及外国资本的内容的规定，详略不同。如我国《中外合资经营企业法实施条例》第二十五条规定："合营者可以用货币出资，也可用建筑物、厂房、机器设备或其他物资、工业产权、专有技术、场地使用权等作价出资。以建筑物、厂房、机器设备或其他物资、工业产权、专有技术作为出资的，其作价由合营各方按照公平合理的原则协商确定，或聘请合营各方同意的第三者评定。"又如《外资企业法实施条例》第二十六条规定："外国投资者可用自由兑换的外币出资，也可用机器设备、工业产权、专业技术等作价出资。"

（2）投资领域。投资领域是指一国基于本国的经济发展目标而规定的外资的投向，即允许或鼓励外资投向哪些部门，禁止或限制外资投向哪些部门。东道国引进外资的宗旨是促进本国社会经济发展，但同时又要维护国家安全和保护民族工业，而外国投资者的最终目标是实现利润的最大化，二者难免发生不一致。基于此，东道国在对外国投资实行鼓励与保护的同时，还要实行必要的限制。

①发达国家的规定。一般来说，工业发达国家由于经济与技术发展水平较高，为了便于资本相互渗透利用，对外国投资实行开放或有限度的开放政策，因而允许外国投资的范围较宽，限制较少。但对有关军事、国防、通信、宣传部门及一些国家经济关键行业等，也程度不同地给予限制。

②发展中国家的规定。与发达国家相比，发展中国家对外国投资领域的限制则更多一些，原因在于发展中国家长期遭受殖民掠夺和控制，本国民族经济比较脆弱，它们对外国投资采用鼓励与限制相结合的方针，鼓励外国资本向有利于国民经济发展特别是有利于新兴产业部门发展，以及改善国际收支，扩大出口的部门投资；禁止在国防、军事工业、新闻通信业、交通运输业、金融业以及一些重要的国民经济部门投资；限制在本国已有一定发展基础，需要重点保护的行业投资。有的国家只做原则性规定，一般指明企业的主要活动范围；但大多数国家都强调属于工业化部门的优先范围的行业为引进外资的重点。

（3）出资比例。各国对外资可进入的领域，大都对外国投资的出资比例有明确的规定。出资比例是指外国投资者和东道国投资者在设立的企业中各占资本的份额或百分比。出资比例代表着投资者在企业中拥有股权的多少，而股权又关系到投资者对企业的控制权和决策权。各国立法不一，有的无限制，大多数立法都明确规定上限，但也有只规定下限的。

（4）投资期限。对投资期限，大多数外资立法都有明确规定。从国别来看，许多发展中国家对外资投资的期限都有明确的规定，而西方发达国家一般无此规定。发展中国家规定投资期限的目的是想在一定时期之后将外资企业的全部或部分股权转为本国国民或国家所有，以加强民族经济的发展。

（5）外国投资的审查。对外国投资的审查、甄别（Screening），是对外国投资进行管理的形式之一。对外资进行必要的审查，既是维护东道国利益的需要，也是对外国投资者进行保护的必要前提。对东道国来说，对外国投资的审查，关系到引导及监督外国资本为本国经济发展的根本利益服务的问题。对外国投资者来说，关系到投资者本身的法律地位问题。外国投资者向东道国输出其资本，只有事先取得该国主管机构的审查和批准，其投资计划和项目经营才能取得合法地位，并得到关于该投资的法律保护及各种法定的权利和优惠待遇，如税收、外汇优惠及其他保证。根据一些国家的立法，对外国投资的审查和批准，可分为程序上的审查和实质上的审查。

（6）外资资本金和利润的汇出。投资资本金与利润能否自由兑换并汇出是外国投资者十分关心的问题。保证外国投资者资本金、利润及其他合法收益的自由汇出，是国际投资法律保护的重要内容之一，也是各国投资保证制度中防范政治风险的措施之一。投资者进行对外投资的目的，在于谋取国外利润，如果他在东道国因投资所得的合法利润、其他合法权益以及其回收的本金，不能兑换成国际通用货币或其本国货币，不能自由汇回国内，这必然影响到投资者的根本利益。所以，在国际投资关系上，原则上应允许投资者可以自由汇出其本金和利润，以有利于调整投资环境，吸引外国投资。但东道国基于保护国家利益，或者方便货币政策的实施，特别是为了保证国际收支的平衡，在承认自由汇出的原则下，对投资者本金和利润的汇出，又常加以一定的限制，实行外汇管制，以防止外汇资金大量外流。从东道国的角度来说，这也存在一定程度的合理性和合法性。其限制①一般分下列几种情况：一是受国内法规定的年限和汇出限额的限制；二是必须在履行法定义务（如纳税）之后；三是必须在履行其他支付之后。一般说来，在发展中国家和地区限制较严，而在发达国家则较宽。

（7）外资股份的转让。私人直接投资，尤其是采取合资经营、合作经营、合作生产等形式的投资，经营各方共担风险、共同经营、共负盈亏，这种投资关系始终是建立在平等互利、相互信赖基础上的。因此，从原则上讲，除法律另有规定或契约另有约定者外，一般不允许单方面中止投资契约或任意退股，这有利于维护投资项目的继续经营，共同完成项目。

至于外国投资者或合营者在企业经营有效期间内，能否自由转让其股份的全部或一部分，为了贯彻平等互利及相互信任的原则，各国立法大多数有明文规定，既保证外国投资者有权转让其股份，又附加同意条件，保证新的受让者取代原投资者的位置，继续保持合营关系及促使投资关系在和谐互信的基础上共同经营。如波兰政府规定，合营企业的股份为记名股票，没有其他股东同意，不得转让给第三者，波兰股东有购买外国股份的优先权。

外资股份的转让关系到国际投资双方的切身利益，政策的透明度体现得较充分，成为国际投资法内容的重要组成部分。

（8）税收及税收优惠。在国际投资关系中，税收问题是调整投资环境的一个重要

---

① 外国投资者的投资资本金和利润的汇出限制，主要有以下几种：审批限制，即投资资本金和利润的汇出要经东道国政府的有关部门批准；时间限制，即投资资本金必须在投资实施一定时期后才能汇出；比例限制，即每年只允许汇出投资资本金和利润的一部分。

因素，体现了一国国际投资政策的特点，它对国际投资的发展具有关键性作用。税率的高低、优惠的多少，关系到利润率的高低，是投资环境的关节点。

（9）经营管理与劳动雇佣关系。对于东道国特别是对于发展中国家来说，在引进外国投资，由外国人参与企业经营的情况下，坚持本国对企业经营管理的决定权，是关系到防止外国经济势力控制，维护本国经济自主发展的根本问题，同时也是劳动就业和技术问题。因此，大多数国家的政策均对此给予一定限制。基于国家经济政策和劳动政策的要求，对外国人进入国境从事特定经济活动的规定和限制，原是对国家主权的行政权的行使，其合法性在国际法上是无可争议的。只要没有歧视待遇，他国是不能干预的。

（10）国有化、征用与外国投资保护。对外国投资的国有化问题，向来是国际投资争议中最突出的问题，也是国际投资保护问题的核心。因为国有化问题，既关系到东道国的主权问题，又关系到外国投资者的投资安全与利益乃至投资国对对外投资的保护问题，所以，不仅引起东道国同外国投资者间利益的对立，也引起东道国同投资国政府间权益的矛盾，往往形成国际投资的一大障碍。为了正确解决国有化及其赔偿问题，以利于维护国际投资的安全与利益，调整投资环境，在国际及各国立法上都做出了种种努力，采取了一定的措施。

（11）投资争议的解决。对于投资争议的处理，向有争论。解决投资争议的法律依据，有国内法，也有国际法（如双边投资保护协定、处理投资争议国际公约）。

四、对外投资保证的主要特征是什么？

在对外投资保证方面，各国法律规定不同，但主要有以下特征：

（1）对外投资保证的职能。从表面来看，对外投资保证近似一般民间保险，即对外投资者与国内经营保险的专设机构订立保险契约，约定由投资者承担支付保险费的义务，承保机构承担政治风险下的保险责任。当约定保险事故发生时，承担机构依契约规定，向被保险的投资者赔偿因事故所受的损失。但进一步考察，这一制度不仅由国家特设机构执行，而且还常常与政府间的协定有密切关系，互为补充。因此，它又称为国家保证或政府保证。其特点是：①只限于对外私人直接投资，即投资者可以直接参与经营管理和支配的国外企业的投资（不包括间接投资）；②保证对象只限于政治风险，不包括一般经营风险；③一般民间保险，只在于进行事后补偿，而政治保险不只是进行事后补偿，更重要的是防患于未然，尽可能保证事故不发生。这些往往是结合两国间投资保证协定来实现的。

（2）担保风险的范围。各国法律对此基本相同，都是对外汇风险、征用风险和战争风险三种政治风险进行保险。但各国在立法的解释上则不尽相同。如美国，投资者可就三种风险全部进行综合保险，也可以选择其中一两种分别申请保险，其他各国一般要求对三种风险进行综合保险。保险费率，各国立法也不一样。以综合保险为例，美国为承保金额的 1.5%，日本为 0.55%，德国为 0.5%，英国为 1%，法国为 0.8%。

（3）损失补偿。在美国，除了扩大风险的保证外，一般规定，为补偿投资者所受的全部损失额，可以直到所承担的账面价值。但实际上，保险合同中通常约定保险人只承担补偿损失的90%，被保险投资者自己承担其余10%的损失。

（4）保险期限。各国大多规定期限为15年，例外的可延长到20年（如挪威、美国）。

（5）具有申请投资保险资格的投资者。一般只限于实行保险国的本国国民，但在某些特殊情况下，如在被保险国内的外国企业所进行的对外投资，而该投资明显地有利于保险国者，该外国企业也可申请对外投资保险。

五、简述美国、德国和日本的对外投资保证。

（一）美国的对外投资保证

从20世纪初以来，美国一直是世界上最大的对外投资国，其对外直接投资数量大、历史长，对外投资保证制度建立得也最早、最为完善、最全面，具有一定的典型性和代表性。了解美国的对外投资保证，对于研究整个西方国家的对外投资保证具有重要帮助。

《对外援助法》是美国对外投资保证的依据，其对外投资保证制度也是根据这个法律建立起来的，而美国的对外投资保证制度是实施马歇尔计划的一个重要步骤和措施。1948年，美国根据《对外援助法》制定《经济合作法》，实行"马歇尔计划"，并设立专门的管理机构——经济合作署，负责管理援外事务和海外投资，始创海外投资保证制度。当时的海外投资保证制度的适用范围极其有限，仅适用于美国投资者在西欧各国遇到的外汇风险。1951年美国公布了《共同安全法》，开始将国外投资的保证转向发展中国家和地区。1952年设立了共同安全署，负责管理海外投资保证业务。1953年将共同安全署更名为"海外事务管理局"，进一步扩大海外投资的保证范围。1955年设立了国际合作署，主管海外投资保证业务。1961年，根据国会通过的《对外援助法》修正案，美国设立国际开发署，接管投资保证业务。根据再次修改的《对外援助法》，美国于1971年1月19日成立了海外私人投资公司（Overseas Private Investment Corp.，简称OPIC），直属于国务院领导，承担由国际开发署主管的对外投资保证业务，现在已发展成为主管美国私人海外投资保险业务的专门机构。海外私人投资公司是一个自负盈亏的独立机构，主管美国私人对外投资的保证和保险，其宗旨是动员、促进美国私人资本和技术参加友好国家和地区的经济、社会建设。到目前为止，该公司一直自给自足，没有得到美国政府的财政补贴。公司由董事会领导，董事长则由美国政府的国际开发署署长兼任，董事均由总统任命。公司的经营范围由国会核准后确定。可以说，自1948年以来，美国《对外援助法》多次修改，援外机构几经变更，但美国政府对本国对外投资者的保护政策一直没有改变。

1. 保险范围

根据美国有关法律的规定，美国国民可以向海外私人投资公司同时或分别投保以下四类特别政治风险：外汇险、征用险、战乱险、营业中断险。

（1）外汇险是甲类险，亦称禁兑风险或外汇不能自由兑换风险，是指由于东道国政府禁止将美国投资者的收入、资本、利息和其他汇出款项兑换成美元而造成的风险。美国国际投资者在投保该险别期间，其国外收入、资本、利息和其他汇出款项属于当地货币，如果东道国禁止把上述货币兑换成美元，则海外私人投资公司有义务用美元予以兑换。但承保该风险的前提是，在投资者投保时东道国的外汇管理条例中尚无不可兑换的规定。从目前国际投资的实践来看，外汇风险较小。

（2）征用险，亦称乙类险，是指被保险人的投保资产由于东道国政府采取征用或没收措施而遭受损失的风险。美国《1981 年关于海外私人投资公司的修订法案》规定："'征用'一词，包含（但不限于）东道国政府中途废止、拒绝履行或单方削弱它自己与有关项目投资人签订的合同，致使该项目受到重大的不利影响，难以继续经营。其条件是东道国政府采取上述中途废止、拒绝履行或侵害削弱合同的行为，并非由于投资人的过错或不轨行为引起。"如果东道国政府征用行为是由投资者违反东道国法律或其他不正当行为引起的，则海外私人投资公司不负赔偿责任。如在 1971 年，智利政府征用美国国际电话电报公司在智利的企业时，美国海外私人投资公司认为，该征用行为是国际电话电报公司干涉智利政府内政引起的，故不负赔偿责任。

海外私人投资公司规定的"财产征用行动"的险别中，不仅包括对企业实行国有化或没收其财产，还包括对其采取各种被称为"逐步征用"的情况。凡东道国政府采取的行动对外国企业的财产或经营或对投保的投资者的权利或经济利益有极大的损害时，均被认为是财产征用。在财产征用的情况下，该公司给予的补偿根据原来投保的投资总额计算，并且根据自没收日起留存的收益额或损失或应付利息加以调整。除了随保没收或冻结某些基金的险别外，该公司对于投资财产被没收的补偿，必须以投资者不转让财产为前提。这一险别不允许一个法人投资者既保留权益所有权，又得到该公司对财产没收行动的补偿。

（3）战乱险，亦称丙类险，是指被保险人在东道国的投保财产由于当地发生革命、战争、暴乱和骚乱而造成损失的风险。投资所在国内发生类似战争或暴乱行为而使投资者受到损失时，该公司应给予一定的补偿，范围包括：在战争或暴动中采取行动去阻止敌对行动、参加战斗或自卫而造成的损失。作为战争和暴动险别的一个部分，投资者还可以投保内乱险。这一险别适用于比战争和暴动险别程度略低的骚乱。补偿的基本尺度是投保财产的原有成本，但不得超过修理费或设备更新费；那些虽被损坏但仍可运转的设备，则根据财产损失部分的市场价值进行估价。补偿限于外国企业财产中投保人所有的那部分权益，而不包括其他权益。一般的劳资纠纷、各种经济矛盾所造成的损失不在保险之列。

（4）营业中断风险，是指由于上述三项风险发生，使被保险人某项营业活动暂时中断而造成损失的风险。对于因营业中断风险造成的损失，海外私人投资公司予以赔偿。

2. 投资项目必须符合的投保条件

投保对象亦称合格投资，是指作为保险对象的标的物。合格投资可以为有形资产和无形资产，具体包括：现金，包括股权投资、贷款投资和贷款担保；实物投资，包括商品、原材料和设备等；承包合同，在合同基础上进行的权益投资，包括服务、专利权、工艺流程、制造方法、技术援助合同以及能源开发项目中关于产品分配安排等应得的权益。

就可以投保的股权投资、贷款、许可证协议和承包合同来说：第一，股权投资可以是拥有外国公司或合资经营企业的全部或部分股权以及在分支机构中的投资。第二，贷款期至少是 3 年。短期商业信贷一般不符合投保条件。贷款可以是有担保也可以是没有担保的美元或其他可兑换货币。贷款担保也可以投保。对有担保的贷款，利率必须合理并且参照东道国相应的贷款法定利率。第三，对于专利、工艺流程、专有技术的许可协议和必须支付提成费或服务费的技术或管理援助协议，该公司提供不可兑换保险。这样的协议必须至少为期 5 年，保险单上不包括财产征用险或战争险。第四，承包合同可以是长期的供应合同，可包括在该公司具体的建筑工程计划内。长期供应商业信贷如果与供应商提供的项目投资相等，则符合投保条件。

合格投资必须具备的条件是：仅限于在国外的新项目投资，但在一定条件下，对现有企业的增建、扩建和现代化的投资亦可视为新投资，也可申请投资保险；仅限于经美国政府同意的在不发达友好国家和地区的投资，并且该项目是由美国海外私人投资公司认可的；经外国政府批准的投资项目；仅限于同美国签有双边投资保证协定的国家和地区的投资项目。

但该公司认为下列投资项目一般不符合投保条件：第一，项目对东道国的国际收支平衡有不利影响或者项目对东道国或其公民十分不利。第二，项目中销售的产品将与美国剩余物资的出口竞争。第三，项目打破了美国的国际收支平衡而产生一定的资金外流。第四，不宜由美国政府支持，从事物资或不动产的投机生意，买卖不动产，拥有大片的地产，如果园、农场，生产军用品或武器。第五，当地政府认为项目与其发展规划或外商投资政策格格不入。第六，项目对美国的就业问题普遍产生负面作用。

3. 投保者的资格

该公司仅为合格的投资者保险。"合格投资者"的资格是指依法有资格申请投资保险的对外投资者。合格投资者包括：美国公民，即具有美国国籍的自然人；依据美国的法律（或美国某州的法律、美国某块领土的法律）而登记成立的，其主要权益（即资产的51%以上）属于美国公司所有的美国公司、合伙企业以及其他社团（包括非营利性社团）；由一个或一个以上的美国公民、上述公司、合伙企业或其他社团全权拥有的具有外国国籍的公司、合伙企业或其他社团，但此类公司的资产至少要有95%为美国公民、公司、合伙企业或其他社团所有。在贷款条件下，该类公司、合伙企业或其他社团的合格性，在签发保险单时加以确认。在任何情况下，被保险人在取得保险单时以及提供索赔要求时，都必须是合格的。

4. 适合投保的东道国条件

该公司承保国外投资风险，是以投资项目东道国与美国签订了双边投资条约为条件的，即美国国民进行投资的国家，必须与美国签订有投资保证协定。美国的海外私人投资公司才能与美国的对外投资者签订保险合同，承担在投资项目遭到风险损失时予以补偿的责任。1980年10月美国政府与中国政府在北京以换文方式签订了《中美投资保险协议》。因此，凡对中国进行直接投资的美国企业，都可以在该公司投保。

5. 承保金额

承保金额是指风险事故发生之后，保险人向被保险人实际支付的补偿金额。海外私人投资公司承保的限额为被保险人最初投资的美元票面价值加上该投资实际应得的利润、利息或其他收益。该公司一般要求投保的投资者自己承担至少10%的损失。因此，该公司只对90%的投资进行保险。对于重大的股权投资，尤其是采掘工业投资，该公司只保50%～70%的财产征用险。在决定保险的百分比时，该公司要考虑项目未投保的那一部分投资和该国的具体风险状况及其发展趋势。

6. 期限和终止

股权投资保险合同的期限从保险日起，最长为20年。规模较大的敏感性项目的财产征用险，期限一般限制在12年内，但可根据需要延期。贷款保险可以根据贷款期决定，一般至少为3年，公司在投资者不履行义务时，可以终止保险。

7. 保险费

保险费由海外私人投资公司确定，一般根据承保的行业、风险的种类及范围而定。一般费率为（仅指中小企业）：外汇风险按0.3%的年率收费，征用风险按0.6%的年率收费；骚乱风险按0.6%的年率收费。特别保险费的年率可高于或低于上述比率。

8. 投保申请程序

投资者向海外私人投资公司提出申请时，应按公司规定的格式，以书面形式提出"政治风险投资保险申请书"及其必要的有关资料。公司在收到申请书后，进行必要的审查，审查的内容包括：投资者是否合格；投资的内容是否合格；该投资项目是否得到东道国政府的批准；投资者是否已实施投资计划，如投资者在实施投资计划后再提出保险申请，公司则拒绝承保。经审查批准后，由投资者与公司双方签订合同，被保险人根据合同规定按期缴纳保险费。当发生承保范围内的风险事故时，先由海外私人投资公司根据合同规定向本国对外投资者赔偿损失，海外私人投资公司再向造成该项投资损失的东道国代位求偿。可见美国海外投资保证是国内法与国际法的有机结合，这从海外投资的保险人——海外私人投资公司的代位求偿权可见一斑。美国海外私人投资者只有在与美国签订有双边投资保证协定的国家进行投资时，才能在美国国内申请投资保证业务。当美国的对外投资者在国外的投资遭受政治风险之后，向海外私人投资公司索赔，这时依据的是国内保险合同，服从国内法的约束。海外私人投资公司在向本国对外投资者补偿之后，向东道国政府索赔，这时依据的是与东道国政府签订的双边投资保证协定，服从国际法的约束。

9. 投资保险争议

保险、保证和再保险契约的索赔，以及由此产生的争议，按照公司章程，根据当事人双方的协议，以仲裁方式加以解决。

与此同时，美国对本国海外投资者的法律保护还包含在与外国缔结的双边友好通商航海条约之中。

（二）日本的对外投资保证

第二次世界大战结束后，日本为了恢复其经济建设，大力引进外资和技术（特别是美国援助和私人投资），并重新改组垄断资本，经济从恢复到飞速发展，特别是20世纪60年代之后，日本一跃成为当时仅次于美国的第二经济大国。与此同时，日本迅速向外扩张，在国际投资领域中，日本虽然起步较晚，但发展速度快，已成为世界最大债权国和主要投资国。日本对外投资规模大、增长快的主要原因是其经济实力雄厚（包括资金、设备、技术大量过剩）、技术与管理先进，但与政府的一系列鼓励性和保证性政策和法律也是分不开的。

日本的海外投资保证始于1950年的输出信用保险。日本于1956年颁布了《输出保险法》，实行"海外投资原本保险"，以后又于1957年增加"海外投资利润保险"。起初，日本对外投资者对投资保证的要求并不迫切，投资保证制度利用率不高。到了20世纪60年代末期，日本对发展中国家特别是对东南亚国家的投资剧增，日本政府于1970年把这两种保险统一之后，投资保证制度进一步得到充实，利用率也大幅度增长。

承担对外投资保险责任的是日本通产省，具体保险业务由通产省企业局长期输出保险课承办。日本自然人和法人都可投保，日本通产省偿付保险金后，取得代位求偿权。

日本对外投资保证制度是模仿美国建立起来的，因而两者有许多相似之处，不同之处在于：日本实行单边保证，只根据国内法的规定，即可适用保险制度，不以日本同东道国订立双边投资条约为法定前提，即不需东道国做出保证。近年来，日本也与有关国家的政府签订双边投资保证协定，但不以此作为实施海外投资保证制度的法定条件。其对外投资保证基本上有以下几项内容：

1. 被保险人

被保险人，亦即申请投资保险的合格投资者，仅限于日本国民或日本法人。被保险人仅指投资者，而保险契约者可以不是投资者，可以是经保险人认可的任何人。

2. 投资保证的范围

日本政府承保的风险范围也分为三种政治风险：

（1）外汇险，指下列五种情况的出现，使得日本对外投资者的原本（成本）及利润在两个月以上不能兑换为外币汇回日本的风险：一是东道国政府实行外汇管制；二是东道国发生战争和内乱，无法进行外汇交易；三是东道国政府对日本投资者各项应得的金额（如投资本金、股息、红利和债权的利息等）实行管制（如冻结）；四是东道国政府取消对各项应得金额汇回日本的许可；五是东道国政府对各项所得金额予以没收等，均属外汇风险。

（2）征用险。依日本《输出保险法》的规定，凡日本在外国投资的资产为国外政府（包括地方公共团体）所"夺取"者，均属此类风险。这里的"资产"包括股份、股本、公司债、贷款债权或公债等原本，股份、股本的红利支付请求权或贷款债权，公司债、公债等的利息请求权，或关于不动产的权利，等等。这里的"夺取"是指东道国政府对日本投资者的上述资产实行征用、没收或国有化，剥夺其所有权。

（3）战乱险，指日方在国外投资的企业，因战争、内乱和暴动等遭受损失，或企业经营上特别重要的不动产、原材料、设备等有形资产，或矿业权、工业产权等无形资产的权益，因外国政府的侵害而受到下列损失（指战争风险）：一是企业不能继续经营；二是破产或类似情况；三是银行对该企业停止交易或类似事态。

3. 保证对象的资格

作为保证对象标的的投资活动，日本对外投资保险制度在投资内容、投资项目和投资形态等方面，都要求具备法定的合格条件。

（1）投资内容包括：一是证券取得。如关于证明现金出资、实物出资、矿业权及工业产权、专有技术出资等权利的股票、公司债券、股份证书、抵押证书、利润证书等日方对外投资者出资份额及其权利的一切证券。二是债权取得。如现金贷款的现金返还请求权。三是海外直接事业，指依法在当地设立法人，从该国取得采矿权、土地所有权等权利，而从日本输出资金、材料所经营的事业。四是分支机构。

（2）投资项目包括：一是投资项目必须旨在促进日本对外经济交往的健康发展（不包括以武器制造、赌博、娱乐等为目的的投资）；二是限于新投资或新认购外国法人或企业发行的新股投资项；三是日本对外投资地区（东道国）的外资政策须较完备，投资项目应经东道国政府批准，投资环境良好。日本实行单方投资保证制度，因而对被保险的海外投资地区分布不加特殊限制，但同时又有如下要求：东道国引进外资的保证性政策和法律比较完备；申请保险的投资项目需经东道国政府的批准；东道国的经济政治局势比较安定。

（3）投资形态包括：一是投向外国法人或社团的股份、股本（指合作组织）等，以参加事业经营为目的者为限；二是对合营公司（外国法人）的当地股东向该合营公司出资使用资金的长期贷款，其清偿期在 5 年以上者，但以该股东同该合营公司具有同一国籍者为限；三是对日方投资者能实际支配经营的外国法人的长期贷款；四是为进行"国外直接事业"，直接以日本人名义取得不动产或其他权利；五是基于长期契约，对以开发输入资源为目的的外国法人为期 5 年以上的长期贷款。

4. 投保范围

日本海外投资保险的范围同样仅限于政治风险，具体包括外汇险、征用险和战乱险。

凡日本海外投资者的原本和利润由于下列原因之一不能汇回日本者，均属于外汇险：东道国政府实施外汇管制或禁止外汇汇出，或因东道国发生革命、战争等，导致无法进行外汇交易；东道国政府对日本对外投资者的各项应得金额（如利润、股息、利息等）实行管制，或东道国对日本海外投资者的各项应得金额予以没收等。

征用险是指日本海外投资者的资产被东道国政府征用、国有化或没收所造成损失的风险。这里所讲的资产，是指股份、贷款债权、公司债、公债等本金或股份红利支付请求权、贷款债权、公司债和公债的利息请求权或不动产的权利等。如果东道国对于被征用的日本对外投资者的资产给予一定的补偿，则应在计算赔偿金额时予以扣除。

如果日本海外投资者因东道国发生革命、战争、内乱和暴乱而遭受损失，或因东道国政府造成的分割而出现下列情况之一的，则属于战乱险：海外投资事业不能继续经营；海外投资企业趋于破产或类似情况；东道国银行对该企业停止交易或类似情况；海外投资企业停业6个月以上。

5. 保险期限和保险费

一般为5~10年（不包括海外企业的建设期）；一般投资的保险费年率按保险金额每100日元为55钱计算，如属于开发资源投资，保险费年率按保险金额每100日元为70钱计算。

6. 保险金额

保险金额分为两种：契约保险金额、支付保险金额。前者是指在保险契约中规定的保险人对被保险人受损失时应补偿的原本和利润的最高限额，后者是指被保险人在发生损失时，保险人实际支付的金额。

契约保险金额的计算公式为：

契约保险金额＝投资原本×0.9以内值＋每年可产生的预计利润额×0.9以内值

实际支付保险金额的计算公式为：

实际支付保险金额＝损失额×90%≤契约保险金额

7. 投保申请程序

日本对外投资者在确定对外投资计划后，向通商产业省企业局长期输出保险课提出海外投资保险申请书，并提供外币证券取得许可证、东道国外资引进许可证、对外投资计划详细说明书等文件。通商产业省在收到申请之后，应加以审查。审查的主要内容是投资者是否合格。经审查确认合格，通商产业省发给保险证券，一并附上第一年度保险费缴款通知单。保险契约从支付保险费之日起生效。

此外，日本对外投资保证还包括申请投资保险的合格投资者与保险人的法律关系、保险契约的效力等方面的内容。

（三）德国对外投资保证制度

德国海外投资保证制度是指由联邦德国建立的海外投资保证制度。第二次世界大战结束后，联邦德国大量利用美援，引进外资和先进技术，国家对经济给予支持和积极干预，经济得到迅速恢复和发展，其对外投资从20世纪50年代开始有所发展，20世纪70年代后逐步加速。

为了鼓励私人对外投资，并保证其利益，联邦德国政府采取了种种措施，除制定预算法、欠发达国家援助法案、马歇尔援助担保基金欠发达国家援助法、复兴金融金库法及德国经济合作公司法等，对联邦德国私人向发展中国家投资予以鼓励、优惠和保证等外，还于 1959 年仿照美国创设了对外投资保证制度①，由国营的黑姆斯信用保险公司和德国信托与监察公司经营，承担对外投资政治风险的保险。相对于美国的投资保证制度来说，联邦德国的保险范围较宽，在适用上也较富有弹性。

联邦德国投资保证制度，原来并不以两国政府间的投资保证协定为法定条件，但事实上联邦德国政府对双边投资条约采取积极态度。向发展中国家投资，一般都订有关于保护及鼓励投资的双边协定，但不是绝对的。如果该东道国的法律秩序或其他措施（特许协议）足以证明其对外国投资能提供充分保证者，即使没有协定，也可适用保证制度。但为了加强国内保证制度的效力，仍要求订立双边投资条约，所以基本上与美国的对外投资保证相同，其内容也分为投资保证范围、保险对象的投资者的资格、保险人与被保险人、保险费、保险期限和保险事故与赔偿责任等。

联邦德国海外投资保证制度的基本内容有：

1. 保险人

德国政府是本国海外投资的法定保险人。主管审查与批准对外投资保险业务的机关为经济部、财政部和外交部代表组成的有决议权的委员会及由会计审核院和联邦银行代表组成的咨询委员会。主要审核对外投资项目是否"值得鼓励"、对加强本国与发展中国家经济发展是否有积极贡献。在财政部长的领导下，由黑姆斯信用保险公司、德国信托与监察公司具体负责办理海外投资保险业务。

2. 被保险人

被保险人是指本国从事对外投资的企业。被保险人要取得政府的保险，必须按照法定的程序，提供有关资料，向政府有关部门提出申请。当保险事故发生时，被保险人除根据保险合同获得补偿外，还要及时向保险人通报有关情况。

3. 投保对象

保险对象即本国对外投资者在国外的投资及其所产生的利润。所谓在国外的投资是指：资本参加，即对外国企业以资本、商品或劳务的形式进行投资，并对该企业具有控制权；向分支公司投资，即向总公司在联邦德国的企业的国外分支公司提供的资本金；贷款，即目的与范围具有资本参加性质的贷款。

4. 投保范围

投资保险的范围限于外汇险、征用险、战争险和迟延支付险等。外汇险是指本国对外投资者应得的金额，在东道国不能自由兑换成外汇，自由汇回本国而造成的风险。其范围包括由资本参加所产生的到期债权、作为资本参加的贷款所产生的到期债权、应得利润所产生的到期债权。征用险亦即国有化险，是指由于东道国政府采取征用或与征用相类似的措施而造成的损失。战争险是指由于东道国发生战争、革命、武装暴动、内乱而造成的损失。因东道国停止支付或延迟支付而造成的损失，也属保险之列。

---

① 联邦德国的海外投资保证制度始于 1949 年，由国营黑姆斯信用保险公司、德国信托与监察公司负责办理海外投资保险业务。

5. 保险期限

一般为 15 年，对于经营期限较长者，可延长至 20 年。

6. 保险费

被保险人必须在每年规定的支付期限前缴纳保险费。逾期后三周内未缴纳者，保险人有权解除保险契约。保险期限不同，其保险费率不同。如保险期限在 5 年以内者，年保险费率为 0.6%；如保险期限在 5~10 年之间者，年保险费率为 0.5%；如保险期限在 10~15 年之间者，年保险费率为 1.0%；如保险期限在 15~20 年之间者，年保险费率为 1.5%。

7. 保险金额

在最高保险限度金额内，保险人补偿损失的 80%~95%，其余的 20% 由被保险人自己承担。保险金额的赔偿以联邦德国马克（现为欧元）支付。

六、国际间接投资法规包括哪些？

国际间接投资法规包括：①国际证券投资的法规；②国际投资基金的法规；③国际期货和期权投资的法规。

七、双边投资条约的基本内容有哪些？

双边投资条约可分两大类：一是友好通商航海条约；二是投资保证协定。

（一）友好通商航海条约

通商航海在一些国家（特别是海洋大国）的对外经济活动中占有重要地位。友好通商航海条约（Friendship，Commerce and Navigation），是指缔约国在友好的政治关系前提下签订的关于通商航海事宜的条约。友好通商航海条约所调整的对象和规定的内容主要为确认缔约国之间的友好关系，促进国际经济活动的自由化，双方对于对方国民前来从事商业活动应给予应有的保障，赋予航海上的自由权等。但此类条约由于范围较大，对于外国投资者的法律保护往往缺乏具体的专门规定。虽然第二次世界大战以后随着国际资本流动的增加，条约中关于保护外国投资的内容比重也相应有所增加，但条文仍显简略。这类条约主要为早期的一些双边协定。

世界上第一个友好通商航海条约是由美国与法国于 1778 年签订的。200 多年来，随着国际政治经济格局的变化，友好通商航海条约的内容有了较大的发展和变化。第二次世界大战爆发前，友好通商航海条约的主旨是调整缔约国间的友好通商关系，其中虽有关于外国投资的保护条款，但重点是保护商人，而不是保护工业投资者。在最初签订的友好通商航海条约中，所确立的享受条约规定条款的主体为公民，不包括企业。1991 年之后，美国开始在此类条约中列出专门条款，将海外私人投资经营的企业、公司等规定为受条约独立保护的对象，但其内容主要涉及通商贸易事宜，关于投资保护的条款则处于无足轻重的地位。这是因为当时国际经济交往的主要形式是国际贸易而不是国际投资。第二次世界大战结束之后，美国成为世界上最大的对外投资国，国际投资也已发展成为国际经济交往的重要形式。基于此，保护私人对外投资成为友好通商航海条约的重要内容。

（二）投资保证协定

由于友好通商航海条约涉及的范围过于宽泛，并不是专门性的保护国际投资条约，因而其具有内在的局限性。还应当看到，从 20 世纪 60 年代之后，许多发展中国家对外资企业实行征用和国有化的事件屡屡发生，需要为私人对外投资提供更为有力的法律保护。基于此，双边投资保护协定应运而生，替代了友好通商航海条约。

八、双边投资条约的优点和局限性各是什么？

双边投资条约是调整两国投资关系最有效的手段。其优点是：

（1）调整的关系限于两国之间，强调相互尊重彼此的法律权益，比较灵活，富有弹性，能在某些重要领域内顾及双方国家各自的特殊利益，并能在互利的基础上，谋求协调一致的平衡。比多边投资条约谋求多数国家间的特殊利益的平衡，困难要小得多。

（2）条约在国际法上对双边当事人是具有约束力的法律手段，有利于落实及加强保证双方对投资保护的措施，故为投资国与东道国双方所乐于接受。

（3）对投资国来说，现时各国都普遍实行投资保险和保证制度，不论是否像美国、德国一样以双边投资条约为国内保险制度的法定前提，但双边投资条约是保证及加强国内投资保证制度效力的主要手段，所以签订双边投资条约，能增进外国投资者的安全感，有利于吸引外资。

但是，双边投资条约也有其不可避免的局限性，这主要表现在：

（1）由于发达国家同发展中国家利害对立，观点不一，在谋求双方利益平衡方面，仍不能避免多边条约所遇到的困难，不可能期望用一种单一的法律即可以解决两国间围绕国际投资所产生的一切政治和经济问题。事实上，发展中国家为了维护国家主权及其经济利益，不愿意其国内经济政策及国家立法受外国政府的干预和影响，对于签订双边投资条约持极为慎重的态度。发展中国家只有在认为特定具体投资项目有利于其经济发展而又不损害其主权尊严时，才乐于签订条约。

（2）条约用语一般化、抽象化。由于双方利害不一、解释不一，难于适用。如关于征用、国有化的合法性、补偿标准，关于外汇限制条件、原则与例外，关于外国人的国民待遇标准等，历来争执最多。

（3）从投资国来看，双边投资条约针对东道国政府的某些措施，如征用、国有化等，能收到一定保证效果，但对其他事故，如战争、内乱，或因国内经济陷入困境、外汇储备不足而限制或停止外汇交易等情况，则未必能收到条约所预期的效果。

（4）发达国家（特别是美国）往往要求在双边投资条约中订立国际仲裁甚至国际司法条款，把本来属于东道国国内管辖的投资争议上升为国际争议，回避东道国国内管辖和处理，这等于是向东道国的主权尊严挑战，所以东道国往往也不愿接受这样的条款。

九、《多国间投资保证机构公约》（即《汉城公约》）的主要内容是什么？

其主要内容包括：

（1）《汉城公约》的宗旨。鼓励会员之间尤其是向发展中国家会员融通生产性投资，对会员之间的国际投资的非商业性风险提供担保，包括共保和分保，消除对国际投资非商业风险的忧虑，促进以生产为目的的资金和技术流向发展中国家和地区，加强国际经济合作。多边投资保证机构还根据会员的要求，提供技术咨询，帮助发展中国家和地区改善投资环境。机构还将同私人的、国家的或地区的投资保证机构进行合作。

（2）多国投资保证机构的法律地位。多国投资保证机构是一个国际组织，有完全的法人地位，特别是有权签订合同、取得并处理不动产和动产、进行法律诉讼。此外，多国投资保证机构在各会员国领土内享有公约所规定的诉讼豁免，机构及资产的税收豁免，机构财产免受搜查、征用、没收、征收及任何形式的扣押，机构档案无论在何地均不受侵犯等。

（3）多国投资保证机构的资本和会员资格。多国投资保证机构的法定资本为10亿个特别提款权（SDR），分为10万股，每股1万个特别提款权。多国投资保证机构资本因新会员的加入和理事会特别多数通过而增加。各会员认股不得低于50股，应缴股金须为可自由使用的货币，发展中国家和地区可用本国（本地区）货币支付25%的股金。会员资格向世界银行的所有成员和瑞士开放。

（4）承保风险的范围。这是公约的核心内容。公约规定，多边投资担保机构对货币汇兑风险、征收（或类似措施）风险、违约风险、战争和内乱风险等四种非商业风险提供担保：①货币汇兑风险，即由于东道国的责任而采取的任何措施，限制受保人（外国投资者）将其货币转换成可自由兑换的货币或受保人可接受的另一货币，汇出东道国境外而带来的风险。这里所讲的"任何措施"包括限制或禁止汇转的一切措施，无论是直接的还是间接的，无论是法律上规定的还是事实上存在的，均包括在内。②征收（或类似措施）风险，即东道国政府采取立法或行政措施剥夺受保人对其投资或收益的所有权或控制权。征收（或类似措施）风险是指由于东道国政府采取立法或行政措施剥夺受保人对其投资或收益的所有权或控制权而带来的风险。征收的最简单、最典型的方式是东道国政府通过法令直接取得外国投资者的财产。这种直接征收方式在当代国际社会中已不多见，较为常见的是间接征收，即东道国政府采取种种干扰外国投资者的措施，使其对财产的所有权和控制权名存实亡。公约在设定此险别时，充分考虑了这一情况，对间接征收予以担保。公约还规定，东道国政府为管理其境内经济活动而采取的普遍适用的非歧视性措施不属于征收措施。③违约风险是指由于东道国政府违反投资合同而带来的风险，具体来讲就是由于东道国政府废除或违反同受保人签订的合同，而受保人无法求助于司法或仲裁机关对毁约、违约的索赔做出裁决，或未在合理期限内做出裁决，或虽做出此裁决但不能付诸执行。多国投资保证将违约风险作为一个独立的险别加以承保，在国际投资保险业务上是一个创新，其目的在于增强东道国政府与外国投资者之间合同安排的可依赖性，保证外国投资者的有效经营和合同权利的实施。公约规定，此类担保仅适用于"拒绝司法"，具体包括三种情况：第一，外国投资者无法求助于东道国司法或仲裁机关对违约的赔偿做出裁决。这又可细分为三种情况：东道国缺乏司法或仲裁机关；虽有司法或仲裁机关，但缺乏独立性；司法或仲裁机关无权做出最终判决或仲裁。第二，司法或仲裁机关未能在合理的期限内做出裁决。第三，虽有裁决，但无法执行。④战争、内乱风险，是指由于东道国境内任何地区的任何军事行动和内乱而给外国投资者带来的风险。罢工、学潮和针对外国投资者的恐怖主义行为，不属此列。

凡是参加多边投资保证机构的任何会员，其投资者到另一会员进行投资时，均可申请机构承保上述四种风险。但在东道国政府同意，机构就指定的承保风险予以担保之前，机构不得订立任何担保合同。如果要将担保风险的范围扩大到上述四种风险之外的其他特定的商业风险，则要由外国投资者与东道国政府联合申请，并经多国投资担保机构董事会特别多数票通过。

（5）合格投资，合格投资是指可申请担保的投资。机构对所担保的客体（即外国投资者的投资）在条件、形式和时间等方面做了规定，符合要求的投资才具有合格性，方可提供担保。

合格投资必须符合以下四个条件：一必须是经济上合理的投资，即投资在担保期限内具有独立性，无国家补贴等外部因素的影响；二必须是能对东道国经济发展做出贡献的投资；三必须是符合东道国法律的投资；四必须是符合东道国经济发展目标的投资。

投资的形式随社会经济的发展而不断变化。基于此，公约只笼统地将投资的形式概括为产权利益、机构董事会确定的各种非产权直接投资和机构董事会特别多数票通过的任何形式的中长期贷款。由此可见，合格投资应包括产权投资，其中包括在有关企业中的产权持有人发放或担保的中长期贷款，以及董事会确定的直接投资的种种形式。如经董事会特别多数通过，合格投资也可扩大到其他任何形式的投资。此外，担保限于要求机构给以担保的申请注册之后才开始执行的投资，如现有投资更新、扩大或发展所进行的任何外汇转换，以及使用投资中所产生的原可移出东道国的收益。

多国投资保证机构只担保新投资，即担保申请注册之后，才开始执行的投资。

（6）合格投资者是指可以申请担保的投资者。根据公约第十三条的规定，凡符合下列条件的自然人和法人都有资格取得多国投资保证机构的担保：①该自然人是东道国以外的一会员的国民；②该法人是在一会员注册并在该会员设有主要业务地址，或其多数资本为一会员或几个会员或这些会员的国民所有，在上述任何情况下，这些会员均不应是东道国；③如果投资者有一个以上的国籍，会员国籍应优于非会员国籍，东道国国籍应优于其他任何会员国籍；④根据投资者和东道国的联合申请，董事会经特别多数票通过，可将合格投资者扩大到东道国自然人，或在东道国注册的法人，或其多数资本为东道国国民所有的投资者，但其所投资的资产必须是从东道国国外移入的。

（7）合格的东道国。公约规定，只对在发展中国家和地区会员领土内进行的投资予以担保。从公约的宗旨及本条和其他有关条款来看，这一机构的主要任务是为发达国家向发展中国家和地区的投资提供关于非商业风险的担保，故合格东道国限于发展中国家和地区。

（8）索赔与代位。当承保风险事故发生，受保人因此受到损失时，有权向多国投资保证机构索赔。保证机构根据担保合同和董事会制定的有关规定，对投保人有支付赔偿的义务。保证合同应规定受保人在向机构索赔之前，必须在当时当地，按东道国法律用尽一切必要有效的行政补救手段。同时，投保人要遵守东道国的法律，对其投资项目加以控制，以避免或减少可能的损失，妥善保存索赔的有关文件。赔偿额不得超过投保总额和投保人的实际损失。

担保合同是机构与投保人之间订立的规定双方权利和义务的法律文件。担保合同详细规定了承保的范围、将予以赔偿的损失类型、担保期限、担保数量与货币、合同的终止与调整、担保费以及索赔的规定等。

当机构担保的非商业风险发生时，首先，由投保人根据担保合同的规定，向机构索赔。其次，机构在支付或同意支付保险金后，获得代位权，向东道国索赔。

（9）机构投票权的规定。在多国投资保证机构投票权的分配上，发达国家与发展中国家和地区存在着争议和矛盾，经过多次协商，最后公约规定，在公约生效后的头3年，发达国家与发展中国家和地区的投票权比例为60%对40%，但多边投资保证机构所做的决定，必须有2/3的多数票赞成方能通过。3年后，将逐步采取措施，帮助发展中国家和地区提高认股能力，包括重新分配世界银行成员中未参加公约的发展中国家和地区股份，使发达国家与发展中国家和地区的投票权达到相等。

（10）争议的解决。公约规定，多国投资保证机构和会员之间，或会员相互间，关于本公约的解释或其适用所发生的争议，应提交董事会解决，如会员不服，可提交多国投资保证机构的理事会进行最终裁决。公约在附件中特别规定争取可采用《解决国家和他国国民间投资争议公约》的调解和仲裁规则解决。会员应承认机构的裁决。

十、《阿拉伯区域内投资保证公司公约》的主要内容是什么？

《阿拉伯区域内投资保证公司公约》的主要内容有以下几个方面：

（1）合格的投资者。公司给予保证的投保人（即投资者），限于以财产、资金形式在另一缔约国投资的任何一个缔约国或其国民，即投资者包括东道国以外的任何一个缔约国的国家、自然人、法人。

（2）合格的投资。公约关于合格的投资有这样几项规定：①担保的投资包括直接投资、证券投资、贷款形式的投资；②担保的投资仅限于首次投资额和用于再投资的利润额，不包括可转让的利润额；③担保的投资为公约所有缔约国（除东道国外）领域内的投资；④担保的投资必须是经过东道国或其主管当局事先同意的投资；⑤担保的投资为保证合同签订以后所做的新投资；⑥担保的投资包括私人投资、其他基于商业经营的混合投资、公营投资。

（3）政治风险的范围。公司担保的政治风险包括：①国有化风险，包括国有化、征用、没收、扣押、查封等措施；②利润、收益回流权风险；③战乱风险。对上述风险之一种或数种所产生的部分或全部损失，公司均提供担保。

（4）保险费。公司收取的保险费根据投资的不同性质和投资者与东道国的特别协议而有所不同。公约规定，保险费按投资的性质分别收取，根据公司的同意，投资者也可以同东道国政府签订缴纳保险费特别协议。在此协议中，东道国政府可以分担甚至全部支付其境内的投资者应缴纳的投资申请费和保险费。公司收取的保险费用于行政管理或作为储备金。

（5）保险限额和保险金。公司支付投保人的风险事故赔偿金额，不能超过投保人所受的实际损失额，也不能超过公司投保的数额。在保险限额上，公司承保业务总值最高额在任何时候都不得超过资金储备的 5 倍，每项业务的承保额不得超过资金储备的 1/10。如果承保的是各国向合资企业的投资，则不得超过资本储备的 1/5。

（6）代位求偿权。公约规定，公司赔偿投保人政治风险损失后，取得投保有关权利和相应的请求权。东道国应提供方便或有利条件，使公司从代位权中取得应有利益。关于代位权的细节由成员依国内法在保证合同中详细规定。

（7）公司的组织管理和资本构成。公司为阿拉伯国家创立的多国公营企业，拥有独立的资产，拥有签订投资保证合同的权利。公司设立理事会（由各成员派一名代表组成），行使所有未明确授予总经理和监督委员会的权力，并有权解释和修改公约。公司的法定资本最初为 1 000 万科威特第纳尔，分为 1 万股，各成员国认缴出资额不低于公司资本的 5%，各国可以科威特第纳尔或相等的自由兑换货币支付，收支不平衡的国家可用本国货币支付。公司资本通过各成员每年分期付款的收入和新成员的加入而增加。各成员为公司的股东，其投票表决权票数同它在公司资本的认股多少相关。

十一、你对多边投资条约的评价是什么？

用多边投资条约来解决国际投资问题，具体实施上困难较多。

（1）在处理某些属于特别情况或例外情况的重要问题上，多国公约是有困难的。由于各国政治和经济结构的不同，任何国际投资公约只可能做一般的规定，不可能包括一切具体问题。种种具体条件的变化、限制和例外情况，又是不断增加的，而这些变化以及随着变化及各种条件限制的出现，其结果将使法典关于投资的规定成为一张废纸，事实上无法实现。

（2）参加条约的成员在主权上要受到一定限制。大多数国家（包括少数投资国在内），都无意承担长远的保证义务，一般只愿承担具体的、特定的、有限度的保证，而不愿意受一般的广泛的保证义务的约束。

（3）大多数建议中的公约草案，其规定的主要内容，都只是片面地保护外国投资者的利益，而没有保护东道国的利益，一般不符合发展中国家和地区的期望和要求，当然也不可能为他们所乐于接受。任何一个关于国际投资的公约，如果得不到东道国和投资国的一致同意，显然是毫无意义的。

十二、国际投资争议的主要种类有哪些？

国际投资争议（International Investment Disputes），从广义上来讲，包括任何涉及两个或两个以上国籍的自然人、法人或外国政府、外国公司机构与投资相关事项的不同意见或利益冲突。国际投资主体有企业和国家，因此，国际投资争议可分为国家间的国际投资争议、不同国籍投资者间的国际投资争议和自然人、投资者与国家间的国际投资争议。

（一）国家间的国际投资争议

国家间的国际投资争议，即投资者所属国与东道国之间的投资争议，主要是两国基于对双边投资条约的解释和适用所发生的争议，此种争议通常由国际公法加以调整。国家间的国际投资争议主要由于税收管辖权和司法管辖权之间的冲突引起。

1. 税收管辖权引发的争议

税收管辖权是国家在税收领域中的主权，即一国政府在征税方面行使的管理权力。主权国家的税收管辖权可以按照属地和属人两种不同原则确定。按属地原则确立的税收管辖权，称为地域管辖权或收入来源地管辖权，指一国政府以纳税人的收入来源地为税收管辖权的范围。其特征是该国政府对在本国领土范围内发生的一切所得均可行使征税权而不论纳税人的身份是否为本国公民或居民。因此，外国人只要在该国有应税所得，就必须纳税。按属人原则确定的税收管辖权，称作居民管辖权，指一国政府以纳税人的国籍或住所为税收管辖权的范围。其特征为该国政府对本国公民与居民取得的一切所得均可行使征税权而不论纳税人是否在该国境内、其所得来源于何处。目前世界上绝大多数国家为同时实行收入来源地管辖权和居民管辖权。因此，对同一笔国际所得，有关国家的税收管辖权便有可能发生冲突（交叉或重叠）。冲突一般有两种情形：其一，双重居民管辖权。由于各国国内法规定不同，一个纳税人（包括自然人和法人）有可能同时具有双重的居民身份。如一跨国公司在 A 国注册成立，实际管理机构设在 B 国，A 国与 B 国按各自的国内法，同时认定该公司是其法定的纳税义务人，产生双重税收管辖权的冲突。其二，收入来源地和居民双重税收管辖权。如甲为 A 国居民，在 B 国有一笔所得，则两国政府依不同的国内法规定，可能会对同一笔所得征税，从而产生冲突。

2. 司法管辖权引发的冲突

司法管辖权是指一国司法机关审判具有涉外因素案件的权力，国际上是根据国家主权原则来确定各国法院的国际管辖权。国家主权包括属地管辖权和属人管辖权。前者是指主权国家对其领土内的人和物所行使的最高权力，即国家对其领土内的人和物或发生事件，除国际法规定的外交特权和豁免外，有权按本国法律和政策实行管辖。后者是指主权国家对其领土内外的本国国民所行使的最高权力，即国家对于国内外的本国国民有管辖权，因此，国家有权保护其在外国的本国国民的合法权益。

由此，在对待外国人的管辖时，有可能出现属地管辖权和属人管辖权的冲突。表现在司法管辖权上，就成为东道国及投资者母国均可声称对国际投资争议的诉讼行使审判权，导致司法管辖权的冲突。由于同一争议在不同国家审理时适用的法律不同，其结果可能差异极大，故发生争议的当事人对由哪个国家行使司法管辖权极为关心，并常因此产生争议，致使司法管辖权本身成为解决投资争议的障碍。按照惯例，不同主权国家的属地管辖权和属人管辖权发生冲突，应以属地管辖权优先。但在一定条件下，也允许当事人采取东道国国内法以外的其他方式，如提交本国法院、第三国法院或国际法院审理来解决投资争议。

（二）不同国籍投资者间的国际投资争议

不同国籍投资者间的投资争议，主要是本国投资者与外国投资者基于投资合同的履行和解释发生的争议。此种争议涉及国际私法契约之债，主要由国际私法调整。

（三）投资者与东道国间的国际投资争议

外国投资者与东道国间的国际投资争议，主要是由于东道国法律或行政措施或政治原因而严重影响了外国投资者的正常经营，或因投资者进行非法经营等引起的。引起此类争议的原因主要有三个方面：一是法律上的原因。如由于东道国通过立法手段增加税收，实行外汇管制，规定外国人部分股权转给本国人，强行中止或改变投资合同等，甚至对外资实行征收或国有化。二是行政上的原因。如东道国政府或官员通过行政手段，不当干预、强行征税而影响外国投资者的利益。三是政治上的原因，如东道国国内发生动乱、革命、战争、内乱等对投资者的损害。外国投资者与东道国之间的争议，才是国际投资法所专门加以调整的。

十三、国际投资争议的解决方法有哪些？

现代国际法原则明确要求禁止使用武力解决国际争端，当然也包括禁止以武力解决国际投资争议。一般认为，处理国际投资争议的主要方式有三类，即政治解决方法、仲裁解决方法和司法解决方法。通常情况下，遇有争议，双方首先是进行谈判或协商，以求友好解决，但有时争议涉及双方重大利益，往往难以解决。于是，便求助于第三者帮助解决，使用调解、斡旋和外交保护的方法。也可以使用仲裁解决方法，还可以使用司法解决方法，包括国内司法救济和国际司法救济。这些解决方法在实际解决过程中可以选择使用，如调解失败可以提交仲裁，国内救济不成可以要求外交保护等。

（一）国际投资争议的政治解决

国际投资争议的政治解决（Political Settlement），是指通过政治途径和方式，而不是按照严格的法律程序和标准对争议进行解决。这种解决大多是基于政治因素的考虑，如出于维护共同的国际经济利益或国际法准则、保护国家主权原则等而施以政治的方法、手段对争议进行解决。

运用政治解决方式解决国际投资争议的具体方式，主要包括协商、调解、斡旋、提供外交保护。这些方式具有明显的优越性，可以较为有力地促使争议双方进行协商并达成谅解，不受一定形式或程序的限制，力求在最大的程度上以最快的速度解决争议，减少或避免给争议双方可能造成的利益损失。所以政治解决是目前解决国际投资争议较为普遍采纳且行之有效的重要解决方法。

（二）国际投资争议的仲裁解决

仲裁是指双方当事人自愿协议将争议提交他们所同意的无利害关系的第三者（仲裁者）居中公断，并做出对双方有约束力的裁决。在解决国际投资争端中的第三者一般是由各方当事人以外的第三国有关机构或国际机构担任。通过仲裁解决国际投资争议是国际上最为普遍的方式。仲裁始终贯穿当事人自治的原则，具有契约和司法两个特性。仲裁的契约性表现在仲裁是由争议双方协商一致，经双方相信的仲裁者进行裁决的。仲裁者审理争议时，争议双方都有义务与对方合作，采取必要措施解决相关争议，仲裁者本身不得偏袒任何一方。仲裁的司法性表现在仲裁与非司法形式相比较具有权威性和约束力。因为仲裁程序时间短、仲裁裁决具有终局性，有利于投资争议的快速解决，执行也较为容易。

仲裁的法律依据是"自由选择原则"。因为国际投资争议解决的法律基础有两种：一种是以属地管辖原则为基础，要求投资争议应服从东道国法院管辖；另一种是以自由选择原则为基础，双方当事人协议将争议提交他们所同意的第三者居中公断。前者是强制管辖，后者是协议管辖。实践中，法院的管辖权，往往可以由争议双方的仲裁协议而排斥，即发生争议时，争议方不得向法院提起诉讼，必须将争议案件送仲裁庭审理。仲裁协议是仲裁庭受理投资争议案件的唯一法律依据。仲裁程序由双方当事人控制，具有较大的灵活性和自治性，不受政治因素影响，由中立的第三者主持，按照法律裁判投资争议的是与非。这样既能使争议通过一定程序公正解决，又能改善投资环境，有利于维持东道国与投资者及其本国政府的友好关系。

（三）国际投资争议的司法解决

从解决国际投资争议的发展趋势看，各国越来越重视司法解决方法。司法解决（Judicial Settlement）是指将国际投资争议提交法院通过司法程序解决，即投资争议发生后，当事人向法院提出诉讼请求，由法院依据诉讼程序和有关法律规定审理争议案件，并做出对当事人具有法律强制力的判决。司法解决方式包括两种方式：其一是国际司法解决方式，即是将争端提交国际法院解决；其二是将争端提交各国法院解决。

十四、仲裁为什么成为解决国际投资争议的有效手段？

仲裁是指双方当事人自愿协议将争议提交他们所同意的无利害关系的第三者（仲裁者）居中公断，并做出对双方有约束力的裁决。在解决国际投资争端中的第三者一般是由各方当事人以外的第三国有关机构或国际机构担任。通过仲裁解决国际投资争议是国际上最为普遍的方式。仲裁始终贯穿当事人自治的原则，具有契约和司法两个特性。仲裁的契约性表现在仲裁是由争议双方协商一致，经双方相信的仲裁者进行裁决的。仲裁者审理争议时，争议双方都有义务与对方合作，采取必要措施解决相关争议，仲裁者本身不得偏袒任何一方。仲裁的司法性表现在仲裁与非司法形式相比较具有权威性和约束力。因为仲裁程序时间短、仲裁裁决具有终局性，有利于投资争议的快速解决，执行也较为容易。

仲裁的法律依据是"自由选择原则"。因为国际投资争议解决的法律基础有两种：一种是以属地管辖原则为基础，要求投资争议应服从东道国法院管辖；另一种是以自由选择原则为基础，双方当事人协议将争议提交他们所同意的第三者居中公断。前者是强制管辖，后者是协议管辖。实践中，法院的管辖权，往往可以由争议双方的仲裁协议而排斥，即发生争议时，争议方不得向法院提起诉讼，必须将争议案件送仲裁庭审理。仲裁协议是仲裁庭受理投资争议案件的唯一法律依据。仲裁程序由双方当事人控制，具有较大的灵活性和自治性，不受政治因素影响，由中立的第三者主持，按照法律裁判投资争议的是与非。这样既能使争议通过一定程序公正解决，又能改善投资环境，有利于维持东道国与投资者及其本国政府的友好关系。

仲裁方式与调解方式和司法方式都有所不同。与调解方式比较，仲裁方式的主要特点是：仲裁员以裁判者身份对争议做出裁决。这种裁决一般为终局性的，对双方当事人均有约束力。如果一方当事人不自动执行裁决，另一方当事人有权申请法院予以强制执行。调解无此约束力。与司法解决方式比较，仲裁方式主要特点为：仲裁机构均为民间组织，没有法定管辖权；仲裁机构根据双方当事人的仲裁协议受理有关案件，司法解决方式由于受到司法管辖权的限制，难以适用于国家之间、国家与私人之间的争端，而仲裁方式在争端当事人同意的情况下，普遍适用于各种国际争端。

第九章 中国的国际投资

复习思考题

一、利用和引进外资的重要作用和意义是什么？

积极而慎重地利用和引进外资，对像我国这样的发展中大国来说，具有特别重要的作用和意义。第一，它有利于弥补国内建设资金的不足和解决外汇短缺的困难，增加资金投入，加强能源、交通、环保等基础设施的建设，加快经济发展；第二，有利于吸收国外先进的技术和装备，推动国民经济的技术改造和设备更新，优化我国陈旧的产业和产品结构，开拓许多新的经济增长点，提高民族的科技水平，提高劳动效率；第三，有利于扩大劳动就业，增加就业岗位，培养人才，提高经济管理水平；第四，有利于开拓国际市场，扩大出口贸易，增加外汇收入。总的来说，外资对促进我国经济的高速发展、技术水平的提高、替代进口、扩大出口、保持外贸顺差和国际收支平衡、增加外汇储备等方面，都发挥了积极的作用。

二、吸收和利用外资的原则有哪些？

为了正确吸收和利用外资，必须坚持以下重要原则：第一，吸收和利用外资，要根据我国经济发展的需要和偿还能力以及国内资金、物资配套能力，量力而行，合理确定利用外资的规模、结构和流向。第二，必须有利于提高综合经济效益。对利用外资要从各方面进行全面分析，对综合经济效益做出全面评价，然后做出正确决策。第三，必须维护国家主权和民族利益，拒绝一切不平等和奴役性条件，坚持平等互利原则。第四，充分发挥外资的作用，将其真正用在刀刃上，保证重点建设和现有企业的技术改造，以利于增强本国的经济实力和自力更生的能力。第五，改进投资环境，确保双方经济权益。为引进外资，必须努力改善投资环境，依法保护外商投资企业的权益，实行国民待遇。投资环境是一个包括众多因素的大系统，除了政治环境和经济环境以外，还有财务环境、市场环境、基础设施、技术环境以及高效率的运行机制等。对国外投资者，我们应采取保护政策，要通过制定完善的对外经济贸易的法律法规，使他们能够按照国际惯例在我国经营企业。

三、我国利用外资的形式有哪些？

现阶段各国利用外资的渠道较多，形式灵活多样。我国利用外资的形式主要有两种：一是直接投资。二是外商间接投资。直接投资是指外国政府、企业和私人直接在我国以各种形式对工矿、农林、商业、金融等行业进行投资，并取得投资企业的部分或全部经营管理控制权。它不是单纯的资金投入，而是资金、技术、经营管理知识的综合体，由投资国的特定产业向我国的特定产业转移。它包括独资经营、合资经营、合作经营和合作开发等形式。间接投资包括证券投资和国际贷款两部分。证券投资，是指投资者在我国证券市场上，以购买我国有价证券（Securities）即股票（Stock）与债券（Bond）的方式进行投资。证券投资有如下特点：第一，投资方式灵活多样；第二，可降低投资者投资风险，增加投资的安全性；第三，可增强资产的流动性；第四，对融资人而言可以节约融资费用。国际贷款是指期限在一年以上的各种贷款，主要有：国际银行贷款、政府贷款、国际金融机构贷款和出口信贷。